新任经理人进阶之道系列

商场超市管理工作中的 108个怎么办

匡仲潇　编著

全国百佳图书出版单位

化学工业出版社

·北京·

内容简介

《商场超市管理工作中的108个怎么办》是针对新手商场超市主管而编写的，包括六部分，每部分四节，对应采用"月"代表"章"，"周"代表"节"。本书具体由第一个月——角色认知与事务管理，第二个月——店面事务与日常管理，第三个月——店面形象与布局管理，第四个月——商品采购与销售管理，第五个月——卖场安全与防损管理，第六个月——顾客服务与营运管理。

本书进行模块化设置，简单易懂，具有较强的可读性，全面系统地对新任职商场超市管理者半年的工作进行了梳理，适合新上任的商场超市管理人员和从事商场超市管理的人士阅读，也可供管理咨询顾问和高校教师做实务类参考指南。

图书在版编目（CIP）数据

商场超市管理工作中的108个怎么办/匡仲潇编著．—北京：化学工业出版社，2023.2

（新任经理人进阶之道系列）

ISBN 978-7-122-42555-3

Ⅰ．①商…　Ⅱ．①匡…　Ⅲ．①商场-经营管理②超市-经营管理　Ⅳ．①F717

中国版本图书馆CIP数据核字（2022）第216186号

责任编辑：陈　蕾　　　　　　　　　　装帧设计：溢思视觉设计／程超
责任校对：王鹏飞　　　　　　　　　　E-mail: isstudio@126.com

出版发行：化学工业出版社（北京市东城区青年湖南街13号　邮政编码100011）
印　　装：大厂聚鑫印刷有限责任公司
787mm×1092mm　1/16　印张16½　字数325千字　2023年4月北京第1版第1次印刷

购书咨询：010-64518888　　　　　　售后服务：010-64518899
网　　址：http://www.cip.com.cn
凡购买本书，如有缺损质量问题，本社销售中心负责调换。

定　　价：88.00元　　　　　　　　　　　　　　版权所有　违者必究

职场上的第一次晋升，对每一位新任职的经理人来说都意义非凡。

通常在上任之初，新任职经理人都有强烈的愿望，比如要成为一个让下属们追随的好领导，要带领团队做出惊人的业绩等。然而，在实际管理的过程中，却发现问题接踵而来。

就个人层面而言，升迁为一名经理人，意味着新的机会与挑战。但面临新上司、新同事、新下属、新环境，新任职经理人也需要适应。一个人任职初期的表现，可能会形成日后人们的刻板印象，如果起步失败了，将来必须加倍努力才可能扭转劣势，但通常情况，公司可没耐心等你慢慢摸索。

管理学大师彼得·德鲁克说，"管理是一门综合的艺术"。管理者既要具备基本原理、自我认知、智慧和领导力，还要不断实践和应用。所以，团队管理从来就不是一件一蹴而就的事情，而是一个长期、持续的自我修炼的过程。

作为一名新任职的经理人，首先要明确自己所担负的岗位职责、任务、管理职能，以及应具备的素质和能力，同时，让自己的思维、视野得到较大拓展，提升自己的管理理论水平与专业水平，不断提升管理能力，修己、达人，与团队实现共赢，才是最好的职场进阶之路。

基于此，我们编写了本书，为新上任的经理人提供行动计划和可能遇到问题的解决方案。

其中，《商场超市管理工作中的108个怎么办》是针对新手商场超市主管而编写的，包括六部分，每部分四节，对应采用"月"代表"章"，"周"代表"节"。本书具体由第一个月——角色认知与事务管理，第二个月——店面事务与日常管理，第三个月——店面形象与布局管理，第四个月——商品采购与销售管理，第五个月——卖场安全与防损管理，第六个月——顾客服务与营运管理。

本书进行模块化设置，简单易懂，具有较强的可读性，全面系统地对新任职商场超市管理者半年的工作进行了梳理，适合新上任的商场超市管理人员和从事商场超市管理的人士阅读，也可供管理咨询顾问和高校教师做实务类参考指南。

由于笔者水平有限，书中难免出现疏漏，敬请读者批评指正。

编著者

CONTENTS 目录

第一个月　角色认知与事务管理

第二个月　店面事务与日常管理

第三个月　店面形象与布局管理

在商场超市管理中，如何对卖场的外部和内部进行布局规划？怎样进行商品规划，并进行合理的商品陈列？

第四个月　商品采购与销售管理

在商品采购与销售管理中，对供应商进行怎样的管理，如何控制采购过程，怎样对商品进行理货和促销管理？

第五个月　卖场安全与防损管理

第六个月　顾客服务与营运管理

第一个月

角色认知与事务管理

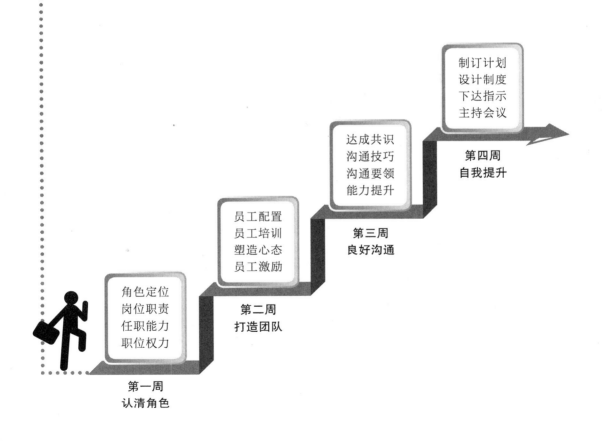

制订计划
设计制度
下达指示
主持会议

第四周
自我提升

达成共识
沟通技巧
沟通要领
能力提升

第三周
良好沟通

员工配置
员工培训
塑造心态
员工激励

第二周
打造团队

角色定位
岗位职责
任职能力
职位权力

第一周
认清角色

▼

第一周　认清自己的角色

为什么我可以被提升为店长而不是别人呢？因为我具备店长的任职条件，知道店长要做什么，而且知道如何去做，并且肯定能做好。升为店长后，我就要认真扮演好店长的角色，找到自己的位置，尽到自己的职责。

问题1：商场（超市）店长如何定位自己的角色？

所谓店长，是能以有限的资源和合理的成本，完成店铺营运的业绩和利润目标，并使店铺持续进步的管理者。店长是连锁经营店铺的中流砥柱，作为关键人物，店长的职责不亚于经营一个小企业。

店长作为店铺里的主角，首先就是要认清自己的角色定位，才能明确自己的工作范围和职责所在，其角色表现如表1-1所示。

表1-1　店长的角色

序号	类别	说明
1	店铺的代表者	一方面，店长代表连锁企业与顾客及有关部门建立联系；另一方面，就员工而言，店长是员工利益的代表者，是员工的代言人。店长必须对店铺的营运了如指掌，以便在实际工作中做好安排与管理，发挥最大实效
2	政策的执行者	超市店铺既要能满足顾客需求，同时又必须创造一定的经营利润。对于政策、经营标准、管理规范、经营目标，店长必须忠实地执行。因此，店长必须懂得运用所有资源，以达成兼顾顾客需求及连锁企业发展需要的经营目标
3	卖场的指挥者	卖场是与顾客接触最频繁的场所，故店长必须负起指导的责任，安排好各部门、各班次员工的工作，指示员工，严格依照营运计划，将最好的商品，运用合适的销售技巧，在卖场各处以最佳的面貌展现出来，以激发顾客的购买欲望，提升卖场销售业绩，实现店铺销售的既定目标
4	问题的协调者	店长应具有处理各种问题的耐心与技巧，如与顾客、员工、总部的沟通等，这些是店长不能忽视的。因此，店长在上情下达、下情上达和内外沟通过程中，都应尽量注意运用技巧和方法，以协调好各种关系
5	士气的激励者	店长应时时激励下属员工保持高昂的工作热情，形成良好的工作状态，让下属员工人人都具有强烈的使命感、责任心和进取心

序号	类别	说明
6	业务的控制者	为了维持店铺的实际工作，店长必须对店铺的日常营运与管理业务进行有力的、实质性的控制，如商品控制、成本控制、现金控制、信息控制等
7	员工的培训者	员工的业务水平高低与否，关系到店铺经营的好坏。所以店长不仅要时时充实自己的实务经验及相关技能，更要不断地对所属员工进行岗位训练，以促进店铺整体经营水平的提高。店长还应适当授权，以此培养下属的独立工作能力，训练下属的工作技能，并在工作过程中耐心地予以指导
8	成绩的分析者	店长应具有计算与理解店铺各项运营数据的能力，以便及时掌握店铺的业绩，进行合理的目标管理。同时店长应始终保持着理性，善于观察和收集店铺营运管理有关的信息资料，并进行有效分析，预测可能发生的情况

问题2：商场（超市）店长的岗位职责是什么？

店长是店铺的中流砥柱，应为顾客提供优质商品和服务，为下属员工创造快乐的工作氛围，承担起店铺盈利的重任，其主要工作任务有：

（1）贯彻落实企业的营运目标，创造优异的销售业绩，为顾客提供良好的服务。

（2）领导、布置店铺员工的日常工作，激发员工的积极性和创造性。

（3）企业政策、措施及规章制度最忠实的执行者和捍卫者，尽可能地为企业的集体利益和长远利益服务。

图1-1是××公司在网站上发布的店长招聘信息。

店长/卖场经理　　　　　　　　　　　　　　　　　　元/月

京东店长

五险一金　　年底双薪　　周末双休　　加班补助

招1人　学历不限　经验不限

深圳 - 宝安 - 新安　　　　　　　　　　　　查看地图

图1-1

职位描述

岗位职责：

1．全面主持店面的管理工作，配合总部各项营销策略的实施；

2．执行总部下达的各项任务；

3．做好门店各个部门的分工管理工作；

4．监督商品的要货、上货、补货，做好进货验收、商品陈列、商品质量和服务质量管理等有关作业；

5．监督门店商品损耗管理，把握商品损耗尺度；

6．掌握门店各种设备的维护保养知识；

7．监督门店内外的清洁卫生，负责保卫、防火等作业管理；

8．妥善处理顾客投诉和服务工作中所发生的各种矛盾；

9．负责员工的培训教育。

任职资格：

1．大专及以上学历，专业不限；

2．3年以上零售业管理工作经验，具有较强的店务管理能力；

3．精通团队管理、客户管理、商品管理、陈列管理、物流配送，熟悉店务的各项流程；

4．较强的团队管理能力和沟通能力，能够承受较大的工作强度和工作压力；

5　年龄35岁以下。

图 1-1　××公司在网站上发布的店长招聘信息

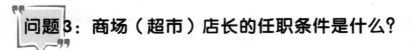

问题3：商场（超市）店长的任职条件是什么？

店长的素质影响企业的经营绩效。成功的企业，对店长的要求甚高，并且还要让店长通过一系列的培训才能上岗，以保证其服务绩效。一般来说，店长的任职条件要达到如下要求。

1．用人能力

员工是企业最大的一笔财富，作为店长，要充分重视员工价值，合理调配商场（超市）的人力资源，做到责权分明；要有科学的人才观，善于发现和培养人才，合理配置人才，这才能留得住人才。

2．市场营销能力

市场具有多元化、多变性的特征，而且目前中国的零售业竞争非常激烈，店长要紧跟形势，准确把握市场的发展趋势，具备前瞻性，在商场（超市）的业务拓展、地区市场开拓方面能准确把握。

3. 沟通能力

店长要与客人、员工、政府部门、新闻媒体等不同人群、机构处理好关系，需要过硬的沟通能力，协调好周围的人际关系。随着零售业的发展，店长要注重沟通技巧，正确、及时地处理各种客人投诉，提高沟通本领，至少要能掌握一到两门外语。

4. 创新能力

商场（超市）经营业态复杂多样，店长要具备在企业确定的经营模式中找准目标市场的能力，经营手段和经营技巧要能切合顾客的消费意愿，具体表现在根据实际情况设计出高效率的经营组织结构，并对现行的组织结构进行准确的分析与评估，并对经营状况提出新的设想，通过创新保持利润的增长。

5. 判断能力

店长应具备较高的智力水平，思维敏捷，能够站在企业改革与发展的高度，对企业领导成员提出的众多议题有自己新颖的想法、建设性的意见或建议，保持上下统一、总揽全局，做到认准方向、把握方向、坚持方向，齐头并进，促进企业协调、健康发展。

6. 公关能力

一位成熟、自信的店长应把集体取得的成绩看得比个人的荣誉和地位更重要。身为店长，对内要以团结为己任，乐于倾听不同意见，重视情感沟通，在坚持原则的前提下，把"一班人"紧紧地凝聚在一起。对外要以提高商场（超市）知名度和社会影响力为己任，善于搞好"上挂、横联、下辐射"的公关网络建设，协调沟通好社会各界关系，才能拓展企业的生存发展空间，为"产品出得去"铺平道路。

7. 危机或突发事件处理能力

在商场（超市）管理中不可避免地会发生突发事件。店长应最大限度地降低负面效应，减少危机对商场（超市）正常经营的冲击，采取应急处置措施予以应对。

其核心内容包括：对各类突发事件的可能性及其后果的预测、辨识、评价；是突发事件应急管理的第一责任人，应明确相关人员工作职责；了解应急救援行动的指挥与协调，善后措施的制定，应急培训和演练制度的完善等。

8. 理财能力

店长的重要职责之一就是要搞好财务监督，做个"好管家"。因此，店长应具备一定的财务知识，应能看懂反映商场（超市）财务状况的各种报表和指标，能够做好商品采购工作，减少商品损耗，做好商场（超市）各项成本费用的控制工作。

9. 及时了解国家新规定

作为商场（超市）的店长，要及时了解国家对零售业的各项新规定，例如食品安全规定、消防安全规定等。

问题4：商场（超市）店长有什么权力？

作为一名商场（超市）店长，只有运用好组织赋予自己的权力，才能有效地履行自己的职责。通常而言，店长拥有如图1-2所示的五种权力。

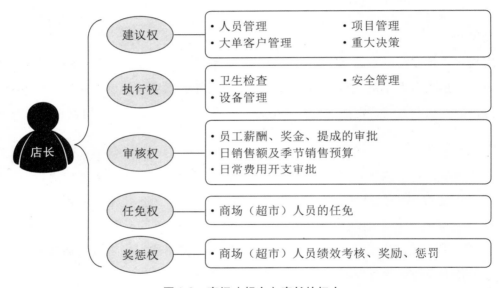

建议权	• 人员管理 • 大单客户管理	• 项目管理 • 重大决策
执行权	• 卫生检查 • 设备管理	• 安全管理
审核权	• 员工薪酬、奖金、提成的审批 • 日销售额及季节销售预算 • 日常费用开支审批	
任免权	• 商场（超市）人员的任免	
奖惩权	• 商场（超市）人员绩效考核、奖励、惩罚	

图1-2　商场（超市）店长的权力

第二周　打造高效的团队

"团队"按字面上的意思就是团结起来的队伍。商场（超市）是一个依靠众多员工及少数管理者的集体，要把商场（超市）很好地经营下去，不仅需要全体员工对客人提供优质的服务，还需要一个凝聚力很强的团队。

问题5：商场（超市）如何设置岗位？

作为商场（超市）店长，一定要清楚商场（超市）岗位设置。店长在进行内部职位设置时，应以"精干、高效、合理"为原则，根据商场（超市）各职能划分和其工作量的大小进行职位设置和人员的配备。可以采取"一人多岗"或"一岗多人"的设置方案，将相关职位按照其职能进行分解或合并。

为了明确商场（超市）所有岗位的具体工作内容，店长必须为其制定岗位说明书。岗位说明书是通过职位描述的方式，把该职位所需的经验归纳总结上升为理论形式，使之成为指导性的管理文件。

岗位说明书的内容包括：

（1）基本资料，包括职务名称、直接上级职位、所属部门。

（2）职位描述。

（3）岗位说明。

（4）职务说明。

（5）工作任务的内容。

不同商场（超市）岗位说明书的格式不同，但其核心内容基本是一样的。编制岗位说明书，最关键的是要了解该岗位的职责和工作内容，其上下级关系、协助部门或人员，及胜任该岗位工作的人员素质要求。

下面提供××超市主管岗位说明书的范本，仅供参考。

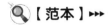 【范本】▶▶▶ --

生鲜部主管岗位说明书

基本信息	职位名称：生鲜部主管	职位编号：
	所属部门：生鲜部	编制日期：
岗位职责	1.保证生鲜食品品质良好、包装完好 2.保证整个生鲜区域的卫生清洁的达标 3.冷库、冷柜的温度控制检查 4.组织盘点，核算各分组的经营状况 5.控制损耗，保持合理的进货量、库存量 6.实现部门的营业指标、利润指标 7.组织实施店内促销、降价活动	
主要工作内容	1.检查生鲜商品的收货、验货情况 2.检查整个部门的补货、理货、排面情况 3.检查冷库、冷柜温度是否在适宜范围内 4.检查缺货，指导永续订单的制定，了解进货情况，控制好库存量 5.检查各部门每日损耗登记 6.组织盘点，对盘点结果进行差异分析并提出解决问题的相应措施 7.通过促销手段，提高业绩	

续表

辅助工作	1.组织安排市场调查，并分析市场调查结果和提出相应措施 2.检查员工考勤、着装、早会等情况 3.检查部门的安全事项（操作、用电、用煤气）

食品部主管岗位说明书

基本信息	职位名称：食品部主管	职位编号：
	所属部门：食品部	编制日期：
岗位职责	1.确保楼面的续订货工作，保证商场的正常销售 2.维持良好的补货、理货和库存管理工作，落实各种促销措施，达到本部门的销售目标 3.做好员工的排班和绩效考核 4.控制损耗，加强防火、防盗、防工伤的管理工作 5.做好本部门清洁工作，维持营业时间内卖场的通道畅顺	
主要工作内容	1.合理安排员工的排班，监督员工的着装、考勤，提高工作效率 2.检查商品的价格标示和各种POP牌，落实员工三级数量账 3.优先保证端架和促销区的陈列，创造最大销售额 4.安排员工补货，保证陈列丰满、整齐、及时、不堵塞通道 5.定时安排员工收回零星物品，修复破损商品 6.加强对促销人员的管理 7.每天阅读报表，做好商品的续订货，及时解决负库存，对商品滞销提出合理的解决措施 8.负责库存区的整洁，码放整齐、清楚便于补货和盘点 9.负责与其他部门的沟通、协调工作，传达公司有关政策及店长的要求	
辅助工作	1.负责本部门工作区域商品、库存区和货架的清洁卫生 2.加强安保防盗意识 3.做好顾客服务工作	

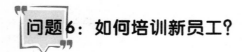

问题6：如何培训新员工？

1.工作岗位分配

一个新员工上岗后，第一个接触的上司给他的影响最大。因此在给新员工分配工作岗位时，该岗位上一定要有一名优秀的指导员。

2.实施岗前培训

在正式上岗前对新员工进行短期的岗前培训，使其对自己的工作单位有更深刻的认识，对自己今后应当如何从事工作有更全面的了解。

（1）做个好计划。针对新员工的计划越详细越好，要将岗位固有的知识、技术等详细且通俗易懂地明确下来。计划中比较困难的可能就是"态度训练"。例如：教导新人要有"责任感"，需要用一些事例来诠释。

（2）员工的教育。完成了上一项计划之后，接下来就是实际上的教育问题了。例如，新人可能会等到周末才在出勤表上将一周的出勤时间写上，因为"这样比较省事"。而老员工可能会觉得"不像话"，此时老员工应该耐心地说明理由，让新进员工遵守规定。

3.进行在岗训练

训练新人的重点应该放在工作中。例如，将新进人员分成3～4人一组，在6个小时内完成1800元的销售额，教他们如何分工合作并在规定时间内完成。训练不但可以使他们体会团队精神的重要性，也可以使他们彼此之间建立起良好的人际关系。

问题7：如何培训在职员工？

1.在职员工培训内容

员工的在职培训主要包括以下三点。

（1）改善人际关系的培训。使员工对人员关系有一个比较全面的认识，包括员工与员工之间的关系，员工自身的心理状况和社会关系，员工对部门、企业整体的认同感或疏离感，以及店内各部门之间的关系等。

（2）新知识、新观念与新技术的培训。门店要发展就必须随时注意环境的变迁，随时向员工灌输新知识、新技术和新观念，否则员工必然落伍。

（3）晋级前培训。由于编制的扩充、辞职、免职等各种原因，需要相应补充各类人员。为让即将晋级的员工在晋级之前先有心理方面和能力方面的准备并且获得相关的知识、技能和资料等，有必要对有培养前途的员工提前实施培训。

2.职务培训

店长需要对店内员工开展职务培训，注意事项如表1-2所示。

表1-2　职务培训注意事项

序号	注意事项	具体内容
1	熟悉开展工作的环境	对于店内员工，应要求其对门店的经营性质、管理制度、所分配部门的工作性质有充分了解，只有如此才能有效地开展工作
2	团队工作能力的培养	员工向具有经验的老员工学习工作经验有助于自身的快速进步。在安排工作时，最好从基层干起，使其确切了解基层人员的状况，为将来的主管工作积累最实用的经验

续表

序号	注意事项	具体内容
3	提出工作报告	在初期的培训工作中应要求被训练人员定期提交工作报告，以了解其学习的进度和深度，随时作出相应调整
4	随时进行工作考核	除定期的工作报告外，应以随机测验的方式做不定期的考核。这种方式可使店长更深入地了解被培训人员的工作绩效和培训成果
5	合理的工作分配	在员工对某一工作熟悉之后，最好能安排其调动做其他的工作，特别是一些能力较强、有潜力的新进人员不可使其长期做同一种工作，以免浪费人力资源

问题8：如何管理不同类型的员工？

根据员工的能力，商场（超市）员工可以分为以下四大类。

1.能力与激情兼备的优秀员工

这类员工是商场（超市）发展的重要人物，既具备完成工作的能力，又有良好的工作态度。对于此类员工，店长要表现出一种绝对的信任感，适当放权，尽可能地把他能够承担的工作及责任和权力交给他，让他可以完全地施展出自己的才华。

2.有激情而无能力的员工

这类员工有两种情况：一种是无相关经验的新员工；一种是原本工作能力强，但因为升职而适应不了更高级别岗位的员工。店长一定要加强他们能力的培养及培训，并且要保持他们对工作的热情。

3.有能力而无激情的员工

这类员工通常具有一定的行业工作经验，但是往往因为主观情绪而影响其能力的发挥。店长一定要与这样的员工进行深入的沟通，了解他们丧失激情的原因，是没有晋升或没有被重用，是工资待遇低，还是对此工作失去兴趣而闹情绪，或者是工作时间长了，商场（超市）现状或个人现状没有多大改变，员工产生了惰性等。然后对症下药，改善他们的积极性。对于这类员工，针对性的激励是有效的方法。

4.无能力无激情的员工

这样的员工一般有两种，一种是混日子的，店长发现这些，就要及时建议辞退。另外一种是迷茫型，属于没有方向没自信的员工，对于这样的员工，如果有潜力的话，店长首先要让他树立对工作的信心，先解决心态问题，然后再培养他的工作能力。

问题9：如何塑造员工积极的心态？

心态是决定我们心理活动和左右我们思维的一种心理状态。心态影响着人的情绪和意志，心态决定着人的工作状态与质量。作为店长，应努力帮助员工塑造积极的心态，以饱满的激情来面对自己的工作，具体措施如图1-3所示。

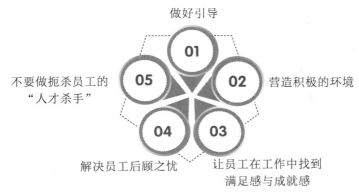

图1-3　塑造员工积极心态的方法

1.做好引导

许多店长在与员工谈话时均有同感，即："我这么苦口婆心，他为什么毫无感觉，甚至还会有抵触心理？"

每个人都渴望获得理解，作为一名员工更希望有人能倾听他的心声，而不是家长式、教条式说教。因此，店长平时要多倾听、多赞美、多鼓励、少批评。

2.营造积极的环境

"近朱者赤，近墨者黑。"一个拥有积极心态的个体或团队，总会影响和感染他人，尤其是商场（超市）的负责人。因此，工作之余，店长应该尽量多与员工融洽地聊天，给他们创造一个轻松、快乐的环境，用自己开朗的性格、颇具亲和力的人格魅力来影响员工，让他们更乐观更积极。

3.让员工在工作中找到满足感与成就感

商场（超市）营业时间较长，特别是晚班的员工可能会感到疲惫不堪，这时再要笑容满面地为顾客服务就会变得比较困难。因此作为店长，你要设法制造工作乐趣，让员工愉快地工作。

店长一定要及时观察员工每天的工作细节，发现和肯定员工每一个微小的进步，及时给予表扬和支持，这不仅可以促进员工关系的和谐，更重要的是能激发员工自觉发挥才能的心理，把工作做得更好。

4.解决员工后顾之忧

员工的后顾之忧一般主要来自家庭和生活的困境，一个有后顾之忧的员工不可能全心地投入工作。作为店长要细心观察员工的变化，除了常规的精神安慰之外，也应该在自己能力范围内给予一定的帮助。一次真诚的沟通或一个真心的帮助，不仅可以帮助员工渡过难关，更能赢得员工信任。

当然，店长也可以制作一个"员工心态表"，将表挂在店内显眼的地方，让员工每天都能看到，耳濡目染，逐渐养成好习惯，如表1-3所示。

表1-3　员工心态表

情境	消极心态	积极心态
犯错时	这不是我的错，推卸责任	知错就改：我错了要改进
成功时	我起了主导作用，看不到别人的辛苦	大家都很辛苦，是全体努力的结果
失败时	运气没有别人好	努力不够，方法不对，继续找方法
出现问题时	逃避，找借口	面对问题，找方法，争取独立解决
做事时	做了就行	认真仔细，尽量完美
工作时	工作辛苦，为了生存不得不做	把工作当成一件快乐的事
对别人	挑剔，看其不足	尊重，理解，包容，学习优点
别人取得成绩	产生嫉妒心理	做得真棒，终有一天我也要像他一样
别人遇到挫折	幸灾乐祸	安慰，鼓励，提供可能的支持和帮助
工作作风	拖沓、浮躁、投机取巧、小聪明	立即行动，务实
配合工作	不配合	积极沟通，朝着共同工作目标奋斗

5.不要做扼杀员工的"人才杀手"

有一些店长经常用言语、行动以及表情，伤害甚至是扼杀员工的积极性、创造性。回想一下，你是否曾经用过以下语句：

——你能行吗？算了，还是我自己来吧！

——这么点小事都做不好！

——你怎么回事，又犯错了？

——他做事让人不放心，交给他的任务没一次做好过。

——我看他没戏！

如果你用过以上类似的语言，那么作为店长就要自我反省一下，而且以后不要再说了。不要总板着一张脸，板着一张脸不代表威信，你对员工冷淡、不耐烦甚至不屑一顾，这样会让员工失去信心，从而导致丧失积极性和进取心。

这个世界没有真正的天才，大多数人的智力都差不多，每个员工都有无限的潜力，只有被你挖掘出来，并为你所用，才会创造更多的价值。

第三周　架起沟通的桥梁

店长作为门店的最高管理者，对本店进行统筹管理。他需要与各部门经理、主管保持良好沟通，以便门店的日常工作能顺利开展。

问题10：如何达成沟通的共识？

店长与人沟通时应当做到以下两点：

（1）欢迎别人提出的不同意见；

（2）感谢别人的建议。

只要员工愿意说出对门店管理方面的建议，不论正面或反面都是好事。一来店长可以倾听员工内心真正的声音，二来即使员工对店内有诸多不满，但只要他愿意说出来，就给了公司和管理者一个改进的机会。

在这个过程中，要先听后说，中间不作情绪的直接反应（非理性情绪），并且态度诚恳，说话实际。

当沟通无共识时，应予协调；协调未解决，应行谈判；谈判无结果，暂时搁置，然后寻求其他方法解决。

当上司与下属各执一方案，无法证明何者较佳时：站在下属的立场，若确定了上司的方案，下属应全力支持；站在上司的立场，若可预防风险，并以此培养下属的某项能力时，可以决定用下属的方案。

问题11：如何运用沟通的技巧？

沟通是一个讲与听的过程，所以，不但要会讲，还要会听，同时要注意语调、态度。

1.倾听

倾听是沟通最重要的技巧，当下属的话匣子打开以后，沟通已经成功一半了。倾听讲究"停、看、听"，如图1-4所示。

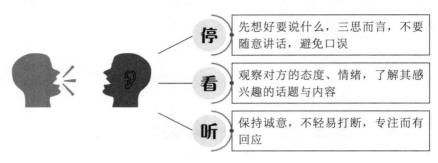

图1-4 倾听的要求

2.谈吐

店长在与员工沟通时，一定要注意自己的谈吐。

（1）注意交谈的语调。

（2）考虑时间、场所。

（3）言简意赅。

（4）多使用肯定语句，少使用非肯定语句，不用攻击、伤害、批评、讽刺的语句。

3.态度

（1）"伸手不打笑脸人"，应用轻松、微笑的态度与人沟通。

（2）心平气和，理性沟通有利于双方形成共识。

（3）肯定自己、肯定别人。

（4）注意眼神、姿势、肢体语言等。

问题12：管理沟通的要领何在？

1.向上沟通

与上司沟通，要有充足的依据。能够打动上司的方法有两个：一是数字，二是事实。不要和上司讲大道理，而是要将事实摆出来，将数字列出来就够了，上司自然就会进行分析。

店长要做好与上司之间的沟通工作，需要做好以下几点。

（1）不要给上司出问答题，尽量给他出选择题。遇到事情需要解决时，千万不要跟你的领导说"是不是开个会"这样的话。比如：

店长："领导，对于这件事的处理，您看明天下午开个会怎么样？"

上司："明天下午我没空。"

店长："后天上午您有时间吗？10:30以后呢？"

上司："好吧，10:30以后。"

店长："谢谢，我明天下班前再提醒您一下，后天上午10:30我们开个会。"

（2）一定要准备答案。没有准备好答案，只有两个后果：第一是领导会觉得你有什么问题都让他来解决；第二是领导也可能没有什么好的解决办法，与其让他想半天无计可施，还不如直接给出答案。

2.往下沟通

在山姆·沃尔顿（沃尔玛创始人）的管理思想中，倾听和沟通占有重要的地位，他经常问下属："说说看，你对这件事怎么考虑？"他还经常到超市里去走走，一方面便于发现问题，另一方面有利于听取员工的意见和建议。

小托马斯·沃森（IBM第二代总裁）也是沟通理论的忠实执行者，为了充分了解下情，他喜欢进行"深潜"。可见，掌握与下属沟通的技巧和艺术，对领导者有着举足轻重的意义。那么，怎么做才能使向下沟通有成果呢？有三个建议供店长参考。

（1）多了解状况。跟下属沟通时，如果你是新上岗管理人员，建议多学习、多了解、多询问、多做功课。多了解状况是一件非常重要的事情。把功课做好了，再把你的下属叫过来面对面地谈，这样你才言之有物，人家才会心甘情愿听你的话，很多领导都说底下的人不听话，其实，他不想听是因为你说不出实质性内容。

（2）不要只会批评。让下属去亲身锻炼和实践是值得的，很多领导怕出错，也不愿让下属去做任何实验，这听起来很安全，但对企业发展却没有好处。

（3）提供方法，紧盯过程。与下属沟通，重要的是提供方法和紧盯过程，如果你管过仓库，就告诉他存货是怎么浪费的；如果你当过财务，就告诉他回款为什么常常有问题。

以下通过一个案例说明如何与下属沟通。

店长："小洪，从最近两个月来看，门店营业额降低了。我想和你一起分析一下，是什么原因导致这种情况的出现。"

营销经理："是的，店长，是在降低，这个月比上个月降低了3%。我也想过了，可能是这样一些原因：首先生鲜没有及时引进当季新品，还是一些常规品种；第二是这个月营销重点放在了线上而忽视了线下；第三是在离我们220米远的地方新开了一家超市，带走了很多客人。这些，都是导致门店营业额降低的原因。"

店长："你说得很好，关于生鲜新品引进的问题，我会和生鲜部沟通。现在我们来谈谈，如何做好我们部门自身的营销工作。在这方面，你是非常有经验的主管，我想听听你的意见。"

营销经理："我们部门的问题主要表现在员工对营销工作认识不够，培训没有跟上，营销技巧和方法有待提高。"

店长："你说得很好，下一步我们一起来解决这些问题吧！"

这是店长和下属沟通的一个案例。店长对问题其实都很清楚，之所以让营销经理自己说出来，是因为大量的、具体的工作还是需要营销经理带领大家完成。所以，店长运用了循循善诱的方法，使沟通很成功。

3.水平沟通

水平沟通是指没有上下属关系的部门之间的沟通。部门的平级沟通经常缺乏真心，不够深入，部门间缺乏服务及积极配合的意识。消除水平沟通的障碍，要做到图1-5所示的几点。

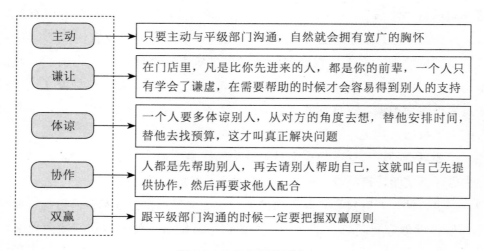

主动	只要主动与平级部门沟通，自然就会拥有宽广的胸怀
谦让	在门店里，凡是比你先进来的人，都是你的前辈，一个人只有学会了谦虚，在需要帮助的时候才会容易得到别人的支持
体谅	一个人要多体谅别人，从对方的角度去想，替他安排时间，替他去找预算，这才叫真正解决问题
协作	人都是先帮助别人，再去请别人帮助自己，这就叫自己先提供协作，然后再要求他人配合
双赢	跟平级部门沟通的时候一定要把握双赢原则

图1-5　水平沟通的要点

问题13：如何提升沟通能力？

1.开列沟通情境和沟通对象清单

这一步非常简单。闭上眼睛想一想，你都在哪些情境中与人沟通，比如学校、家庭、工作单位、聚会以及日常的各种与人打交道的情境。再想一想，你都需要与哪些人沟通，比如朋友、父母、同学、配偶、亲戚、领导、邻居、陌生人等。开列清单的目的是使自己清楚沟通的范围和对象，以便全面地提高自己的沟通能力。

2.评价自己的沟通状况

这一步可根据表1-4所列的问题，评价一下自己的沟通状况。

表1-4　评价自己的沟通状况

问题	我的状况
1.对哪些情境的沟通感到愉快	
2.对哪些情境的沟通感到有心理压力	
3.最愿意与谁保持沟通	
4.最不喜欢与谁沟通	
5.是否经常与多数人保持愉快的沟通	
6.是否常感到自己的意思没有说清楚	
7.是否常误解别人，事后才发觉自己错了	
8.是否与朋友保持经常性联系	
9.是否经常懒得给人打电话、发信息	

3.评价自己的沟通方式

在这一步中，主要问自己如下三个问题，见表1-5。

表1-5　评价自己的沟通方式

问题	我的答案
第一个问题：通常情况下，自己是主动与别人沟通还是被动沟通	
第二个问题：在与别人沟通时，自己的注意力是否集中	
第三个问题：在表达自己的意图时，信息是否充分	

主动沟通者与被动沟通者的沟通状况往往有明显差异。研究表明，主动沟通者更容易建立并维持广泛的人际关系，更可能在人际交往中获得成功。

（1）制订、执行沟通计划。通过前几个步骤，你一定能够发现自己在哪些方面存在不足，从而确定在哪些方面重点改进。比如，沟通范围狭窄，则需要扩大沟通范围；忽略了与友人的联系，则需经常打电话、发信息；沟通主动性不够，则需要积极主动地与人沟通等。把这些制成一个循序渐进的沟通计划，然后把自己的计划付诸行动，体现在具体的生活小事中。比如，觉得自己的沟通范围狭窄，主动性不够，你可以规定自己每周与两个素不相识的人打招呼，具体如问路等。不必害羞，没有人会取笑你的主动，相反，对方可能还会欣赏你的勇气呢。

> **特别提示**
>
> 在制订和执行计划时，要注意小步子的原则，即不要对自己提出太高的要求，以免实现不了挫伤自己的积极性。小要求实现并巩固之后，再对自己提出更高的要求。

（2）对计划进行监督。这一步至关重要，一旦监督不力，可能就会功亏一篑。最好是自己对自己进行监督，比如用日记、图表记录自己的发展状况，并评价与分析自己的感受。

当你完成了某一个计划，达成了某个目标，你可以奖励自己一顿美餐，或是看场电影轻松轻松，这样有助于巩固阶段性成果。如果没有完成计划，就要采取一些惩罚措施，比如做俯卧撑或是干一些平时不愿做的体力活。

总之，计划的执行需要信心，要坚信自己能够成功。记住：一个人能够做的，比他已经做的和相信自己能够做的可能多得多。

第四周　自我能力的提升

店长作为门店管理者，需要制订工作计划、设计常用制度、下达指示、主持与参加会议。因此，需要提升这方面的能力，让工作得心应手。

问题14：如何制订工作计划？

商场（超市）店长需要经常制订工作计划，包括长期的战略规划、年度营销策划、人员招聘计划、年度预算、年度培训计划等，甚至每日、每周、每月都要做好计划，以便安排好工作。

1.计划的格式

（1）计划的名称。包括制订计划部门的名称和计划期限两个要素，如"××部门2023年3月工作计划"。

（2）计划的具体要求。一般包括工作的目的和要求，工作的项目和指标，实施的步骤和措施等，也就是为什么做、做什么、怎么做、做到什么程度。

（3）最后写上制订计划的日期。

2.计划的内容

我们都会有这样的体会，在行动前如果能对整个行动有一个周密的计划，对要去做什么和如何做都能了然于胸，那么我们就能以更大的信心和把握投入到行动中去，这样，行动的成功率就会大大提高。要提高企业的经济效益，就必须做好企业的计划工作，并准确定位工作计划的内容。工作计划内容可用"5W1H"来概括，如表1-6所示。

表1-6　工作计划内容的"5W1H"

序号	内容	具体说明
1	做什么（What）	即明确所要进行的工作活动的内容及其要求。例如，商场（超市）的人才招聘计划要确定商场（超市）所要招聘的职位、需求人数及对应聘人员基本素质与技能方面的要求等，只有在招聘前对这些内容进行准确的界定，才不至于在人才的筛选工作上投入不必要的时间和精力
2	为什么做（Why）	即明确工作计划的原因和目的，并论证其可行性，只有把"要我做"转变为"我要做"，才能变被动为主动，才能充分发挥员工的积极性和创造性，为实现预期目标而努力
3	何时做（When）	即规定工作计划中各项任务的开始和完成时间，以便进行有效的控制和对能力及资源进行平衡
4	何地做（Where）	即规定工作计划的实施地点或场所，了解工作计划实施的环境条件和限制，以便合理安排工作计划实施的空间
5	谁去做（Who）	即规定由哪些部门和人员去组织实施工作计划。在工作计划中要明确规定每个阶段的责任部门和协助配合部门，明确责任人和协作人，还要规定由何部门和哪些人员参加鉴定和审核等
6	如何做（How）	即规定工作计划的措施、流程以及相应的政策支持来对企业资源进行合理调配，对企业能力进行平衡，对各种派生计划进行综合平衡等

特别提示

实际上，一个完整的工作计划还应该包括各项控制标准和考核指标等内容，也就是说要告诉计划执行部门和人员，做到什么程度，达到什么标准才算是成功完成了工作计划。

3.制订计划的步骤

（1）认真学习研究总部的有关指示办法和精神。

（2）认真分析商场（超市）的具体情况，这是制订计划的依据和基础。

（3）根据总部的指示精神和本商场（超市）的现实情况，确定工作方针、工作任务、工作要求，再据此确定工作的具体办法和措施，确定工作的具体步骤，环环紧扣，付诸实现。

（4）根据工作中可能出现的偏差、障碍、困难，确定克服的办法和措施，以免发生问题时，工作陷于被动。

（5）根据工作任务的需要，组织并分配力量，明确分工。

（6）计划草案制定后，应交商场（超市）管理层讨论。计划要靠这些管理人员完成，只有正确反映他们的要求，才能成为大家自觉为之奋斗的目标。

（7）在实践中进一步修订、补充和完善计划。计划一经制订出来，并经正式通过或批准以后，就要坚决贯彻执行。在执行过程中，往往需要继续加以补充、修订，使其更加完善，切合实际。

问题15：如何设计常用制度？

"一切按制度办事"是商场（超市）制度化管理的根本宗旨。店长可以通过各种制度来规范员工的行为，员工更多的是依据共同的契约即制度来处理各种事务，而不是以往的"察言观色"和"见风使舵"，这样可使商场（超市）的运行趋于规范化和标准化。

1.商场（超市）的制度规范分类

商场（超市）的制度规范分类和常见管理制度如表1-7、表1-8所示。

表1-7　商场（超市）制度规范分类

序号	类型	定义	具体形式
1	基本制度	商场（超市）制度规范中具有根本性质的，规定商超形成和组织方式、决定其性质的基本制度	财产所有形式、商场（超市）章程、董事会组织规范、高层管理组织规范
2	管理制度	对商场（超市）管理各基本方面规定活动框架，调节集体协作行为的制度	各部门、各层次职权、责任和相互间配合协调的制度
3	技术规范	涉及某些技术标准、技术规程的规定	技术标准，各种设施设备的操作保养和维修规定
4	服务规范	针对服务活动过程中那些大量存在、反复出现的事所制定的作业处理规定	安全规范、服务规范、业务规程、命令服从关系
5	个人行为规范	所有对个人行为起制约作用的制度规范的统称	个人行为品德规范、劳动纪律、仪态仪表规范、岗位职责

表 1-8　商场（超市）常见管理制度

序号	部门	管理制度
1	店长办公室	（1）店长办公会议管理制度 （2）管理人员周例会制度 （3）店长会客预约制度 （4）接待新闻机构的规定
2	人力资源部	（1）员工招聘制度 （2）员工培训管理规定 （3）员工考勤管理制度 （4）员工考核管理制度 （5）员工调动管理规定 （6）员工薪酬、福利制度 （7）劳动合同管理制度 （8）社会保险制度 （9）人事档案管理制度 （10）员工出勤管理规定 （11）员工休假管理制度 （12）员工假日值班管理制度
3	生鲜部	（1）生鲜商品陈列管理规定 （2）生鲜品收货管理制度 （3）生鲜品退货管理制度 （4）生鲜品换货管理制度 （5）生鲜品损耗控制规定 （6）生鲜品卫生管理规定 （7）生鲜设备、物料、设施维护与保养规定 （8）生鲜商品盘点规定 （9）肉品鲜度管理规定
4	电子商务部	（1）付款方式规则 （2）积分规则 （3）用户注册与登录规则 （4）购物流程规定 （5）网上会员规则 （6）网上购物券使用规则 （7）用户权利和义务规则 （8）商场权利和义务规则 （9）商品交易规则 （10）网站规则、信息修改规定 （11）用户服务中断和终止规定 （12）发票制度 （13）退（换）货规则 （14）商品安装与维修说明

序号	部门	管理制度
5	商品部	（1）商品订购制度 （2）商品进货管理规定 （3）供应商管理规定 （4）采购考核管理规定 （5）商品验收管理制度 （6）食品类商品验收管理规定 （7）化妆品验收管理规定 （8）钟表类商品验收管理规定 （9）照相器材类商品验收管理规定 （10）家用电器、燃气器具及电话、传真机验收管理规定 （11）商品入库标准
6	财务部	（1）资金预算管理制度 （2）费用报销管理制度 （3）固定资产管理制度 （4）会计管理制度 （5）财务印章管理制度 （6）业务招待费管理制度 （7）差旅费管理制度
7	防损部	（1）商品损耗管理规定 （2）防盗规定（内部行为） （3）防盗规定（顾客行为） （4）防盗规定（供应商行为） （5）防盗条码使用规定 （6）接报案制度
8	电脑部	（1）计算机管理制度 （2）信息数据管理制度 （3）计算机病毒防治规定 （4）电脑设备的使用管理规定 （5）商品编码管理规定 （6）违反计算机管理制度的处罚规定
9	市场部	（1）招商作业管理制度 （2）品牌进场管理制度 （3）货品进出管理规定 （4）品牌退场管理规定
10	企划部	（1）户外广告发布及管理规定 （2）平面POP、宣传品制作管理规定 （3）灯箱、橱窗管理规定 （4）装饰、装潢管理规定 （5）广告制作、发布管理规定 （6）营销企划执行流程管理规定

续表

序号	部门	管理制度
11	综合管理部	（1）装饰、装潢管理规定 （2）广告制作、发布管理规定 （3）营销企划执行流程管理规定 （4）印章使用管理规定 （5）电话传真管理办法 （6）打字复印管理规定 （7）紧急事件处理规定 （8）办公用品管理制度 （9）食堂管理制度
12	物业管理部	（1）设备维修、保养、管理制度 （2）商场防火制度 （3）内外装修施工防火安全管理规定 （4）动用明火管理规定 （5）小吃区消防安全制度 （6）消防设施、消防器材管理规定 （7）仓库防火安全规则 （8）环境清洁管理制度

2.制度的设计

商场（超市）的管理制度必须予以规范，最好是参考ISO 9001质量管理体系要求来设计，通常一个完整的制度需具备编制目的、适用范围、权责、定义、作业内容（管理规定）、相关文件、使用表单等。现将上述内容的编写要领进行说明，如表1-9所示。

表1-9　管理制度内容编写要领

序号	项目	编写要求	备注
1	目的	简要叙述编制这份制度的目的	必备项目
2	范围	主要描述这份制度所包含的作业深度和广度	必备项目
3	权责	列举本制度涉及的主要部门或人员的职责和权限	可有可无
4	定义	列举本制度内容中提到的一些专业名称、英文缩写或非公认的特殊事项	可有可无
5	管理规定	这是整篇文件的核心部分。用5W1H的方式依顺序详细说明每一步骤涉及的组织、人员及活动等的要求、措施、方法	必备项目
6	相关文件	一一列举管理规定中提及的或引用的文件或资料	可有可无
7	使用表单	一一列举管理规定中提及的或引用的记录，用以证明相关活动是否被有效实施	可有可无

下面提供一份××商场生鲜部收货管理制度的范本，仅供参考。

××商场生鲜部收货管理制度

1.目的

为规范生鲜品收货，特制定本制度。

2.适用范围

本制度适用于生鲜品收货管理。

3.管理内容

3.1 生鲜品收货原则

3.1.1 生鲜收货操作由收货部人员按收货流程执行。

3.1.2 供应商必须在订单的有效期内送货，须用正确的订单送货。

3.1.3 商品品名、数量、质量必须与订单相符。对于质量严重不符的，拒绝收货；对于质量降级者，拒绝收货或采取折扣方式处理。

3.1.4 送货车辆必须符合商品运输的要求，且干净整洁。商品运输的器皿、用具必须符合卫生要求。

3.1.5 对于有包装的商品一定要外箱和内包装完好，条码有效，保质期标示清楚。

3.1.6 生鲜食品优先收货，已经收货与未收货的商品明显分开。

3.1.7 生鲜收货一律是净重收货。

3.1.8 对于已履行完收货手续的商品要以最快的速度运至楼面，并以正确的方式储存。

3.2 生鲜品验货原则

3.2.1 生鲜商品必须经过验货程序，符合质量标准才能收货。

3.2.2 生鲜商品的验货标准必须遵循规定的商品质量标准、等级、规格，品种的变化以订单或采购说明为准。

3.2.3 生鲜食品的验货方式以感官法为主，主要有视觉检验法、味觉检验法、嗅觉检验法和触觉检验法。

3.3 执行工作时应注意的问题

生鲜食品（非原料），特别是称重的散装农副产品，允许有5%左右的数量误差，当生鲜食品的质量难以判断时，应由该部门管理人员确定是否收货，先退（换）货，后收货。

3.4 生鲜品质量检验

3.4.1 生鲜品质量检验由生鲜部主管或其指定人员负责。

3.4.2 生鲜食品质量检验严格按质量标准进行。

3.4.3 质量检验主要通过商品的外观、颜色、气味等来判断其品质是否优良。

3.4.4 检查外包装（纸箱），生产日期、保质期是否符合收货标准。

3.4.5 检查其是否符合卫生检疫标准。

3.让制度具有执行力

影响商场（超市）管理制度能否发挥作用的因素和可改进措施如下。

（1）制度的适当性。简单复制某些知名商场（超市）的管理制度的方式很难发挥作用，制度必须植根于商场（超市）的现状，针对具体问题，结合商场（超市）实际。

店长应该从商场（超市）目标出发，规范所开展业务的流程，对业务流程的风险进行分析和评估，制定相应的配套控制措施，形成制度，并实行经常性风险分析的机制，结合风险变化对制度的适当性进行评估，及时改进完善制度。

（2）推行制度的配套措施。仅制定书面的制度，并不是管理，店长要让制度真正有效地发挥作用才至关重要。因此，店长必须采取措施去落实制度的执行，需要如图1-6所示的配套措施。

营造执行商场（超市）管理制度的良好文化氛围

从人员素质、人事政策等方面为制度的执行创造环境

明确规定执行和违反制度的奖惩措施

建立制度执行效果的评价机制

严格根据评价结果和奖惩制度落实奖惩

图1-6　推行制度的配套措施

（3）制度执行的监督。制度执行的情况，应尽量记录保存，并由专人负责对制度执行结果进行检查，对发现的违反制度规定的情况，及时要求改正。

（4）制度执行结果的处理。制度执行得好坏，依据专人检查结果而定。店长应根据检查结果，分别与培训、考核挂钩，严格执行相应的奖惩措施。

问题16：如何下达指示?

1.指示的具体内容——5W2H

没有具体内容的命令，往往使员工无所适从，员工要么不去做，要么靠自己发挥想

象来做，必然导致结果出现偏差。那么，怎样下指示才有效呢？

完整地发出命令要有 5W2H 共七个方面的具体内容，这样员工才能明确地知道自己的工作目标是什么，如图 1-7 所示。

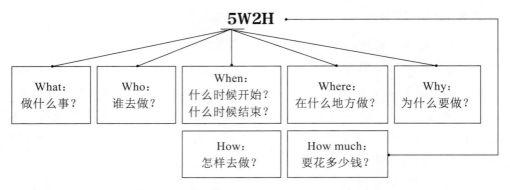

图 1-7　"5W2H" 要点

只有明确了 "5W2H"，执行人员才会按照指示要求将事做好。

2.注意事项

在下达指示时，还要注意图 1-8 所示的几个问题。

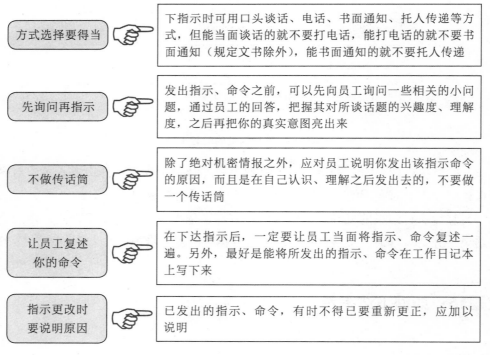

图 1-8　下达指示的注意事项

问题17：如何主持会议？

主持会议的能力，是考验一个人是否适合担任领导的最简单方式。要如何提高开会的效率，让每个人都能各抒己见、各得其所？图1-9所示的几点很重要。

图1-9　主持会议的要点

1.把握时间

为了尊重每个人的时间，开会最忌讳的就是拖延时间，尤其是一些经常性的会议。所以店长要让会议顺畅地进行，要对每个议题的讨论时间做出限制。如果某个议题讨论太久，都还没有结果，就把这个议题记下来，下次开会时再讨论。

> **特别提示**
>
> 如果这次会议一定要得出某些具体结论的话，在开会前就要先告知每个参会的人，不达目的决不罢休。不要为了减轻与会人员的负担而迅速结束会议，这只会让你的后续工作更困难。

2.不要忘了会议的主要目的

开会通常为了三个目的：沟通、管理和决策。不管哪一个目的，最重要的是以行动为焦点。例如讨论要采取什么行动，上次行动的结果如何，或是在不同的行动方案中选择一个。避免没有讨论行动的会议，因为那很可能只会浪费时间。

3.遵守会议的黄金规则

公开称赞，私下批评。避免公开批评别人的意见，因为这对士气有很大的伤害。

4.不要在非上班时间开会

尽量在日常上班时间开会，除非是很紧急的事情。喜欢在傍晚或者周末开会的人，缺乏工作与生活的平衡，自然也无法在正常时间做好分内的工作。

5.会议最好的模式是民主，而非专制

不要试图引导与会者提出你想要的结论，更不要只凭你的职衔或权力来领导他人。

好的领导应该使用说服，而不是强迫的方式。另外，还要了解会议的意义，如果你想要宣告自己的一项政策，只要将它发布在相关媒体上即可，不需要召集大家。

6.建立清楚的议程，并在会议前让大家传阅

在开会前必须清楚这次会议的目的、内容和讨论方式，整理成清楚的议程，并在会议前让大家传阅，这样才能让与会人员有充分的时间准备相关的资料。

问题18：如何参加会议？

以上讲的是作为主持人的技巧，然而，作为店长，你不只是主持会议，还经常会参加一些会议。那么，参加会议应注意哪些细节呢？图1-10所示的细节对你的职场生涯一定大有帮助。

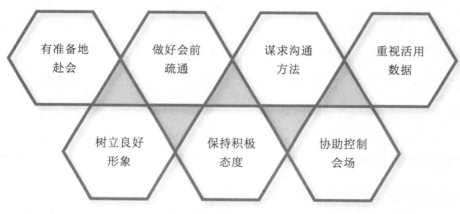

图1-10　参加会议的技巧

1.有准备地赴会

为了使你在每一场会议中都取得最好的效果，在走进会议室之前，你对以下几个问题，必须拥有周全的答案。

（1）谁召开这次会议。为了研讨会议的重要性，首先要问会议的召开人是谁。显而易见地，董事长所召开的会议，要比总经理所召开的会议更加重要。

（2）为何召开这次会议。你若不搞清楚会议的真正目的而贸然走进会议室，将很容易受创。因此，与会前你应先清楚：

——这次会议是否为了那些悬而未决的老问题而召开？

——是否为了摆脱棘手的问题而召开？

——是否因为某些人想迫使上司下决心作决策而召开？

2.做好会前疏通

如果你有新的提议，而且你的提议可能会影响到另一部门或另一些人的安全感，那你应在会议之前，先与这些可能反对你意见的人进行沟通，以便安排一些足以维护他们颜面的措施，甚至取得他们某一程度上的谅解或支持。必要的时候，你也可以让他们用他们的名义提出你的观点。尽管这样做，等于拱手将自己的观点送给别人，但是假如你志在令你的观点被采纳，这样做又何妨？

> **特别提示**
>
> 不论你是否在会议前进行疏通，在会议中，一旦你要提出新观点，千万不要在言辞上威胁到利益攸关的人士。

3.谋求沟通方法

会议场合中的沟通除了有声的语言之外，还有无声的语言，诸如仪容、姿态、手势、眼神、面部表情等。这些无声的语言也扮演着相当重要的角色。现将值得特别留意的地方简述如下。

（1）仪容要整洁。蓬头垢面者通常得不到与会者的好感。

（2）准时或提早抵达会场。

（3）避免穿着奇装异服。为稳妥起见，你的穿戴应尽量趋于平常。

（4）留意坐姿。最理想的坐姿是脊椎骨挺直但却不僵硬，因为只有这样，你才能在松弛的状态下保持警觉性。

（5）目不斜视。与人对话时最忌讳的是两眼闪烁，或是斜眼看人，因为这样会让人对你的动机或品格产生误解。同样忌讳的是，以求情的眼光看人，因为这样做会削弱你说话的分量。

（6）借手势或物品强调自身的观点。以手势配合说话的内容，可以令听众印象深刻。手势的幅度视你所想强调的内容而定。谈细节的时候，手势要小；谈大事时，手势要加大。运用手势时，必须考虑周围实体环境的情况。外界的空间越大时，手势可越夸张；外界的空间越小时，手势应越收敛。为强调你的意见而以物品作为道具是一种良好的举措。

4.重视活用数据

生活在数字的世界里，每天所见、所闻与所思的一切，几乎没有不涉及数字的。然而，在会议中运用数字时，一定要注意下面两个要领。

（1）除非必要，否则不要随便提出数字。

（2）要设法为枯燥的数字注入生命。这即是说，要让数字所代表的事实，能成为与会者生活经验中的一部分。

5.树立良好形象

时刻留意自己在他人心目中的形象，因为好的形象在会议中可产生莫大的助力，坏的形象则足以令你在会议中处处受钳制。下面是一些有助于塑造及维护良好形象的参考事项。

（1）人们总是喜欢诚实的人，以及以公平态度待人的人。

（2）听众所渴望听到的是事实，因此对那些夸夸其谈、自命不凡的人极度反感。

（3）人们都不喜欢不愿倾听他人意见的人。

（4）人通常对情绪激动的人欠缺信心。

（5）人们对态度冷静、善于逻辑推理的人的判断力，均寄予信心。

（6）人们对富于想象力与创造力的人均产生好感。但是，当一个人的想象力与创造力超越了听众所能理解或想象的范围，则该想象力与创造力将很容易被视为荒谬。

（7）在会议中最令人讨厌的两种人大概是：喜欢打断别人话的人和喋喋不休的人。

6.保持积极态度

在一般会议中，我们经常面临的是消极的气氛，包括消极的表情、消极的情绪、消极的话语、消极的反应等。在消极的气氛笼罩下，若能注入积极的言辞与积极的态度，那将成为严寒中的一股暖流。

下一次再参与会议，请参照下列诸种要领行事，将获取良好的结果。

（1）从积极的角度看问题，将那些只以产生不良后果的消极性意念扭转为积极性意念。例如将"这200万元的投资当中有一半肯定要泡汤！"扭转为"这200万元的投资当中有一半肯定会带来收益！"

（2）倾听那些可能掩盖了的泄气话，并设法解开疑惑。

（3）降低会议中所面临的问题的难度，设法先解决较简单的问题，以增进与会者对解决困难问题的信心。

（4）自告奋勇地承担工作，这对减轻与会者的精神负担与实质负担均大有帮助。

（5）在其他与会者强调困境之际，设法提供解决方案。

（6）对提供良好的意见或解决途径的其他与会者，表达你个人的赞赏。

（7）面对棘手的问题时，应讲求实际，而不应悲观。

（8）鼓励与会者积极进取。

7.协助控制会场

作为店长，即使你不是主持人，在必要的时候，你也需协助主持人控制会场，具体要求如图1-11所示。

| 1 | 千万要自律，切莫为主持人制造难题。这至少包括：不要与邻座交头接耳；除非特别紧要的事情，否则不要中途离席；不要与主持人或其他与会者争论；不要意气用事；不要在会议中做与会议无关的工作 |

| 2 | 假如与会者之间发生争论，则主动介入，并设法令争论的每一方都能理解对方的观点 |

| 3 | 如有人垄断会议，则主动提出自己的意见，或鼓励其他与会者发表意见，以打破垄断局面 |

| 4 | 如果讨论的内容偏离主题，则设法提醒与会者有关会议的目标及问题的焦点，以便将与会者的注意力引回正题 |

图1-11　协助控制会场的要求

第二个月

店面事务与日常管理

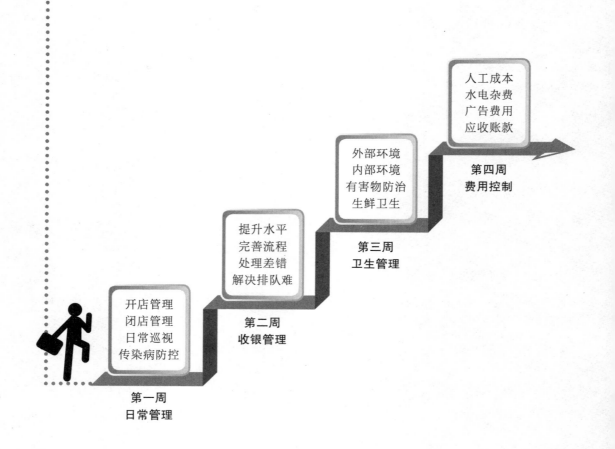

开店管理
闭店管理
日常巡视
传染病防控

第一周
日常管理

提升水平
完善流程
处理差错
解决排队难

第二周
收银管理

外部环境
内部环境
有害物防治
生鲜卫生

第三周
卫生管理

人工成本
水电杂费
广告费用
应收账款

第四周
费用控制

第一周　店面日常管理

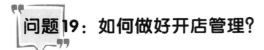

问题19：如何做好开店管理？

商场（超市）要按流程开店，以便为一天的营业"开个好头"，这具体包括保安入场、员工入场、开启电梯设备等一系列步骤，如表2-1所示。

表2-1　开店管理流程

序号	流程名称	详细解读
1	保安入场	保安要提前到卖场，并仔细巡查卖场，确认一切正常后，依次开启电源开关和空调开关
2	员工入场	（1）保安打开员工通道、更衣室，所有职员及导购员凭工作证进入员工通道和更衣室 （2）全体员工，包括管理人员、工程人员以及保洁人员、营业员等，于商场正式开店营业前30分钟到场 （3）员工更衣完毕后，应及时进入卖场，做好各项准备工作
3	开启电梯设备	工程人员负责开启卖场内所有设施（电源、扶梯、客梯、中央空调等），为确保商场正常运营，商场开启前要严格检查安全状况，客梯、扶梯一般在营业前10分钟开启
4	巡查	管理人员开始进行开店营业前的巡查工作
5	正式开店	以上所有工作就绪后，整点播放开店音乐，管理人员开启商场正侧门，正式营业

问题20：如何做好闭店管理？

1.闭店清场

商场（超市）闭店后，各级员工必须开展清场工作，以使卖场恢复整洁有序的面貌，具体流程如表2-2所示。

表2-2　闭店清场流程

序号	流程名称	详细解读
1	明确清场的执行时间	（1）一般清场执行时间为每日22点30分或23点，如营业时间有改变，清场时间顺延 （2）商场要根据不同季节和特别节日的特点制定营业结束的时间，若有短暂调整将以临时通知为准
2	广播提示	（1）清场之前，广播提示顾客、所有员工做好清场前的准备工作 （2）各楼层清场人员进入清场定位状态 （3）播放闭店音乐
3	实施清场	（1）工程人员关闭各楼层上行电梯，开始关闭抽风机、冷气等 （2）关闭一楼卷闸门（后门），员工通道、正门除外 （3）准时关闭下行手扶电梯，商场外围广告牌、展示牌、装饰灯光等全部关闭
4	离场	（1）办公区工作人员在清场后，必须离开办公室，并关闭所用办公用电设备 （2）所有员工只准走员工通道，授权当值工作人员除外 （3）有特殊加班必须提前申请，并报备加班人员名单及负责人
5	夜间值班	清场后，夜间值班员开始全面负责商场夜间消防、安全、防损工作

2.闭店检查

检查是清场的一项重要工作，只有有效检查，发现存在的问题，并及时予以解决，才能维持商场的正常运转，具体流程如表2-3所示。

表2-3　闭店检查流程

序号	流程名称	详细解读
1	确定检查人员	（1）参加闭店检查的人员应当包括当日值班经理、防损经理、防损员、夜班值班经理等 （2）明确划分各检查人员的责任，编制清场人员定位责任表
2	实施检查	清场工作结束后，检查人员要实施检查，检查要点如下： （1）从顶楼往一楼按顺序检查 （2）检查超市冰柜、冻库供电是否正常，熟食区煤气、煤灶是否关闭或熄灭 （3）检查所有灯具、冷气、抽风机等应该关闭的用电设备是否关闭 （4）检查仓库及收货区各类商品是否摆放整齐
3	重点检查	（1）对配电房、洗手间、试衣室、面点房、走火通道等及其他隐蔽易于藏人的区域进行重点检查 （2）对贵重商品储存区域重点检查，同时核对贵重商品登记表，查看其与销售数据是否对应 （3）检查灭火器等消防设施设备是否处于正常状态中
4	检查记录	检查人员要对检查工作做好记录

问题21：如何做好员工离场检查？

为了防止个别员工在离场时盗窃商品，商场（超市）应当严格做好离场检查工作，杜绝盗窃发生的可能性。

1.设置防损岗位

为防止员工携带商品离场，商场（超市）应设置防损岗位，在员工通道处进行监督检查。

2.制定管理规定

商场（超市）应为员工的离场制定明确的管理规定，使员工了解。基本规定如下：

（1）所有员工只准走员工通道，授权当值工作人员除外。

（2）不得将商品及其赠品带入更衣室。

（3）不得要求其他员工帮自己将商品携带离场。

3.员工自检

员工经过员工通道时应严格自检，掏出裤兜、打开背包等，向防损员表示并未携带商品离开。

4.防损检查

（1）防损员要监督员工的自检，确认其背包中没有携带商品才能放行。

（2）发现背包中存在可疑商品时，防损员要拦下该员工，仔细进行检查，如果确认是商场（超市）的商品，要按公司规定进行处理，如果是员工蓄意偷盗，且商品价格高昂，必要时，可报公安机关处理。

（3）防损检查时严禁发生搜身等侵犯员工个人权利的事情。

5.记录

每天防损检查工作结束后，都要做好记录，尤其要记录发生的异常情况。

问题22：如何做好日常巡视？

巡视是每个商场（超市）店长日常工作的重要环节。卖场是整个商场（超市）服务标准化的综合反映，而使商场（超市）每天都能处在高效率、高品质的经营状态下，是每个店长义不容辞的职责。

1.巡视的方式与区域

店长可以一人巡视，也可以会同各部门经理多人一起巡视。一人巡视时间短、机动性强，但因部门经理当时不在现场，所以处理问题的时间会变长。多人巡视则处理、安排工作时间短，如有问题店长可以与各部门经理共同沟通处理，但巡视时间较长，也可能会耽搁部门经理的工作。

店长每日的巡视工作包括店内和店外两部分。店内包括卖场、仓库（收货区）、收银区（金库）、出入口、操作间、更衣室、食堂、厕所、退货/质检区等，店外则包括门前广场、停车场、收货场、店的周边环境等。

2.巡视的内容

店长每天要进行多次巡视，对商场（超市）的店内店外进行检查。根据巡视时间的不同，可以分为营业前、营业中和营业后三个时间段。各个时间段内，店长的检查项目不尽相同，如表2-4所示。

表2-4 每日巡视表

大类	小类	项目	检查	
			是	否
营业前	人员	各部门人员是否正常出勤		
		各部门人员是否依照计划工作		
		是否有人员不足导致准备不及时的部门		
		专柜人员是否准时出勤、准备就绪		
		员工的仪容仪表是否符合规定		
	商品	早班生鲜食品是否准时送达，无缺漏		
		是否拿掉生鲜度差的商品		
		各部门的特价商品是否已陈列齐全		
		是否已悬挂特卖商品的POP（Point of Purchase，指卖点广告）		
		商品是否做到100%陈列		
		商品正面朝外的陈列是否已做好		
	清洁	入口处是否清洁		
		地面、玻璃、收银台清洁是否已做好		
		厕所是否清洁干净		
	其他	音乐是否控制适当		
		卖场灯光是否控制适当		
		收银员找零金是否已准备		
		开店前五分钟广播稿及音乐是否准时播放		

续表

大类	小类	项目	检查	
			是	否
营业前	其他	购物袋是否已摆放就位		
		购物车、购物篮是否已准备就位		
		前一日营业额是否已发出		
营业中	营业高峰前	商品	是否有欠品		
			商品生鲜度是否变差		
			货架陈列量是否足够		
			POP与商品标价是否一致		
			商品陈列是否足够，是否要补货		
		卖场整理	投射灯是否开启		
			通道是否通畅		
			是否有试吃台阻碍通道或导致阻挡商品销售的情形		
			是否有人当班		
			是否有突出的陈列过多的情形		
			卖场地面是否维持清洁		
	营业高峰中	销售态势	是否定时播放店内特卖消息		
			各部门是否派人至卖场招呼客人或喊卖		
			顾客是否排队太长，要增开收银台		
			是否要后场部门来收银台支援		
			是否需要紧急补货		
			是否有工作人员聊天或无所事事		
			POP是否脱落		
	营业高峰后	卖场整理	卖场是否有污染品或破损品		
	时常性	POP	是否要进行中途解款		
			是否有欠品需要补货		
			是否确定个别时段营业额未达到目标的原因		
			陈列架、冷藏（冻）柜是否清洁		
			POP是否陈旧或遭污损		
			POP张贴位置是否适当		
			POP书写是否正确、大小尺寸是否合适		
			POP诉求是否有力		

大类		小类	项目	检查	
				是	否
营业中	时常性	商品	价格卡与商品陈列是否一致		
			是否仍有厂商在店内陈列或移动商品		
			是否有滞销品陈列过多，畅销品陈列面太小的问题		
			是否定期检查商品的有效期限		
		服务	在卖场是否能听到五大礼貌用语		
			是否协助购物多的顾客提货		
		清洁	厕所是否保持清洁通畅		
			厕所里的卫生纸是否足够		
			入口处是否保持清洁		
			地面是否保持清洁		
		设备	冷冻（藏）柜温度是否定时确认		
			傍晚时分招牌灯是否开启		
			广播是否正常播放		
			标签机是否由本公司员工自行操作使用		
		后场	进货验货是否按照规定进行		
			空纸箱区是否堆放整齐		
			空篮存放区是否堆放整齐		
			标签纸是否随地丢弃		
			退换商品是否整理整齐		
		其他	畅销品或特卖品是否足够		
			卖场标示牌是否正确		
			人员交接班是否正常运行		
			前一日营业款是否解缴银行		
			有无派部门人员对竞争店进行调查		
			关店前卖场音乐是否播放		
营业后		卖场	是否仍有顾客滞留		
			卖场音乐的播放是否停止		
			卷帘是否拉下		
			招牌灯是否关闭		
			店门是否关闭		
			空调是否关闭		
			购物车（篮）是否放回规定位置		
			收银机是否清洁完毕		

大类	小类	项目	检查	
			是	否
营业后	作业场	生鲜处理设备是否已关闭并清洁完毕		
		作业场是否清洁完毕		
		工作人员是否由后门离开		
		是否仍有员工滞留		
	现金	开机台数与解缴份数是否一致		
		专柜营业现金是否缴回		
		作废发票是否签字确认		
		当日营业现金是否全部锁入金库		
	保安	保安是否按时巡视		
重点检查	金库	金库的门锁是否安全，有无异样		
		金库的报警系统是否正常运行		
		每日现金是否安全存入银行		
	收货区	送货车辆是否遇到交通堵塞，卸货等待时间是否过长，是否需要临时增补人员		
		是否优先处理生鲜和快讯商品的收货		
		收货区域是否通畅，百货与食品是否分开堆放		
	促销区	堆头/端架陈列是否丰富		
		POP价牌有无脱落，书写是否正确		
		商品的陈列是否美观、有吸引力		
		堆头/端架的破损商品是否及时处理，散落的零星物品有无及时归位		
	客服区	退货处的退货量如何，是否需要人员支援		
		客服员工的服务态度是否规范等		
		投诉情况如何		

特别提示

巡视要以不影响顾客购物为原则。巡视时以"客户第一"为原则，遇到客户询问要立即予以答复、解释，严禁随意指点。巡视时要以身作则，教育员工树立强烈的责任心。巡视时对发现的问题要做书面记录并及时处理解决。

问题23：如何做好日常传染病防控？

商场（超市）作为人流密集之地，应做好日常传染病防控，具体要求如下。

1. 完善传染病防控制度

（1）落实主体责任，商场负责人是传染病防控第一责任人，要做好员工信息采集工作。完善传染病防控制度，做好口罩、手套、消毒剂、测温仪等防控物资储备，设置应急区域，并有属地医疗卫生力量指导支持。

（2）加强培训和应急演练，保证员工熟悉责任分工、环境卫生、个人防护、异常情况处置、人员疏散等工作要求，做到有条不紊。

（3）建立员工健康监测制度，每日对员工健康状况进行登记，身体不适时应及时报告并就医。对经营进口冷链食品等感染高风险行业的从业人员要重点防护。

2. 环境卫生要求

（1）加强通风换气，促进空气流通，节日期间人流密集，要增加消毒频次，保证室内空气卫生质量符合《公共场所卫生指标及限值要求》（GB 37488—2019）；温度适宜时，尽量采用自然通风加强室内流通，如使用集中空调，保证空调运行正常，确保新风取风口与排风口之间保持一定距离，定期对冷却塔等进行清洗，保持新风口清洁；运行过程中以最大新风量运行，定期对送风口等设备进行清洗、消毒或更换。

（2）对经常接触的公共用品和设施（如存储柜、电梯间按钮、扶梯扶手、公共垃圾桶等），每日清洁消毒不少于三次。重点部位要做好消毒记录。

（3）保持电梯、咨询台、售货区、洗手间、生鲜区等区域环境整洁，及时清理垃圾。洗手间、生鲜区要做到无积污、无异味。

（4）公用洗手间每日清洁消毒不少于三次，门把手、水龙头、开关的消毒至少每两小时一次，要配备足够的洗手液（或肥皂），保证水龙头等供水设施正常工作。

3. 个人卫生防护

工作员工应加强个人防护，佩戴医用外科或以上级别口罩、手套，着工作服上岗。工作服保持干净整洁，定期清洗、消毒。禽畜肉类和熟食区从业人员还应当佩戴工作帽。生鲜宰杀等特殊摊位的经营者除工作服外，按防护要求需穿戴防水围裙、橡胶手套等。

4.冷链食品要求

（1）严格落实国家关于进口冷链食品输入风险的有关要求，执行防控措施，不销售相关手续不完备的进口冷链食品。

（2）鼓励将进口冷链食品的检验检疫证明、通关证明、消毒证明在销售区进行张贴公示，让顾客放心消费。

5.应急处理措施

（1）当商场（超市）出现传染病病例时，应当配合相关部门做好密切接触者的追踪和流行病学调查，立即采取暂停营业、封闭管理等措施，同时立即关停疑似病例活动区域对应的空调通风系统，在当地疾病预防控制中心的指导下对场所进行终末消毒，对空调通风系统进行清洗和消毒处理，经卫生学评价合格后方可重新启用。

（2）要严格按照当地政府要求抓好商场（超市）传染病防控工作落实，中、高风险地区建议采取缩短营业时间、控制顾客数量等措施。

第二周　店面收银管理

收银作业作为卖场与顾客之间进行商品交易的最终环节，在卖场的业务中显得格外重要。收银工作稍有不慎，就可能给卖场、顾客、收银员个人造成损失。因此，店长有必要加强对收银工作的管理。

问题24：如何提高收银员的服务水平？

商场（超市）要想利用服务满足消费者的需求，得到广大消费者的认可，收银服务便是第一窗口。

站在消费者的角度上，商场（超市）的购物环境，超市收银员的微笑服务、礼貌待人、收银速度等都是顾客认准选择的要素。那么如何提高收银员的服务水平？管理人员又如何让收银员更好地提高呢？可参考图2-1所示的方法。

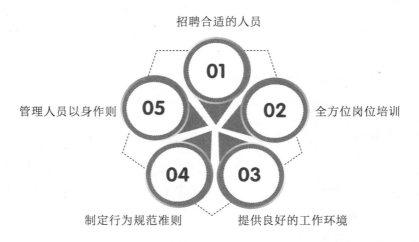

图2-1　提高收银员服务水平的方法

1.招聘合适的人员

正如买东西"只选对的不选贵的"一样，挑选员工也应"只选合适的不挑最优秀的"。好的招聘就等于管理工作成功了一半。为招聘合适的收银员，商场（超市）应充分利用各种营销手段和技术来争取，这包括登报纸广告、利用网络、校园活动、招聘会等，或者与员工交流，员工推荐也是一个好方式。

2.全方位岗位培训

一旦招到合适的人员，商场（超市）必须着手培训，具体如图2-2所示。

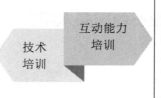

| 包括如何使用条码扫描器，如何上、下岗，如何开关现金屉，如何装袋，兑换零钱的程序，特价折价的处理，盘点等 | 包括礼貌用语，处理顾客抱怨的技巧和方式，面部表情、仪表、站立姿势、谈话方式等 |

图2-2　员工培训的内容

特别提示

在对收银员进行这些互动能力培训时，也必须对收银主管、楼面经理等管理层人员进行培训，因为"上行"才能"下效"。

3.提供良好的工作环境

顾客满意很多时候是由员工满意传递的，如果员工对工作不满意，感到干某一项工作的价值得不到体现，很难想象他们会向顾客提供满意的服务。商场（超市）收银员也不例外。

管理者应为商场（超市）收银员提供良好的工作环境，为其提供与此相关的利益，如优厚的薪水、良好的培训等。只有经常对商场（超市）收银员开展关于岗位、生活的需要是否获得满足进行调查，才能更好地了解其意愿和调整工作方法。鼓励顾客对超市收银员的工作进行赞赏，并对超市收银员在工作中的良好表现进行及时奖励，都会极大激发超市收银员的服务热情。

4.制定行为规范准则

收银员是超市中与顾客接触最为频繁的人员之一，接触多，出现问题的频率也就增多，收银员到底应该怎样去服务顾客，让顾客满意而归呢？这就得依靠一定的准则来规范收银员的行为。其中，对收银员最基本的要求如图2-3所示。

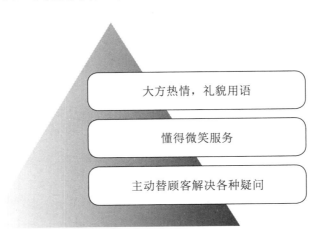

图2-3　对收银员的基本要求

特别提示

　　收银员应该严格按照行为规范准则来要求自己，因为让顾客在一种轻松愉快的环境中完成购物，能够提升消费者对门店的满意度。

5.管理人员以身作则

　　管理人员业务水平、服务意识的好坏会直接影响到周边的人，言传不如身教，律人要先律己。管理人员以身作则会是一种无形的力量，强烈地感染他人。

问题25：如何完善收银服务流程？

　　收银是商场（超市）的关键工作，企业的各项收入都是通过收银来完成的。因此，商场（超市）的收银员要按照既定流程开展收银工作，确保各项商品的销售收入准确入账，具体操作流程如图2-4所示。

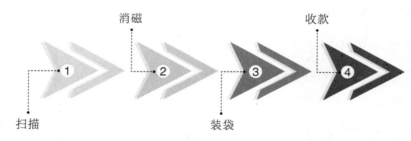

图2-4　收银操作流程

1.扫描

　　扫描是收银的基本步骤，收银员要做好扫描工作，同时按不同情况处理好扫描失效情况，使所有商品都能够得到准确扫描。

　　（1）接过商品。收银员要快速、稳定地接过商品，避免摔坏。

特别提示

　　接过商品之前，收银员应当先用抹布将收银台擦干净。

　　（2）开始扫描。开始扫描时，要达到图2-5所示的要求。

　　（3）扫描失效处理。当发现扫描失效时，按图2-6所示的方法处理。

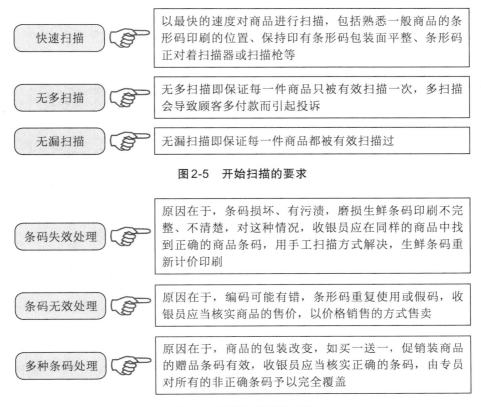

图2-5 开始扫描的要求

图2-6 扫描失效处理方法

2.消磁

零售企业会为一些贵重商品加装磁性材料，以防止被盗。当顾客购买该商品后，收银员要及时为其消磁，使顾客能够完成购买。

（1）寻找磁片储存之处。接过商品后，收银员要及时寻找磁片储存的位置，洗发用品的消磁位置一般位于包装瓶背后，服装的消磁位置往往在衣服内部，需要收银员仔细寻找。

（2）实施消磁。实施消磁作业要注意做好如图2-7所示的工作。

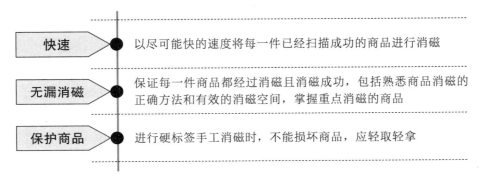

图2-7 消磁作业要求

（3）消磁问题处理。在消磁时，碰到问题要及时处理，具体要求如图2-8所示。

| 原因在于商品未经过消磁程序。商品必须经过消磁程序，特别是硬标签的商品类别，要熟记重新消磁 | 漏消磁 → 消磁无效 | 原因在于商品消磁的方法不正确，超出消磁的空间。结合消磁指南，掌握正确的消磁方法，特别对软标签的商品予以熟记，重新消磁 |

图2-8　消磁问题处理方法

特别提示

正确地消磁是非常重要的，否则容易引发误会，引起顾客的不满，而且增加了收银稽核人员的工作量与工作难度。

3.装袋

顾客购买商品后，如果需要装袋，收银员应为其做好装袋工作，装袋时要注意将商品分类并排列整齐，避免损坏。

（1）正确选择购物袋。如果顾客并未自带购物袋，要求购买购物袋时，一定要为其正确选择购物袋。购物袋尺寸有大小之分，根据顾客购买商品的多少来选择合适的购物袋。当然在限塑的情况下，最好问明顾客需要哪号袋，并且告知对方该袋的价格。

（2）将商品分类装袋。商品分类是非常重要的，正确科学地分类装袋，不仅能提高服务水平、增加顾客满意度，还能体现尊重顾客、尊重健康的理念。一般分类的要求如图2-9所示。

1 生鲜类食品（含冷冻食品）不与干货食品、百货食品混合装袋

2 生鲜食品中的熟食、面包等即食商品不与其他生鲜食品混装

3 生鲜食品中，海鲜类不与其他生食品混装，避免串味

4 化学剂类（洗发水、香皂、肥皂、洗衣粉、清洁剂、杀虫剂等）不与食品、百货类混装

5 服装、内衣等贴身纺织品，一般不与食品混装，避免污染

| 6 | 其他比较专业的、特殊的商品一般不混装，如机油、油漆等 |

| 7 | 装袋后易提、稳定且承重合适 |

图2-9　商品分类装袋的要求

（3）装袋技巧。掌握正确的装袋技巧，做到又快又好，既避免重复装袋，又达到充分使用购物袋、节约成本、使顾客满意的效果，具体如图2-10所示。

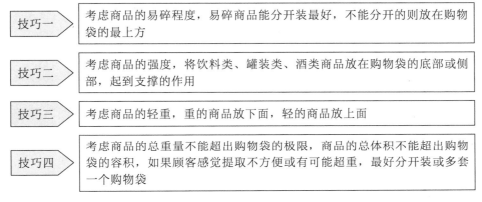

技巧一	考虑商品的易碎程度，易碎商品能分开装最好，不能分开的则放在购物袋的最上方
技巧二	考虑商品的强度，将饮料类、罐装类、酒类商品放在购物袋的底部或侧部，起到支撑的作用
技巧三	考虑商品的轻重，重的商品放下面，轻的商品放上面
技巧四	考虑商品的总重量不能超出购物袋的极限，商品的总体积不能超出购物袋的容积，如果顾客感觉提取不方便或有可能超重，最好分开装或多套一个购物袋

图2-10　商品装袋的技巧

（4）例外处理措施。当出现例外情况时，请按图2-11所示的方法处理。

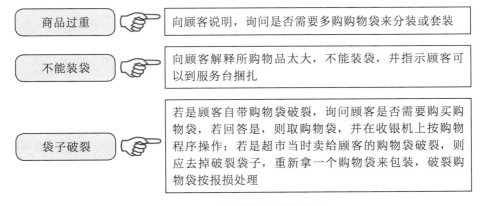

商品过重	向顾客说明，询问是否需要多购购物袋来分装或套装
不能装袋	向顾客解释所购物品太大，不能装袋，并指示顾客可以到服务台捆扎
袋子破裂	若是顾客自带购物袋破裂，询问顾客是否需要购买购物袋，若回答是，则取购物袋，并在收银机上按购物程序操作；若是超市当时卖给顾客的购物袋破裂，则应去掉破裂袋子，重新拿一个购物袋来包装，破裂购物袋按报损处理

图2-11　装袋例外处理的措施

4.收款

收银员在具体收款作业过程中，尤其要注意识别伪钞，因为零售企业一般不使用验钞机，收银员一旦不能识别伪钞，会直接造成企业的损失。收款操作步骤具体如表2-5所示。

表2-5　收款的操作步骤

序号	步骤	具体说明
1	确认货物清点完毕	确认货物清点完毕后，才能接受顾客付款
2	清点钱款	仔细清点钱款，确认具体数额
3	确认付款方式	无论是现金、银行卡，还是支票等形式的付款，都必须在收银机上选择正确的付款键输入
4	伪钞识别	（1）检查图案、肖像。查看纸币两面的图案清晰程度。熟悉纸币的图案，真钞的图案应比伪钞更漂亮、清楚 （2）检查肖像水印/防伪线。钞票正确的位置有头像水印或防伪线，从任何一面对着光线能清晰看到有凹凸感的头像。伪钞的头像或直接印在上面，或褪色，或位置较偏，或根本不存在 （3）用手指触摸。根据手感及钞票材质来帮助识别钞票的真伪 （4）用伪钞识别机。收银主管及收银员都应熟练掌握伪钞识别机的使用方法，对面值100元、50元的纸币，收银员都必须经过识别机验证
5	银箱维护	（1）不同面值现金必须放入银箱相应的规定格中，不能混放或放错位置 （2）银行卡单及有价证券不能与现金混放

 相关链接

收银操作中的应对技巧

由于顾客要求的多样性和复杂性，难免会有不能满足顾客要求的情况出现，使顾客产生抱怨。而这种抱怨，又常常会在付账时对收银员发出。因此，收银员还应掌握一些应对的技巧。

1. 暂时离开收银台时应说："抱歉，请您稍等一下。"

2. 重新回到收银台时应说："真对不起，让您久等了！"

3. 自己疏忽或没有解决办法时应说："真抱歉……""对不起……"

4. 提供意见让顾客决定时应说："若是您喜欢的话，请您……"

5. 希望顾客接受自己的意见时应说："实在是很抱歉，请问您……"

6. 当提出几种意见供顾客参考时应说："您的意思怎么样呢？"

7. 遇到顾客抱怨时，应仔细聆听顾客的意见并予以记录，如果问题严重，不要立即下结论，而应请主管出面向顾客解释。其用语应为："我明白您的意思，我会将您的建议汇报给店长并尽快改善。"

8. 当顾客买不到商品时，应向顾客致歉，并给予建议。其用语为："对不起！现在正好缺货。让您白跑一趟。您要不要先买别的牌子试一试？""请您留下您的电话和姓名，等新货到时我们马上通知您。"

9. 不知如何回答顾客询问时，决不能说"不知道"，而应回答："对不起，请您等一下，我会请主管、店长来为您解答。"

10. 顾客询问商品是否新鲜时，应以肯定、确认的语气告诉顾客："一定新鲜。如果您买回去不满意，欢迎您拿来退钱或换货。"

11. 顾客要求包装礼品时，应微笑着告诉顾客："请您先在收银台结账，再麻烦您到前面的服务总台（同时应打手势，手心朝上），会有专人为您服务。"

12. 当顾客询问特价商品时，应先口述2种特价商品，同时应出示DM宣传快讯给顾客看，并告诉顾客："这里有详细的内容介绍，请您慢慢参考选购。"

13. 在店门口遇到购买了本店商品的顾客时应说："谢谢您，欢迎再次光临！"（面对顾客点头示意）

14. 收银空闲遇有顾客不知要到何处结账时应说："欢迎光临！请您到这里结账！"（以手指向收银台，并轻轻点头示意）

15. 有多位顾客等待结账，而最后一位表示只买一样东西，有急事待办时，收银员应对第一位顾客说："对不起，能不能先让这位只买一件商品的先生（女士）先结账？他好像很着急。"当第一位顾客答应时，应对他说声"谢谢"。当第一位顾客不答应时，应对提出要求的顾客说："很抱歉，大家好像都很急。"

问题26：如何处理收银找零差错？

收银过程中，可能会出现一些差异，收银人员要做好分析工作，并采取正确的方法进行处理，同时要采取减少差异的措施。

1. 分析收银差异产生原因

一般来说，收银差异产生有图2-12所示的几种原因。

收银员收款错误和找零错误

收银员没有零钱找给顾客或顾客不要小面额零钞

收银员误收假钞

收银员不诚实，盗窃卖场的收银货款

收银员将收银机的输入键按错，如将现金键误按成卡键

收银员在兑零的过程中出现错误

图2-12　收银差异产生的原因

2.收银找零差错的处理方法

收银找零的差错发生的原因有两种可能：一是收银员在工作时精力不集中，情绪不正常，没有坚持唱收唱付；二是顾客计算错误。

不管什么原因，如果差错发生了，收银员必须首先自检。即使是顾客的错，也要得理让人，切忌同顾客发生争吵，具体处理方法如图2-13所示。

方法一	收银差异必须在24小时内进行处理，通常是由现金室发现收银差异
方法二	超出一定金额的收银差异，必须在发现的第一时间报告防损部和收银主管
方法三	收银差异的原因由现金室进行查找，没有合理解释的，收银员本人必须有书面的解释
方法四	所有收银员的收银差异必须进行登记
方法五	对于超出规定收银差异的收银员必须进行警告处理

图2-13　收银找零差错处理方法

3.减少收银差异的措施

可通过图2-14所示的措施来减少收银差异的产生。

措施一	加强收银员的培训，减少假钞带来的损失
措施二	加强收银员的教育和品德培养，杜绝因不诚实而引起的现金盗窃
措施三	加强收银过程的标准化服务，包括唱收唱付，减少因收款、找零错误而带来的损失
措施四	加强收银区域安全防范管理，加强营业高峰和节假日的大钞预提工作，减少现金被盗的机会

图2-14　减少收银差异的措施

问题27：如何解决收银排队难题？

虽然顾客到商场（超市）购物兼有休闲之意，但结账时排队，特别是周末或法定节假日营业高峰时的长队，还是有点令人无法忍受。商场（超市）一味让顾客等待，将丧失许多生意。即便是那些耐心等待到最后的顾客也会不满意，有可能不再光顾，或者再次光顾之前，会仔细权衡。那么如何解决收银排队问题呢？可从图2-15所示的几个方面着手解决。

使收银流程合理化

区分不同的顾客

让等待变得有趣或至少可忍耐

图2-15　解决收银排队的措施

1.使收银流程合理化

在商场（超市）的日常经营中，根据高峰期的客流量来设收银机数量是很普遍的做法，如果只为了节约成本，往往会让顾客排长队。其实，商场（超市）在利用现有收银系统资源的情况下，可以通过对排队方法的革新来缓解这个难题，即用号排队法。

具体的做法是：进入卖场的顾客都可以在入口处领到一个小牌，上面有编号，顾客采购好商品后将小牌交给收银员，顾客就可以坐在收银台旁设置的椅子或凳子上休息，或者可以到卖场内再逛逛，过一定时间后再回来。这样只要顾客注意听是否叫到自己的号码就可以了，可以免去排队之苦。

2.区分不同的顾客

为了获得服务，并非所有的顾客都要等待相同的时间，商场（超市）可根据不同的情况来为顾客服务，具体方法如图2-16所示。

1 可根据顾客的重要性来为顾客服务，即那些经常购物的顾客或是购买了大量商品的顾客可以获得优先服务权。商场（超市）可以给他们特殊的排队区域。这样的处理方法在会员制商场（超市）里比较易于实行

2 可根据紧急程度，对那些急需获得服务的顾客提供收银服务。这时收银员可征求下一位要服务的顾客的意见，让有急事的顾客先结账，一般情况下都会得到理解和协助。当然超市也可专设一个紧急收银通道，以保证其他收银通道排队的公平性

3 根据收银服务时间长短，商场（超市）可让那些只需要很短时间就可以结完账的顾客优先结账，如有的超市设3件以下商品结账专门通道

图2-16　对不同的顾客实行不同的服务

3.让等待变得有趣或至少可忍耐

大多数顾客在商场（超市）购物不得不排队结账时，他们对商场（超市）的满意度取决于商场（超市）对排队问题的处理方法。顾客等待的实际时间的长短会影响顾客满意度，但顾客是人，顾客感觉的等待时间比实际时间更能影响其满意度。结合心理学研究，具体处理措施如表2-6所示。

表2-6　让顾客等待变得有趣的措施

序号	等待情形	解决办法
1	顾客感觉在空闲时间等待比在繁忙时间等待的时间更长	在超市每个收银通道前挂4～5份报纸，或者挂一个电视。电视可播放商场（超市）所卖的有关商品的广告，也可放影碟、MTV等，反正是让顾客的眼睛、耳朵不闲着
2	顾客感觉在结账前等待比结账中等待更长	超市可以在收银台前用滚动屏幕或者自动查询价格的设备让顾客查询所购商品的折扣、特价等情况，了解收银员的服务记录（对服务员也是个无形的监督），甚至可以让顾客自己先算一算总价，让顾客提前进入"准"结账阶段
3	顾客在焦虑状态下的等待感觉更长	可以让收银员预告等待时间，并不时对后面还在等待的顾客说抱歉，收银员离岗换零钱或者换班盘点时应告知几分钟可以回来
4	顾客对不能说明的等待时间比能说明的等待时间感觉更长	收银员在收银通道出现暂时淤堵时（如个别顾客取消商品、退货等）应该告知顾客原因，这样顾客在了解了实情的基础上就会相应调整自己的心态，减少焦虑，有更多的耐心
5	顾客对不公平的等待时间比公平的等待时间感觉更长	收银员在为紧急顾客优先提供服务时应向其他顾客讲清楚原因，以使他们的不公平感（"凭什么他后来可以先结账？"）降低甚至消除

 相关链接 ···

自助收银走进超市，结账不用排长队

如今自助收银已经在不少商超被使用，比如西亚超市、沃尔玛、物美、百佳、家乐福、华润、天虹等。

自助收银的结算方式比人工收银更加方便，它具备条码扫描器的自动识别、采集并实时传输的功能特性，结合自助收银系统可以实现快速购物，加速超市购物人员的流通。整个结算过程，消费者自己扫码支付就能操作完成，节省了很多排队结账的时间。

自助收银代替人工收银环节，一来简化了收银程序，提高了收银效率，减少了排队等候的时间，让消费者感受到了更加智能和便捷的服务；二来减少了人工的使用，缩减了企业需要付出的人力成本，提升了企业运营的实际效益。不管是对于消费方还是售卖方来说，自助收银机所带来的影响无疑都是积极的。

第三周　店面卫生管理

为了维护商场（超市）的整体形象，保持良好的购物环境，保证员工与顾客的身体健康，提高工作质量和服务质量，店长应做好店面卫生管理工作。

问题28：如何搞好店面外部环境？

商场（超市）为顾客承诺的是舒适优雅的购物环境，因此整洁的环境、舒适的购物空间需要大家共同维护。管理人员作为现场的督导，必须对卖场环境做出及时的反应，以保证营运的正常进行。

1.外部环境卫生要求

卖场外部环境卫生要求如下。

（1）拉布灯箱保持清洁、明亮，无裂缝、无破损。霓虹灯无坏损灯管。

（2）幕墙内外玻璃每月清洗一次，保持光洁、明亮，无污渍、水迹。

（3）旗杆、旗台应每天清洁，保持光洁无尘。

（4）场外升挂的国旗、司旗每半个月清洗一次，每三个月更换一次，如有破损应立即更换。

（5）场外挂旗、横幅、灯笼、促销车、遮阳伞等促销展示物品应保持整洁，完好无损。

2.员工通道的卫生要求

员工通道的卫生要求如下。

（1）管理人员应对需张贴的通知、公告等文件资料内容进行检查、登记，不符合要求的不予张贴。

（2）员工应注意协助维护公告栏的整洁，不得拿取、损坏张贴的文件资料。

（3）员工通道内的卡钟、卡座应挂放在指定位置，并保持卡座上的区域标识完好无损。

（4）考勤卡应按区域划分放于指定位置，并注意保持整洁。

3.就餐区的卫生要求

就餐区的卫生要求如下。

（1）用餐后应将垃圾扔入垃圾桶。

（2）茶渣等应倒在指定位置，不能倒入水池。

（3）当班时间不得在就餐区休息、吃食物。

问题29：如何搞好店面内部环境？

清洁、卫生且富有吸引力的购物环境不仅能给顾客留下深刻的印象，而且也会增加其购物享受。

1.室内空气质量管理

商场（超市）应严格执行《中华人民共和国传染病防治法》《公共场所卫生管理条例》《公共场所集中空调通风系统卫生管理办法》的有关规定，加大集中空调通风系统的清洁及维护，保持营业场所内空气清新，具体要求如下。

（1）根据本企业的规模，安装相应的、符合规定要求的集中空调通风系统设备设施。指定专人定期负责通风换气设备设施的维护和清理，保证通风换气设备设施卫生、清洁，确保正常运行。每两年对集中空调通风系统进行一次预防空气传播性疾病的卫生学评价，合格后方可投入运行。

（2）加强对营业场所内空气质量的监控，根据顾客流量的变化，及时调整补充新风量。超市内高温和有异味产生的区域要加大通风量，必要时进行全场换气。

（3）最好能在营业场所设置"公共场所空气品质监测系统"，以电子显示屏的方式向顾客公示有关数据指标。

2.噪声管理

商场（超市）应严格执行《中华人民共和国环境噪声污染防治法》的有关规定，营业场所内噪声控制在60分贝以下，出售音响设备的柜台控制在85分贝以下，具体要求如图2-17所示。

图2-17　噪声管理要求

3. 装饰装修管理

商场（超市）应严格执行《中华人民共和国环境保护法》的相关要求。在营业区域内进行局部装饰装修改造时，应对施工现场进行封闭围挡，避免因装饰装修造成空气污染。

4. 洗手间卫生管理

洗手间是商场（超市）的常用场所，必须做好环境卫生管理工作，为使用洗手间的顾客留下一个良好的印象。洗手间环境卫生管理的要求如图2-18所示。

要求一	所有清洁工序必须自上而下进行
要求二	放水冲入一定量的清洁剂
要求三	清除垃圾杂物，用清水洗净垃圾并用抹布擦干
要求四	用除渍剂清洁地胶垫和下水道口，清除缸圈上的污垢和渍垢
要求五	用清洁桶装上低浓度的碱性清洁剂彻底清洁地胶垫，不可在浴缸里或脸盆里洗。桶里用过的水可在清洁下一个卫生间前倒入厕内
要求六	在镜面上喷上玻璃清洁剂，并用抹布清洁
要求七	用清水洗净水箱，并用专备的抹布擦干。烟缸上如有污渍，可用海绵块蘸少许除渍剂清洁
要求八	用中性清洁剂清洁座厕水箱、座沿、盖子及外侧底座等
要求九	用座厕刷刷洗座厕内部并用清水冲净，确保座厕四周及上下清洁无污物
要求十	清洁洗脸台下面的水管

图2-18　洗手间环境卫生管理的要求

5.专柜柜台卫生管理

专柜柜台卫生管理要求如图2-19所示。

专柜经营者不得超高摆放商品
爱护商场（超市）内的一切设施和设备，损坏者照价赔偿
不得随地吐痰、乱扔杂物等
各专柜的经营人员必须保持自己所管辖铺位或柜台区域的卫生
经营人员不能在禁烟区吸烟
晚上清场时将铺位内的垃圾放到通道上，便于清理

图2-19　专柜柜台卫生管理要求

6.更衣室卫生管理

更衣室卫生管理的要求如图2-20所示。

要求一	清洁地面：扫地、湿拖、擦抹墙脚、清洁卫生死角
要求二	清洁员工洗手间
要求三	清洁员工衣柜的柜顶、柜身
要求四	室内卫生清洁：用抹布清洁窗台、消火栓（箱）及消防器材，清理烟灰缸，打扫天花板，清洁空调出风口，清洁地脚线、装饰板、门、指示牌，打扫楼梯，拆洗窗帘布，清倒垃圾，做好交接班工作
要求五	有拾获员工物品的，及时登记上交安全部并报告部门主管

图2-20　更衣室卫生管理要求

7.办公场所环境卫生管理

办公场所环境卫生管理要求如图2-21所示。

要求一	各工作场所内，均须保持整洁，不得堆积已发臭或有碍卫生的垃圾、污垢或碎屑
要求二	各工作场所内的走道及阶梯，至少每日清扫一次，并须采用适当方法减少灰尘
要求三	各工作场所内，应严禁随地吐痰
要求四	饮用水必须干净
要求五	其他卫生设施，必须特别保持清洁
要求六	排水沟应经常清除污秽，保持清洁畅通
要求七	凡可能寄生传染菌的原料，应于使用前适当消毒
要求八	凡可能产生有碍卫生的气体、尘灰、粉末的工作，应采用适当方法减少此项有害物的产生，使用密闭器具以防止此项有害物的散发，在发生有害物的最近处，按其性质分别做凝结、沉淀、吸引或排除等措施
要求九	凡处理有毒物或高热物体工作的或从事有尘埃、粉末或有毒气体散布场所工作的，或暴露于有害光线中的，须用防护服装或器具，并按其工作性质置备。对于防护服装或器具，凡使用人员，必须善用

图2-21　办公场所环境卫生管理要求

下面提供一份××超市营业现场环境卫生清洁、检查细则的范本，仅供参考。

🔍【范本】▶▶▶ --

××超市营业现场环境卫生清洁、检查细则

一、目的

统一各级人员对环境卫生重要性的认识，营造良好的购物环境，以此提升商场的形象并推动销售的增长，提高顾客满意度。

二、适用范围

适用于商场的外观和内部环境，包括墙体、门外广场、商场各大门、橱窗、地面、天花、窗户、商品、人员、设备、设施、用具、工具以及影响环境舒适性的色彩、照明、声音、气味等。

三、目标

1.管理人员具有保洁意识，能够发现目前环境卫生存在的问题；

2.营业员养成良好的卫生习惯，随时清洁周围环境；

3.档口工作人员仪容仪表整洁，操作规范；

4.清洁工保证地面干净整洁，墙壁及有关设施、设备无污迹，空气清新；

5.最终使得公司每位员工均具有保洁意识：见到商场内的垃圾随时捡起放回垃圾桶；对顾客遗留的杂物，及时清理；对掉落的商品立即捡起放回原位；遇到个人无法清洁的污迹，立即通知清洁工进行清理。

四、现场环境清洁操作规范及检查标准

序号	清洁项目	操作规范	清洁标准和检验方法
1	柜台地面卫生（包括死角、试衣间、摆放模特位置）	1.营业前、营业后先用扫帚清除垃圾、灰尘，再用清水拖地或用毛巾擦拭，拖把和毛巾不宜过湿 2.营业期间地面有灰尘、纸屑、线头等应及时清扫，地面有水渍需及时拖干净 3.地面有黏胶物需用铲刀清除，如遇到个人无法清洁的污渍，应及时通知清洁工处理 4.超市货架底的地面需用扫帚清除垃圾、灰尘	目视无垃圾、灰尘、污迹，保持干爽、光亮、洁净，地面无水迹
2	柜台、货架、收银台、开票台、存包台、服务台	1.玻璃柜台每天营业前用玻璃水擦一遍，日常发现脏污、手印等立即用抹布擦净 2.每天营业前用半干毛巾擦一遍货架（包括每层板面、侧面）；营业中发现脏污立即用抹布擦净 3.每天营业前收银台、存包台、服务台、开票台用湿毛巾擦一遍，再擦干，营业期间台面有污迹应及时用毛巾擦拭。随时清理台面杂物，开票台面所放用具摆放整齐并不超过三件 4.超市堆头垫板用湿毛巾擦拭 5.顽固污迹应用去污粉或洗洁精清理	手摸无灰尘、目视无污垢，保持光亮洁净。物品摆放整齐，不杂乱
3	模特架	每天早上用湿毛巾擦一遍，再擦干；营业中发现脏污立即用抹布擦净	手摸无灰尘，目视无污垢，保持光亮洁净
4	试衣间的门、镜子、墙面、试鞋凳	1.镜面每天营业前用玻璃水擦一遍，日常发现脏污、手印立即用抹布擦净 2.门、墙面每天早上用湿毛巾擦拭，再擦干	手摸无灰尘、目视无积垢，镜面无灰、无印迹，保持光亮洁净
5	促销车、POP架、柜台摆放的奖牌	每天早上用半干毛巾擦一遍，顽固污渍应用去污粉或洗洁精清理	目视干净、无黏物，手摸无灰尘
6	各楼层办公室（包括广播室、保卫室、电工班、理货区、验货区）	1.每天早上用毛巾将办公台面、柜面及用具（包括设备）擦拭干净 2.每天营业前清扫地面，再用半湿拖把拖地，营业时发现垃圾随时清扫，每晚下班清倒垃圾 3.办公桌面保持整洁，办公用具、文件归类摆放整齐 4.办公室门（包括卷闸门）、玻璃窗户至少半个月擦拭一次，玻璃用玻璃水擦拭，顽固污渍应用去污粉或洗洁精清理	目视干净、整洁，手摸无灰尘，地面保持干爽清洁（无纸屑、垃圾等杂物）

续表

序号	清洁项目	操作规范	清洁标准和检验方法
7	周转仓	1.每周至少一次用扫帚彻底清除地面以及货架上的垃圾、灰尘，日常发现有垃圾、灰尘应及时清扫 2.每天做好货架整理，商品分类摆放，整齐有序，保持商品清洁卫生 3.天花板、风口每月用鸡毛掸扫去灰尘；如有印迹，要用湿毛巾擦干净 4.周转仓门（包括卷闸门）、玻璃窗户至少一个月擦拭一次，玻璃用玻璃水擦拭，顽固污渍应用去污粉或洗洁精清理 5.防爆灯每月用干抹布擦拭一次，必须断电操作，确保安全，必要时请电工协助	目视干净整洁，无垃圾，无灰尘，无蜘蛛网；商品分类清楚、干净；地面干净清洁（无纸屑、垃圾等杂物）
8	商场公共区域	1.若发现顾客吸烟，应及时、礼貌地制止 2.见到商场内的垃圾应随时捡起丢入垃圾桶；对顾客遗留的杂物，应及时清理 3.商场各类证照、奖牌应根据美工人员指定的位置悬挂、摆放，如有污损、残旧，应及时清洁、翻新 4.不得随意在墙面乱画、张贴海报或钉钉子 5.商场内所有通道应保持畅通，不允许堆积任何物品 6.综合分部服务台每天每班检查卫生次数不少于3次，发现不符合要求的及时指正	目视无垃圾、灰尘、污迹，保持光亮、洁净、畅通
9	员工就餐区	1.用餐后应自觉将垃圾扔入垃圾桶 2.茶渣等应倒在指定位置，禁止倒入下水道 3.不允许用购物袋或宣传单（册）垫底	目视无垃圾、污迹、杂物
10	卖场内商品及标识	1.营业前和营业后商品要全面整理两次，使商品摆放整齐；营业期间，发现商品摆放凌乱应及时整理 2.营业前及上货时仔细检查商品外表，对于可擦拭商品，发现污渍、灰尘立即用半干毛巾擦干净；对于服装类商品用衣掸掸干净，模特所着服装，发现灰尘可用衣掸清洁，保持整洁、美观 3.平时保持商品标价签、标价签卡座、卡条的清洁整齐，发现卷边、残旧、破损应立即更换	目视无灰尘、标识无卷边、无破损、无残旧
11	柜台内设备	1.每天用半干毛巾擦拭相关设备（含主机、显示器、键盘、打印机、传真机等），顽固污渍用去污粉清理 2.电源线每周用半干毛巾擦拭，并绑扎整齐	目视无灰尘，无黏物
12	柜台内的公共设施	消防设施等公共设施，营业员应每天清洁，不便清洁处可找清洁工协助，注意保护柜台内商品	目视干净，无积垢
13	购物篮、购物车	购物篮、购物车内的杂物随时清理，购物车每周清洁一次，购物篮每天清洁一次	目视干净，无积垢，购物车轮干净、无黏物
14	柜台清洁用具、用品	1.清洁用具使用完后及时清理干净 2.清洁用（工）具、用品存放于指定工具箱（房），不允许裸露放置于柜台内	无清洁用具（品）明显置于现场

五、检查范围

墙面、地面、门、大门口、外广场、外广场设备设施、橱窗、洗手间、垃圾桶、休息椅、意见箱；不锈钢包边、护栏、柱子、镜面、玻璃、铝板、木质设备、手扶梯、观光梯、步行梯；卷闸门、消火栓、灭火器、配电盘、公用电话、金融联取款机、中国银行标识牌、手机电池充电器、e城便利站；地毯、灯饰、花盆、空调门、天花板、风口、喇叭口；员工就餐区、更衣室、办公室、会议室、培训室；海鲜档口、鲜肉档口、蔬菜档口、下水道、熟食、生鲜档口、柜台地面卫生、货架卫生、商品卫生、员工个人卫生；柜台背板、踢脚线、专柜设备、收银台、收银机、桌面及周围隔板、开票台、存包台、服务台；模特架、模特脚垫板、试衣间的门、墙面及地面、堆头垫板、床脚垫板、镜子、墙面、试鞋凳、促销车、POP架、摆放奖牌柜台；各楼层办公室、广播室、保卫室、电工班、理货区、发货区、周转仓。

六、检查要求及考核细则

要求管理人员在日常检查中细致严格、挑剔苛刻，杜绝跟进不彻底、对一些脏乱的情况视而不见、死角多、遗留问题难封闭的现象，直至达到人人爱清洁、全员保洁的良好卫生习惯。

（1）由各商场综合分部经理、服务台人员及被检查分部的管理人员组成检查小组进行检查。各商场主管环境卫生的商场总经理每月至少参加1次。

（2）检查方法可用巡场覆盖或抽取检查两种方式进行，即按分部巡场覆盖或按分部抽取5～10个柜台的方式进行检查，注意各分部抽取柜台的总面积需大致相当。对超市的检查是分区域抽查货架（包括干货架、果蔬架、冷冻柜等）或专柜，保证每一区域抽查范围大致相等。

（3）不合格项的界定：一个纸屑、一个黏胶物、一团污渍各属1例；线头、头发、绒毛球、絮状物等其他碎屑三个属一例；一个专柜功能相同部位（如开票台）相同问题属一例，不同问题各属一例；功能不同部位存在的问题各属一例；超市货架（含端架）1.2米长度相同问题属一例，不同问题各属一例；电脑配件、打印机、传真机相同问题属一例，不同问题各属一例。

（4）严重不合格项的界定：死角、痰渍、蜘蛛网、大面积污迹、大片垃圾、大片胶印。

（5）每周一早9:00前或晚10:00以后，各分部统一卫生大扫除（特殊情况时，商场也可自行安排大扫除时间），周二至周日检查小组定期或随机安排时间统一进行检查并验证效果，采用目视、手摸、拿纸巾擦拭的检查方法，将不合格项列出，以邮件形式对各分部存在的问题进行反馈，下周抽查分部问题封闭情况。

（6）每次检查结果各分部根据情节参照作业指导书《营业现场管理考核细则》进行扣分处罚。

（7）每季末28日前各商场将三个月内各分部不合格项以商场为单位累计排名，超市楼层按不合格项累计乘以60%计算排名，两个楼层的分部按不合格项累计乘以50%计算排名，收银部、防损部、综合部不参加排名；不合格项统计将作为核对商场质量目标完成情况——环境卫生项的依据。

（8）检查人员需严格按照文件要求及以上检查范围认真检查。

问题30：如何防治店面内的有害动物？

场内有害动物主要包括老鼠、苍蝇、蚊子、蟑螂等，这些有害动物容易传播疾病，对商场（超市）员工、顾客的健康都有着严重影响，因此，必须做好有害动物防治工作。

1.确定总体防治方针

总体防治方针为杜绝病虫害，不为商场（超市）留下隐患。

2.实施责任制

实施责任制即各部门的防治工作由该部门负责，出现问题由该部门负责人承担。

3.有害动物防治

（1）老鼠的防治

① 必须有长期的、有效的、专人负责的消灭老鼠的工作计划和工作内容。

② 建筑物的洞穴、排水系统的管道、排水入口都必须有封死的金属网。

③ 无供老鼠繁殖、藏身的空纸箱、开封的食品箱等。

④ 保持加工间的卫生清洁。

（2）苍蝇、蚊子的防治

① 设置灭蝇灯、风帘、纱窗门等灭蝇设备。

② 定期对排水渠、下水道、地面、垃圾桶、垃圾堆进行喷杀灭卵。

③ 食品销售柜、加工间保持封闭，减少食品的暴露，随手关门、盖盖子。

④ 用灭蝇拍拍流动苍蝇。

（3）蟑螂的防治

① 设置除蟑螂器，采用药物对蟑螂出没的地方重点喷杀。

② 及时清除蟑螂卵，并对比较阴暗的食品加工区域进行重点防治。

③ 保持整个食品加工区域的清洁卫生。

问题31：如何搞好生鲜区域的卫生管理？

为了提高生鲜食品的质量，保持商品的鲜度，确保顾客的健康，并提升顾客的购买欲望，商场（超市）必须加强生鲜区域的卫生管理。

1.生鲜从业人员个人卫生管理

接触生鲜商品最多的就是"人"，保持良好的个人卫生，可以减少生鲜商品的细菌污染，并可确保生鲜商品鲜度、质量，具体卫生管理要求如图2-22所示。

 要求一 从业人员的个人卫生包括衣、帽穿戴整齐，头发无掩盖，手部指甲不过长或有污垢，不戴佩饰，以免在做食品加工包装时出现异常，个人皮肤有伤口时必须包扎完好，无个人传染病

 要求二 在个人卫生习惯方面，不可在生鲜区吸烟、随地吐痰、吐口水等，务必要保持干净、卫生，这不仅是维持个人、商品卫生的良好习惯，也是给予消费者安全卫生的保障

要求三 在个人上岗前必须要有卫生局检查合格的证明

图2-22　生鲜从业人员个人卫生管理要求

2.生鲜处理作业场卫生管理

生鲜作业场为每日工作的场所，其卫生管理要求如下：

（1）作业墙面、天花板、地板要干净、清洁，要有完善的排水设施。

（2）作业场内不得堆放与作业处理无关的物品。

（3）作业场要有良好的照明、空调，保障作业安全。

（4）每月需安排消毒工作，防止病媒、污垢产生。

3.生鲜设备卫生管理

生鲜商品作业场所需的设备，每天应在作业前、后或休息中，将存留于设备上的碎肉、菜屑、鱼鳞等残留物清洗干净。处理刀具、工作台、周转筐、容器、段车等必须每日清洗，每周消毒两次，以避免生鲜商品受到污染。

4.生鲜仓库卫生管理

生鲜仓库是保存生鲜商品的地方，因此仓库堆放时不仅要堆放整齐，且要离墙5厘米，离地5厘米，可利用栈板来堆放，更须防四害（蚊、蝇、鼠、蟑），冷藏、冷冻温度控制要正常，不可过高或过低。

5.生鲜卖场陈列卫生管理

生鲜卖场陈列架的清洁务必到位，冷藏、冷冻库（柜）每天务必检查温度，具体要求如图2-23所示。

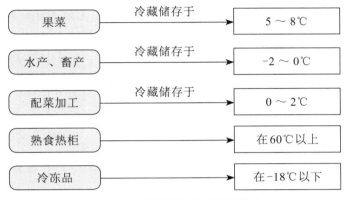

果菜	冷藏储存于	5～8℃
水产、畜产	冷藏储存于	-2～0℃
配菜加工	冷藏储存于	0～2℃
熟食热柜		在60℃以上
冷冻品		在-18℃以下

图2-23　生鲜卖场陈列架的温度

相关链接

夏季超市如何保证食品安全

夏季天气炎热，高温高湿的环境为细菌、霉菌、病毒的滋生繁衍创造了条件，也给食品安全带来了隐患。

供应端：加强供应商审核

过去，出现食品安全问题后，超市往往以问题出在供应商身上为由来开脱自己的责任。不过，作为食品的经营方，超市必须加强主体意识，介入供应链层面，对供应商进行审核。

某超市负责人介绍，下一步将对1000家食品供应商的工厂进行审核，除了必要的证件外，还要审核工厂的整个流程是否符合规定。从原材料的选用和储存，到加工过程，再到运输，都要符合超市的要求。

备受食品安全问题困扰的沃尔玛也建立了供应商的审核培训机制。当中国推出了新的有关食品安全的法律法规时，沃尔玛会帮助供应商迅速了解法规变化，同时还会对供应商的合规生产进行现场指导。例如为了保证中国人消费最多的苹果——山东富士苹果的安全和品质，沃尔玛与山东大型水果供应商进行合作，对果农进行全程用药指导。果实成熟后，还会委托专业实验室进行农残检测和重金属检测。

后台：清洁检测设备护航

消费者所能看到的卖场，是超市的"前台"。前台的呈现离不开超市后台多方的协调配合。在消费者看不到的后台，超市开始引进各种先进的设备来保障食品安全。

大型超市已经将生鲜和熟食两块业务归为自营，那么就需要考虑如何保证加工间的清洁卫生。

比如，物美北京超市斥资100多万元引进了高效清洁设备，以保证加工间的卫生。该设备可以自动配好去污剂和消毒液的比例，通过高压水龙头对地面依次进行清洁、过水和消毒。

食品安全检测室也逐步成为大型零售企业的标配。比如，物美在配送中心建立了检测实验室，可以对农残等项目进行检测；沃尔玛从2013年开始引进了移动检测车，检测人员隶属于专业的第三方检测机构，检测沃尔玛卖场所售食物中含有的农药残留、三聚氰胺、瘦肉精、甲醛、二氧化硫、亚硝酸盐、色素和荧光增白剂等物质，若检测发现异常，则需复检，复检继续不合格者，商场需要及时进行下架处理。2014年初，沃尔玛还将DNA检测列入检测范围。

卖场：确保冷藏效果

不同的食品有不同的最佳冷藏温度。一般来说，牛奶、酸奶和冷鲜肉的冷藏温度在0～6℃，速冻食品的冷藏温度在零下18℃左右。对于超市来说，只有冷柜足够给力，能为食品提供到位的温度，消费者才能购买到新鲜、优质的食品。

对于一般超市来说，保质期内的冷藏食品出现问题，多半是由于开放式冷柜的制冷效果达不到保存温度所致。据悉，立式冷柜采用微电脑温控技术，并有玻璃自动门为冷藏食品保驾护航。

冷藏食品出厂时采用冷链运输，进入超市后也立即放入冷柜保存，但消费者购买食品后带回家的这段时间，却成了食品冷藏的"真空时段"。这样看来，即使夏季超市的冷藏工作做得再好，食品的鲜度也会在消费者回家的途中受到影响。

针对这个问题，华堂商场的超市为消费者提供了可以外带的冰块。华堂超市在鲜肉和鲜鱼区域立有一块提示牌，提醒消费者在购买后可到收银台外面的冰柜自取冰块，以保证食品的鲜度。冰块封装在保鲜袋内，成本不大，但对超市口碑的提升却是立竿见影的。

第四周　店内费用控制

在市场竞争日益激烈的今天，商场（超市）若想在市场站稳脚跟，须具备一套完整的成本内部控制体系来提高商场（超市）的经济效益。因此，商场（超市）店长应控制好店内的各项费用。

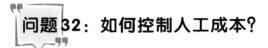

问题32：如何控制人工成本？

在商场（超市）经营中，租金、商品费用等成本相对固定，而人员的工资及提成奖金等占销售管理费用较大比例，商场（超市）应控制人员成本。

1.设计合理的组织结构

一个企业的组织结构会影响到组织的运行效率、机构及人员的配置，并影响人工成本的管理水平。尤其对于商场（超市），人工需求大且多样化，合理的组织结构更加必不可少。目前商场（超市）大多为连锁经营，总部与连锁店的关系，总部对连锁店的放权程度直接影响到企业的运作方式。因此，商场（超市）的组织结构设计，既要考虑分工协作的原则，在实行专业分工的同时又要重视部门间的协作配合。总部、地区及各连锁店应适当地集权和分权，努力做到既不影响工作效率又不影响积极性。

2.建立最优的用工方案

店长在决定企业用工方案时，不能考虑招聘单一的人工，可以在用工上实行差异化管理，具体可采用图2-24所示的方法。

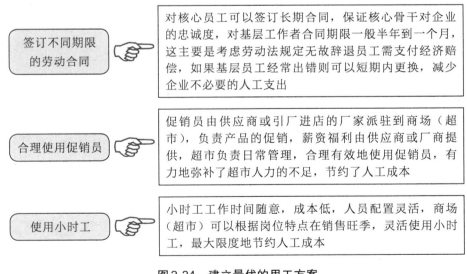

图2-24　建立最优的用工方案

3.提高培训的质量

商场（超市）的员工服务质量直接影响企业形象和效益，店长应定期对员工进行培训，可以直接或间接地督促员工不断进取，激发其工作积极性。

商场（超市）可以从图2-25所示的两个方面加强员工的培训。

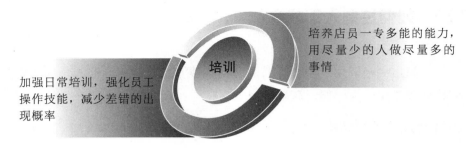

培养店员一专多能的能力，用尽量少的人做尽量多的事情

培训

加强日常培训，强化员工操作技能，减少差错的出现概率

图2-25　加强员工的培训

4.提高员工工作效率

若要节约人工成本，最有效的方法是提高工作效率。效率提高，用工减少，人工成本自然下降。为提高工作效率，企业必须制定严格的岗位监督制度，确保员工在岗位上不偷懒不怠工，同时精简业务流程，减少某些岗位不必要的人工，实行一人多能，既提高单个员工的工资，又降低了人工成本，达到人工成本控制的目的。

问题33：如何控制水电费用和杂费？

水电费用和杂费占据着商场日常经营成本的一个重要部分，商场应当制订控制计划，严格控制这些费用以免超支。

1.考察现有消耗量

以年度或季度为周期，考察现有水电费数额，以及导致水电费开支的各种项目，做好记录。

2.制订控制计划

商场（超市）要制订控制计划，内容包括控制目标、预计花费等。

3.执行控制计划

执行控制计划应采取图2-26所示的措施。

4.考核

定期对控制计划的执行情况进行考核，发现不合规范的地方及时进行改善。

1	加强宣传，提醒员工注意节约用水、用电
2	减少不该有的照明
3	办公用品集中采购，而不再分散采购
4	对于一些不经常使用的大型设备，可以采用租赁的方式

图2-26　执行控制计划的措施

问题34：如何控制广告及促销费用？

广告和促销活动必然会产生各项费用，如广告费、促销用品费用等，这些费用是商场的必要开支，商场必须严格做好控制工作。

1. 制订并执行广告及促销计划

商场（超市）必须制订并执行广告及促销计划，做好广告及促销费用、必备物品、日杂用品等安排。

2. 实施领用责任制

对广告及促销用品的领用严格实施责任制，即谁领用谁负责，出现丢失要照价赔偿。

3. 采取控制措施

（1）在确定广告宣传计划时，要根据媒体的读者定位、发行量等因素精心挑选广告载体。

（2）有些广告促销用品要反复地利用，或者亲手来制作，以节约费用。

（3）对一些促销海报，可以采用亲手绘制的方法来节约费用。

（4）促销费用更要精打细算。如采用加量促销方法时，加量多了会收不回成本，而加量少了对顾客又没有吸引力，所以应该计算出最合适的加量比例。

4. 定期总结经验教训

每次广告及促销活动结束后，都要总结经验教训，尤其是对一些有益的经验，要及时记录，以便应用于下次活动中。

问题35：如何控制应收账款？

商场（超市）在日常经营过程中，可能会产生一些应收账款，店长必须做好管理工作，确保所有账款都能按时收回。

1.应收账款分级

商场应将应收账款按照严重性程度划分为不同的等级，具体内容如图2-27所示。

绿色警戒	账款可暂时不用催促
黄色警戒	应收账款应由该业务负责人在限定的时期内收取，如果超期不能收取即可转变为红色警戒
红色警戒	应收账款需要转交专门的收账小组派专人负责收取
黑色警戒	应收账款需要交给律师以法律手段解决

图2-27　应收账款的分级

2.应收账款分析

商场可以制作一份"应收账款控制表"和"应收账款分析表"，以此为依据，对应收账款进行分析，确认其属于哪个等级。

3.应收账款催收

根据分析得出的结果，对不同等级的账款进行催收。为提升催收效果，商场（超市）可以制定奖励措施，以便对催收成绩优秀的人员进行奖励。

4.应收账款记录

对应收账款的分析、催收等工作都应做好记录。

问题36：如何控制不合理损耗？

在商品管理过程中，存在着许多不合理损耗，各级人员必须采取各种措施，减少不合理损耗的出现概率，具体如图2-28所示。

图2-28   控制不合理损耗的措施

1.收货控制

有些商品很可能会在运输的过程中损耗，所以收货人员要严格地按照程序来验收货物，不要让破损的货物进入卖场。

2.储存控制

根据商品的特质来做好储存控制工作，避免不合理的损耗，如食盐类产品怕潮湿，因此不要靠近地面存放或者靠近生鲜的冷冻食品。

3.陈列控制

商品在店面陈列的过程中，由于陈列的方法不当也会引起商品的损耗，如堆头摆放不结实而引起倒塌，损坏商品，或容易被过往顾客的推车碰撞而损坏等，因此要科学合理地陈列商品。

4.销售控制

当商品接近保质期时，要果断降价促销，以避免商品过期造成的损失。

> **特别提示**
>
> 销售快过期的商品时，应当提醒顾客过期的实际日期，以避免顾客在保质期结束之后使用或食用商品，造成不必要的问题。

5.库存控制

库存管理其实就是对存货的管理，其基本目标就是既满足超市销售的需要，又尽量减少库存管理成本。搞好库存管理，不仅有利于商品和资金的正常周转，而且还能够为超市减少一定的经营成本和损失。

库存管理的目标是商场（超市）营运和财务目标的辅助，通过有效的目标分解和逐步落实帮助零售企业实现预定的战略。超市营运部门的主管就是要通过有效的库存控制，有效整合企业的财力和物力资源，使库存管理达到图2-29所示的目标。

目标一	货架可得性提高，提高销售额
目标二	降低平均库存水平，获得更多的营运现金流
目标三	降低商品运输、搬运成本和人工成本，降低商品内部调拨成本，提高组织效率
目标四	及时清除滞销商品，提高商品采购效率
目标五	规避风险，减少商品降价损失
目标六	减少促销期间商品缺货率，提高营销促销效率
目标七	货架效率提高，提高消费者满意度

图2-29　库存控制的目标

 相关链接

加强商场（超市）库存管理的措施

目前在许多商场（超市）的经营管理过程中存在着诸多库存管理方面的问题，降低了商场（超市）的库存管理效率，影响了库存管理的合理化和盈利能力的提升，店长必须加以足够重视。

（1）商品相关销售信息反馈不及时，预测不准确，导致存货结构、周期不合理，给企业造成了大量多余的物流成本。

（2）库存管理随意性大，多数商场（超市）的库存管理的技术水平低下，人员素质较低，缺乏统一的工作标准和岗位职责。

（3）对库存管理的认识不到位，许多商场（超市）人员认为库房只是一个存货的地方，只要把多余的货物放置在一起就可以了，重视商品的销售和采购而忽视了商品存货对整体营运效果的影响。

忽略和浪费了库区资源，未进行充分利用，比如好多商品的流通加工、包装改配等活动没有在库区的空场中进行而是在卖场中进行，大大增加了经营成本。

商场（超市）实现合理库存控制是一项系统的工程，要求同时解决很多问题，应着重对以下几个方面给予关注。

措施1：订单信息的合理掌控

门店的销售情况是千变万化的。因此，在制作订单时需考虑商品的特价情况、销售的淡旺季、是否有调价等。

另外，供应商对订单的履行也是需要关注的内容，如果供应商不能及时完整地履行订单，必然造成门店的缺货，造成脱销，最终影响公司的销售，所以商场（超市）也需要对供应商予以有效的管控，并与其建立良好的合作关系，促进供应商对订单的履行。

措施 2：库存商品的分类管理

要实行"周转快的商品分散保管，周转慢的商品尽量集中保管"的原则，以压缩流通环节库存，有效利用保管面积，优化库存管理。

在库存量控制中，应根据商品销售额与品种数之间的不均衡性，将配送中心里的商品分为 a、b、c 三类。

通常在配送中心，a 类商品的销售额占总销售额的 70% 左右，品种数占总品种数的 25%～30% 左右；b 类商品的销售额则占 20% 左右，品种数占 20%；而 c 类商品的销售额占 10% 左右，品种数占 50% 左右。

措施 3：科学及时的盘点

要加强盘点工作，及时掌握真实的库存信息情况，盘点和库存管理都很重要。

超市存货管理主要包括仓库管理和盘点作业。仓库管理是指商品储存空间的管理，盘点则指对库存商品的清点和核查。

目前由于商品配送能力有限，门店很难实施无仓库经营，许多超市门店要么设置内仓，要么将货架加高，将上层作为储存空间，保持一定商品储备，以保证门店正常销售。

通过盘点作业，可以及时计算出店铺真实的存货、费用率、毛利率、损耗率等经营指标，便于门店经营决策和业绩考核。

因此，仓库管理与盘点作业是相辅相成的，科学、合理、安全而卫生的仓库管理，不但可方便盘点作业，而且可减少库存费用及损坏，科学地控制库存，发现问题时及时处理。

第三个月

店面形象与布局管理

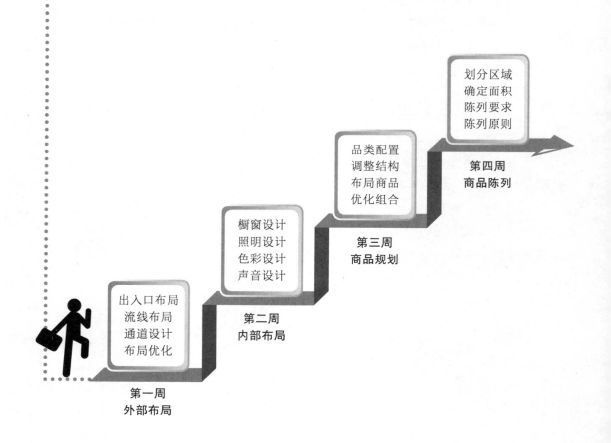

划分区域
确定面积
陈列要求
陈列原则

第四周
商品陈列

品类配置
调整结构
布局商品
优化组合

第三周
商品规划

橱窗设计
照明设计
色彩设计
声音设计

第二周
内部布局

出入口布局
流线布局
通道设计
布局优化

第一周
外部布局

第一周　卖场外部布局

卖场指的就是商场（超市）内陈列商品供顾客选购的营业场所。科学、规范的卖场布局能引导客流到卖场的每一个位置，让每一个"死角"活起来，确保商场（超市）的效益"最大化"。

问题37：如何布局卖场的出入口？

出入口设计应考虑卖场规模、客流量大小、经营商品的特点、所处地理位置及安全管理等因素，既要便于顾客出入，又要便于卖场管理。

1.出入口布局的重要性

任何一种零售业态都是从请顾客进入店内开始的，因此如何让顾客很容易地进入店内购物就成为卖场设计首先考虑的问题。一个商场（超市）在顾客心目中的形象首先取决于图3-1所示的出入口布局的一些因素。

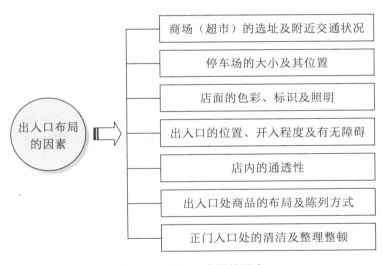

图3-1　出入口布局的因素

2.入口设计要点

（1）卖场的入口一般设在顾客流量大、交通方便的一边。

（2）通常入口较宽，出口相对较窄一些。

（3）应根据出入口的位置来设计卖场通道及顾客流向。

（4）应在入口处为顾客配置购物提篮和手推车，一般按每10人1～3辆（个）的标准配置。

3.出口设计要点

（1）卖场的出口最好与入口分开，出口通道应大于1.5米。

（2）出口处的收银台，按每小时通过500～600人为标准来设计。

（3）出口附近可以设置一些单位价格不高的商品。比如，口香糖、图书报刊、饼干、饮料等，供排队付款的顾客选购。

问题38：如何设计卖场的购物流线？

一般来说，顾客和商家对购物流线有着不同的要求，具体如图3-2所示。

对于顾客来说	对于商家来说
购物流线越直接越简化越好，商品按种类集中，流线中商品种类不出现重复，让顾客以最短的流线完成购物，提高效率	要尽可能多地使顾客走较长的购物流线，尽量引导顾客浏览全部商品，增加顾客在店中的停留时间，并以促销、广告、演示等多种服务活动和措施增加顾客消费量

图3-2 顾客和商家对购物流线的要求

卖场的购物流线设计便是在上图这两种要求之间达到平衡，要既能够减少顾客的浏览路程，使购物的效率提高，又能够提高商场（超市）销售量。同时，卖场的购物路线应该呈现为网状，使顾客有更多更丰富的路线，并且给商家提供更多机会。

1.一次流线

一次流线，是指在流线设计中从入口到出口之间最宽通道流线。商品分类布局对卖场的盈利至关重要，商品分类布局决定了绝大多数顾客的流线，商品的分类布局应当以销售数据为基础，用销售数据决定最畅销的商品应该布置在哪里。

比如，一个普通的副食品区域，顾客选购最多的商品往往是奶制品、水果蔬菜等，如果将这样一个副食品区布置在卖场的收银台附近，多数顾客将只能光顾这一区域而不会通过卖场的其他部分，因此很多商场（超市）在布局上往往将购买数量最多、最常用的商品作为整个布局的区域终点，使顾客在购买必需品的过程中尽可能多地浏览其他商品，刺激额外的购买欲望，增加销售额。

但过于复杂的流线设置也可能导致顾客进了卖场就像进了迷宫，成为顾客的负担，在货架中转了很久却找不到想要的东西也可能带来负面影响，所以店长要学会在设计中巧妙平衡，灵活运用。

2.二次流线

相对于由视觉引导的一次流线而言，二次流线是科学地对整个卖场空间的平面进行布局再分配，具体要求如图3-3所示。

1 在陈列选购频率高但数量少，且选择余地少的商品时，它的位置应设计在顾客最容易发现的位置，使顾客容易找寻，节省购物的时间

2 对品种多、花色多、需要反复比较的商品，要抓住顾客严谨的心理，配置在卖场营业空间深处或上层，便于顾客在环境安静、客流量小的地方认真挑选

3 相隔一段时间要调整商品陈列，使得顾客在再次寻找必需品的过程中受到其他产品的吸引

图3-3　二次流线的设计要求

特别提示

商品的配置和布置关系到商场（超市）经营的成败，如果商品配置不当，顾客想要的商品找不到，不想要的商品过多，不光白白浪费陈列空间，更会导致商品积压。

3.容错性设计

在卖场的流线设计中，除了方向性的指引之外，还要预留可以调整的空间方案。在投入使用的初期，可以根据顾客的习惯，针对路线和货物的位置进行重新安排。

问题39：如何设计卖场的通道？

卖场的通道划分为主通道与副通道。主通道是诱导顾客行动的主线，而副通道是指顾客在店内移动的支流。超市内主副通道的设计不是根据顾客的随意走动来设计的，而是根据超市内商品的配置位置与陈列来设计的。

良好的通道设置，可以引导顾客按设计的道路自然走动，走向卖场的每一个角落，接触所有商品，使卖场空间得到最有效的利用。图3-4所示的是设计卖场通道时所要遵

循的原则。

图3-4 通道布局与设计的原则

1.足够宽

所谓足够宽，即要保证顾客提着购物筐或推着购物车，能与同样的顾客并肩而行或顺利地擦肩而过。对大型综合商场（超市）和仓储式商场来说，为了方便更大容量顾客的流动，其主通道和副通道的宽度可以基本保持一致。同时，也应适当地放宽收银台周围通道的宽度，以保证收银处有大量顾客排队时，也能通畅无阻。

2.笔直

要尽可能避免迷宫式通道，要尽可能地进行笔直的单向通道设计。在顾客购物过程中尽可能依货架排列方式，以商品不重复、顾客不回头走的设计方式布局。

3.平坦

通道地面应保持平坦，处于同一层面上。有些卖场由两个建筑物改造连接起来，通道途中要上或下几个楼梯，有"中二层""加三层"之类的情况，容易令顾客眼花缭乱，不知何去何从，显然不利于卖场的商品销售。

4.少拐角

拐角尽可能少，即通道途中可拐弯的地方和拐的方向要少。有时需要借助于连续展开不间断的商品陈列线来调节。

比如，美国连锁超市经营中，20世纪80年代形成了标准长度为18～24米的商品陈列线；日本超市的商品陈列线相对较短，一般为12～13米。

这种陈列线长短的差异，反映了不同规模（面积）的超市在布局上的要求。

5.明亮

通常通道上的照度起码要达到1000勒克斯，尤其是主通道，相对空间较大，是客流量最大、利用率最高的地方。还要充分考虑到顾客走动的舒适性和非拥挤感。

6.无障碍物

通道是用来诱导顾客多走、多看、多买商品的，所以应避免死角。在通道内不能陈设、摆放一些与陈列商品或是与促销无关的器具与设备，以免阻断卖场的通道，破坏卖场购物环境的舒适性。

问题40：如何优化卖场的布局？

优化卖场布局使之合理化，能起到一种无声而又重要的推销作用，能实现卖场利润的最大化，其优化措施如图3-5所示。

1 精心设计购买路线，让消费者尽量多在卖场驻留

2 根据商品的特点及消费者的购买特点，选择不同的陈列区位

3 购物需要缓冲地带，合理设置并缩小购物过渡区

4 精心设计并合理放置购物筐（车），让消费者能随时拿到

5 精心营造购物氛围，激发消费者的购买欲望

图3-5　卖场布局优化的措施

1.精心设计购买路线，让消费者尽量多在卖场驻留

商场（超市）应该将商品放在人们的行进路线上和视线范围内，这样能将更多的商品展示在购物者面前，大大增加消费者购买这些商品的概率，具体方法如图3-6所示。

1 依照顾客往右走的习惯，尽量将希望推销的商品放在顾客的右边。比如，把最受欢迎的品牌放在正中央——靶心，而把你想推销的品牌放在它右边

2 利用人们向前走、向前看的特征，巧妙利用端口展示和V形展示。端口展示即在卖场每条通道的尽头展示商品；V形展示即把货架摆成"V"字形，这样货架上进入购物者视野之内的商品就增多了

3 利用好最佳视线，吸引消费者不断在超市内移动。最理想的情况应该是，购物者在某个地方选购完成商品后抬起头，发现四五米远的地方还有别的东西也很吸引他。这样就会产生弹子球似的效果，这种巧妙的商品分布能把购物者"弹"到超市的每个角落

图3-6　购买路线的设计技巧

2.根据商品的特点及消费者的购买特点，选择不同的陈列区位

在卖场商品的区位设计中，应以经营商品的性质及消费者的需求和购买特点作为主要依据。

（1）对于人们日常生活必需、价格较低、供求弹性小、交易次数多和无售后服务的便利商品，如糖果、饮料等，应摆放在出入口附近，以满足消费者求方便的心理。

（2）对于时装、家具等，应相对集中摆放在宽敞明亮的位置，方便消费者观看、触摸，供消费者选择。

（3）对于一些高档、稀有、价格昂贵的特殊商品，如工艺品、珠宝首饰等，可摆放在距出入口和便利品柜台远、环境优雅的地方，以满足消费者求名等特殊需求。

3.购物需要缓冲地带，合理设置并缩小购物过渡区

消费者虽然已通过停车场迈进了卖场的大门，但实际上要再过一会儿他们才算真正进入卖场，这个转折点取决于卖场前端的布局。商场（超市）可以在入口处放许多打折商品，将卖场延伸到外面，用从停车场开始就设置商品销售区等方法尽量缩小过渡区，吸引消费者的关注。巧妙地实现购物的自然法则——购物者需要缓冲地带。

4.精心设计并合理放置购物筐（车），让消费者能随时拿到

商场（超市）应精心设计并合理放置购物筐（车），可为消费者提供手提购物篮、儿童购物车、婴幼儿手推车、老年购物车、双层购物车等不同功能和款式的购物筐（车），让消费者根据需求选择使用。

比如，老人的购物车可在推手下设置板凳，老人逛累了还可以坐着休息，上面还有放大镜，方便老人查阅商品。

当顾客拿着3件或3件以上的商品时，卖场销售人员就应递给他一个购物筐，目的是让他们腾出手来。

5.精心营造购物氛围，激发消费者的购买欲望

卖场应尽力营造一种温馨明快的气氛，使消费者有一种可亲、可近、可爱的感觉。明朗的商品陈列、诱人的食品气味、芬芳的化妆品香味，以及优美的音乐、明亮的灯光、整洁高雅的环境等，容易使消费者心情愉悦，进而使消费者不知不觉地购买额外的商品。

▼

第二周 卖场内部布局

对于商场（超市）来说，好的内部规划与布局能营造出优美的购物环境，从而能有效延长顾客在商场（超市）的滞留时间，达到提升销售的目的。

问题41：如何设计卖场的橱窗？

橱窗是商场（超市）用于展示商品的部位，顾客通过橱窗，可以直观地看到具体的商品陈列情况。

1.橱窗设计要点

橱窗的设计、装饰、陈列可以说是一种艺术，应当由专业人员来进行。橱窗的设计要点如下。

（1）橱窗原则上要面向客流量大的方向。

（2）橱窗可以多采用封闭式的形式，与整体建筑和卖场相适应，既美观，又便于管理商品。

（3）为了确保收到良好的宣传效果，橱窗的高度要保证成年人的眼睛能够清晰地平视到，一般要保持在80～130厘米。小型商品可以放高一点，从100厘米高的地方开始陈列，大型商品则摆低一点，根据人的身高相应调整。

（4）道具的使用越隐蔽越好。

（5）灯光的使用一是越隐蔽越好，二是色彩需要柔和，避免使用过于复杂、鲜艳的灯光。如果橱窗里安装了日光灯，连遮蔽也没有，这样顾客所看见的不会是陈列商品，而是刺眼的灯光，就会影响顾客的注意力。

（6）背景一般要求大而完整、单纯，避免小而复杂的烦琐装饰，颜色要尽量用明度高、纯度低的统一色调，即明快的调和色。

（7）用大面积的透明玻璃使人一眼就能看到卖场内部。

2.橱窗设计的注意事项

（1）努力追求动感和艺术美，以新奇的设计吸引顾客。

（2）通过一些生活场景使顾客感到亲切自然，产生共鸣。

（3）努力反映卖场及其所经营商品的特色，使顾客过目不忘，印入脑海。

（4）橱窗横向中心线最好能与顾客的视平线相齐，这样，整个橱窗所陈列的商品就都在顾客视野中。

（5）必须考虑防尘、防热、防淋、防晒、防风、防盗等，要采取相关的措施。

（6）应尽量少用商品做衬托、装潢或铺底；除注意色彩调和、高低疏密均匀外，商品数量不宜过多或过少。

（7）要做到使顾客从远处、近处、正面、侧面都能看到商品全貌。

问题42：如何设计卖场的照明？

1.照明的类型

在设计卖场的照明时，通常按照基本照明、重点照明和装饰照明三种照明来具体设计。

（1）基本照明。基本照明是确保整个卖场获得一定的能见度而使用的照明。在商场（超市）里，基本照明主要用来均匀地照亮整个卖场。例如，天花板上使用的荧光灯、吊灯、吸顶灯就是基本照明。

（2）重点照明。重点照明也称为商品照明，它是为了突出商品优异的品质，增强商品的吸引力而设置的照明。常见的重点照明有聚光照明、陈列器具内的照明以及悬挂的白炽灯。在设计重点照明时，要将光线集中在商品上，使商品看起来有一定的视觉吸引力。

例如食品，尤其是烧烤及熟食类，应该用暖色光的灯具照明，可以增强食品的诱惑力，突出色彩的亮丽。

（3）装饰照明。装饰照明是为实现装饰效果或强调重点销售区域而设置的照明，是塑造视觉形象的一种有效手段，被广泛地用于表现独特个性。常见的装饰照明有：霓虹灯、弧形灯、枝形吊灯以及连续性的闪烁灯等。

2.不同区域照明设计的要求

在设计卖场照明时，并不是越明亮越好。在不同区域，如橱窗、重点商品陈列区、通道、一般展示区等，其照明光的强度（即照度）是不同的，具体要求如下。

（1）普通走廊、通道和仓库，照度为100～200勒克斯。

（2）卖场内一般照明，一般性的展示以及商谈区，照度为500勒克斯。

（3）卖场内重点陈列品、POP广告、商品广告、展示品、重点展示区、商品陈列橱柜等，照度为2000勒克斯。其中对重点商品的局部，照度最好为普通照明度的3倍。

（4）橱窗的最重点部位，即白天面向街面的橱窗，照度为5000勒克斯。

3.照明的方式

（1）光与色。白炽灯耀眼而显得热烈，荧光灯柔和，一般卖场都是两者并用。从商品色彩来看，冷色（青、紫）用荧光灯较好，暖色（橙、黄）用白炽灯更能突出商品的鲜艳。服装、化妆品、蔬菜、水果等使用白炽灯、聚光灯则能很好地突出商品的色彩，创造气氛。

（2）光源的位置。不同位置的光源给商品所带来的气氛有很大的差别，如图3-7所示。

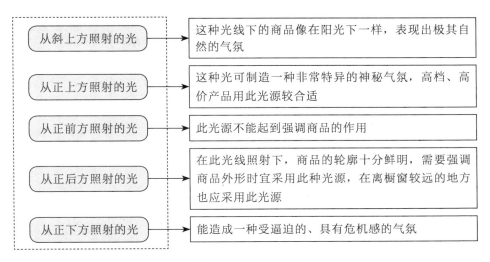

从斜上方照射的光	→	这种光线下的商品像在阳光下一样，表现出极其自然的气氛
从正上方照射的光	→	这种光可制造一种非常特异的神秘气氛，高档、高价产品用此光源较合适
从正前方照射的光	→	此光源不能起到强调商品的作用
从正后方照射的光	→	在此光线照射下，商品的轮廓十分鲜明，需要强调商品外形时宜采用此种光源，在离橱窗较远的地方也应采用此光源
从正下方照射的光	→	能造成一种受逼迫的、具有危机感的气氛

图3-7　光源的位置

（3）照明的方位。在整体照明方式上，要视卖场的具体条件配光，可选用图3-8所示的方式。

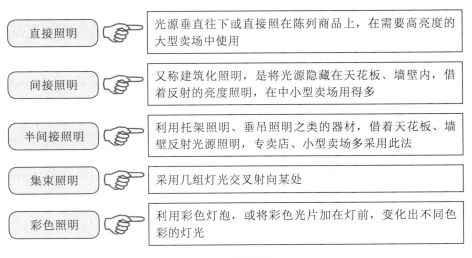

直接照明	☞	光源垂直往下或直接照在陈列商品上，在需要高亮度的大型卖场中使用
间接照明	☞	又称建筑化照明，是将光源隐藏在天花板、墙壁内，借着反射的亮度照明，在中小型卖场用得多
半间接照明	☞	利用托架照明、垂吊照明之类的器材，借着天花板、墙壁反射光源照明，专卖店、小型卖场多采用此法
集束照明	☞	采用几组灯光交叉射向某处
彩色照明	☞	利用彩色灯泡，或将彩色光片加在灯前，变化出不同色彩的灯光

图3-8　卖场的配光方式

（4）注意事项。照明设计要注意防止照明对商品的损害。有时候，顾客拿起商品时才发现商品有些部分已褪色、变色，这样不仅使商品失去了销售的机会，同时也使卖场的信誉大打折扣。为防止因照明而引起商品变色、褪色、变质等类似事件的发生，应经常留心图3-9所示的事项。

事项一	商品与聚光性强的灯泡之间的距离不得少于30厘米，以免光线的热量灼烧商品导致褪色、变质
事项二	要经常查看资料和印刷品是否有褪色和卷曲的现象
事项三	由于食品在短时间内容易变色、变质，所以要远离电灯

图3-9　防止照明对商品损害的注意事项

问题43：如何设计卖场的色彩？

1.色彩感觉

色彩的冷暖是人们对色彩的最基本的心理感受。在掺入了人们复杂的思想感情和各种生活体验之后，色彩也就变得富有人性和人情味了。色彩与色彩感觉的关系如表3-1所示。

表3-1　色彩与色彩感觉的关系

色彩	色彩感觉与感情	色彩	色彩感觉与感情	色彩	色彩感觉与感情
红	热，刺激	紫	中性，少刺激	青绿	冷，很安静
绿	凉，安静	橙	暖，较刺激	紫青	较冷，较刺激
青	较冷，较刺激	黄绿	中性，较安静	紫红	稍暖，较刺激

一般说来，暖色给人以温暖、快活的感觉；冷色给人以清凉、寒冷和沉静的感觉。如果将冷暖两色并列，给人的感觉是：暖色向外扩张，前移；冷色向内收缩，后退。了解这些规律，对卖场购物环境设计中的色彩处理是很有帮助的。

2.商品形象色

在人们的印象中，不同商品具有不同的色彩形象。对此在设计卖场购物环境时一定要考虑到，并给予正确处理。一些大类商品的习惯色调如表3-2所示。

表3-2 大类商品的习惯色调

商品大类	色彩感觉与感情	色彩运用
服装	时尚与适合	男性服装取明快的色调，女性取和谐、柔和的色调
食品	安全与营养	多采用暖色调
化妆品	护肤与美容	多用中性色调和素雅色调
工矿、机电产品	科学、实用与效益	多用稳重、沉静、朴实的色调
玩具和儿童文具	兴趣与活泼	多用鲜艳活泼的对比色调
药品	安全与健康	多用中性色调

3.顾客的性别、年龄、文化与色彩偏好

顾客的性别、年龄、文化状况等与卖场环境的色彩有着密切的关系。

特别提示

文化水平较低或经济不发达地区的顾客偏爱比较鲜艳的颜色，尤其是纯色，配色也多为强烈的对比色调；经济发达或文化教育水平较高的国家或地区的顾客则对相对富丽、柔和的色调和浅淡的中间色有兴趣。

因为人们的习惯偏好是由多种因素综合作用形成的，在一定文化水平下，不同年龄段的人，对色彩的兴趣偏好也不尽相同，具体如表3-3所示。

表3-3 年龄与色彩偏好对比表

年龄段	偏爱的色彩
幼儿期	红色、黄色（纯色）
儿童期	红色、蓝色、绿色、黄色（纯色）
青年期	蓝色、红色、绿色
中年期	紫色、茶色、蓝色、绿色
老年期	茶色、深灰色、暗紫色

4.注意事项

（1）色彩运用要与商品本身色彩相协调。店内的货架、陈列台必须为商品的销售提供色调的支持，以衬托商品，吸引顾客。

比如，化妆品店、服装店等应使用淡雅、洁净的色调，音像制品、玩具、礼品店等

应使用浓艳、对比强烈的色调。

（2）使用对比色。例如背景为黄色的墙壁，若陈列同色系的黄色商品时，不但看起来奇怪，且容易丧失商品价值。由此可见，如果陈列相反色系的对比色，例如黑与白、红与白、黄与红等，商品会显得更加鲜明，从而吸引顾客的视线。

问题44：如何设计卖场的声音？

卖场内部的声音对顾客的购物情绪有着很大的影响，因此，商场（超市）必须做好声音的设计工作，为顾客创造一个良好的购物氛围。

1.音乐的选择

音乐的选择方法如图3-10所示。

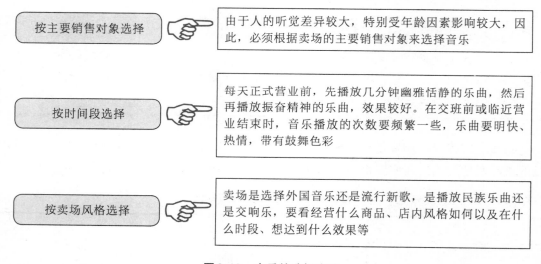

按主要销售对象选择	由于人的听觉差异较大，特别受年龄因素影响较大，因此，必须根据卖场的主要销售对象来选择音乐
按时间段选择	每天正式营业前，先播放几分钟幽雅恬静的乐曲，然后再播放振奋精神的乐曲，效果较好。在交班前或临近营业结束时，音乐播放的次数要频繁一些，乐曲要明快、热情，带有鼓舞色彩
按卖场风格选择	卖场是选择外国音乐还是流行新歌，是播放民族乐曲还是交响乐，要看经营什么商品、店内风格如何以及在什么时段、想达到什么效果等

图3-10　音乐的选择方法

> **特别提示**
>
> 一般情况下，卖场宜采用优雅轻松的音乐。乐曲的音量应控制在既不影响用普通声音说话，又不致被噪声所淹没。播放时间控制在一个班次播放两小时左右。

2.克服"噪声"

卖场需要克服的"噪声"如图3-11所示。

噪声一 > **克服卖场外部声音**

来自卖场外的车辆、行人的喧闹声，对卖场内顾客产生着不同程度的负面影响，是应当消除的噪声。一般来说，小型卖场对这种噪声的控制水平较低，但也要尽可能通过隔音或消音设备消除

噪声二 > **克服卖场内或柜台上产生的各种声响**

这些声音从局部看，大多是有益的。如顾客与营业员的交谈，挑选时的试听、试用、试戴等产生的声响。各种声音间的相互影响和交织极易变成噪声，形成对其他顾客的干扰，使顾客形成该卖场购物环境差的印象

图3-11　卖场需要克服的"噪声"

特别提示

对需要营造安静购物环境的商品，应集中摆放或布置在高层或深处，以使其有一个相对安静的购物空间。

 相关链接<

通过播放音乐来衬托卖场的购物环境

卖场音乐是每一个卖场设计规划阶段最基本的一项工作，好的音乐不仅可以点缀零售卖场气氛，给消费者带来全方位舒适的购物享受，也能直观地在听觉上给顾客留下深刻印象。这是卖场在以消费者为中心的营销体验中最能体现的细节之一，值得每一个店长重视。

我们都知道，在卖场设计中有一个意境设计，就是经营理念、企业口号、广告、形象标识等方面的打造，其目的主要是充分调动声光味、点线面、物景色元素，让消费者感受购物带来的不仅仅是一站式的体验、货真价实的商品，还有商场给人的时代感、知识性、趣味性及美感，不仅仅是生理上的直观感受，也是心理上的满足。

如何做好卖场音乐播放管理，让消费者在听觉与心理上获得最佳体验，还是有一定的技巧和方法的，主要有以下几点。

1. 不同节日播放与节日有关的主题背景音乐

比如，父亲节、母亲节播放以父亲、母亲为主题的歌曲，春节播放喜庆的音乐，让消费者一进卖场就能感知今天是什么节日。

2. 不同时段播放不同风格的歌曲

卖场不同的时段客流量是不同的。比如,在高峰期就要播放以清快为主的流行音乐,在中午主要播放休闲音乐。平常时段,可以按照音乐风格的不同,把流行音乐、休闲音乐、摇滚乐、怀旧金曲、古典音乐等按时间排列,穿插滚动播放不同风格的音乐。

3. 固定开店音乐与打烊音乐

开店与打烊是每天固定的流程,同时对消费者也是一种提示,表明此时门店要开张或关门了,这时播放的音乐最好比较规范和固定。比如开门播放的是迎宾曲、企业创作的歌等,风格主要以流畅、激扬等类型为主,给顾客一种条件反射和暗示。一个有品位的商场一定要有两三首有代表性的音乐让人记忆深刻,例如我们经常听到的萨克斯曲目("回家""宝贝对不起")就是一个经典的代表。

4. 不同区划播放不同风格的背景音乐

这在卖场不同楼层不同商品区域较适用,比如儿童区域、家电区域、书刊区域播放符合此消费群体的背景音乐会起到意想不到的效果。

5. 音乐节奏的控制

一般时段卖场可能主要是以欢快或抒情音乐为播放首选,对于节奏慢、伤感情歌类型的音乐要有一定选择,不然让人感觉没有活力,给人死气沉沉的感觉,效果就大打折扣了。

6. 音乐类型与风格的选择

提升气氛的演唱会类型曲目也适合在高峰期播放,欧美经典也在可考虑范围内,可以提升商场的品位与时代感。

不同卖场,背景音乐的播放风格是不一样的,卖场播音工作是最能体现细节和形象的工作之一。如果播音员是"红花",那背景音乐就是"绿叶"了,播音工作就像是一个旗手在为企业冲锋陷阵,背景音乐就是一面战鼓,时时为卖场呐喊助威,它让卖场更活泼、生动、时尚,让消费者通过这一细节关怀感受商场服务艺术的与众不同和完美。

第三周　商品规划布局

商场(超市)卖场布局设计与其经营商品的品种、经营方式以及经营场地紧密相关。商场(超市)的商品布局需根据顾客的需求,顾客计划性、非计划性的购买行为,购买顺序,结合商场(超市)的经营目的来充分考虑主要商品的布局。

问题 45：如何配置商品品类？

商品品类配置关系到商场（超市）的经营成败，商品配置不当，会造成顾客想要的商品没有，不想要的商品太多，而且还浪费了卖场空间，导致资金积压，最终会导致经营失利。

1.商品销售的法则

"80%的销售额来自20%的商品，80%的利润来自20%的商品。"这是零售业的一条经典法则。

（1）主力商品的选择——20%的商品。二八法则告诉我们，80%的销售额和利润来自20%的商品，因而确定商品结构很重要的是首先确定20%的商品，也就是我们的主力商品或称为A类商品，它们符合大多数消费者的需求，需求量大，购买频率高，而且消费者对其价格敏感，可能多0.1元和少0.1元的销售情况完全不一样，其商品生命周期介于成长期或成熟期，比如鸡蛋和食用油。

（2）辅助商品的选择——80%的商品。对一个商场（超市）来说，如果只经营20%的主力商品是不可能的，俗话说"红花还需绿叶扶"，20%的主力商品是在80%的辅助商品衬托对比下才显示出来。而且相对来说，20%之外的商品毛利较高，其中有一些是属于便民商品和连带商品。

比如，生姜的销售量不大，但如果顾客在超市里买鱼，就会顺带着买姜，如果因为生姜销售量不大，而取消品类配置，顾客可能连鱼都不在这买了。

2.商品分类的原则

商场（超市）一般依据用途对商品分类，分类的思路是按照"大类→中类→小类→单品"这样的顺序来进行的。

比如，××超市共有14个商品大类，它们依次是蔬果、鱼肉、熟食、日配、酒饮、休闲食品、粮油、冲调食品、日化、文体用品、家居用品、家纺、服饰、家电，如图3-12所示。

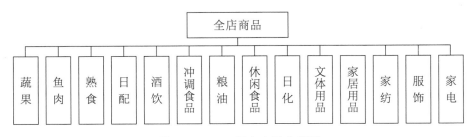

图3-12　××超市商品分类图

在每个商品大类下分为商品中类，在每个商品中类的下面又分为商品小类，在每个商品小类下面再细分为单品。这种分类原则主要是为了提高对单品的管理效率，加强管理的精确度、专业度。但在实际情况中，要根据超市的定位、经营战略和经营面积进行适当调整。

比如，一家食品型超市，根据资金的状况，不打算经营家电和服饰，那么全店就可以不配置家电和服饰这两个商品大类。

3.商品优选的原则

在商场（超市）的经营中，实际上大部分的销售额只来自一小部分的商品，这种比例大致在80%和20%之间，基于这个比例，采购人员必须坚持商品优选的原则，具体如图3-13所示。

不断发掘创造大比例销售额的小比例商品

精心培育产生利润并吸引顾客的主力商品

从相对无限的商品中优选出有限的商品

对优选出的商品要加以正确组合和合理配置

结合本超市的实际，确定商品的最佳结构比

动态地理解和应用在实践中总结出来的结构比规律

图3-13　商品优选的原则

相关链接

商品配置表的制作与修正

零售卖场内的商品陈列是用商品配置表来进行管理的。商品配置表是为了把商品在货架上做最有效的分配，以书面形式规划出的一张表格，如下表所示。

商品配置表

分类No.：					货架No.：				
姓名：					制作人：				
CODE	品名	规格	卖价	发注单位	位置	排面	最小库存	最大库存	
180									
170									
160									
150									
140									
130									
120									
110									
100									
90									
80									
70									
60									
50									
40									
30									
20									
10									

商品配置表的制作，可分成新开店制表和已开店配置表修改两种情况来进行。

1. 新开店商品配置表的制作

新开店商品配置表的制作，是一个新的超级市场卖场商品管理全新内容的开始，一般可按以下程序进行。

（1）商圈与消费者调查。商圈调查主要是弄清新店属地的市场容量、潜力和竞争者状况。消费者调查主要是掌握商圈内消费者的收入水平、家庭规模结构、购买习惯、对超市商品与服务的需求内容等。经过这两项调查，新店的经营者就可开始构思新店要经营什么样的商品了。

（2）商品经营类别的确定。在对消费者进行了调查后，就要提出新开设的超级市场的商品经营类别，由采购部会同门店人员共同讨论决定每一个商品大类在超市门店卖场中所占的营业面积及配置位置，并制定出大类商品配置图，当商品经营的大类配置完成后，采购人员就要将每一个中分类商品安置到各自归属的大类商品配置图中去。

（3）单品项商品的决定。完成了商品大类和中分类的商品配置图之后，就进入制作商品配置表的实际工作阶段，就是要决定单品项商品如何导入卖场。此项工作分以下三个步骤进行。

① 收集每一个中分类可能出售的单品项商品资料，包括单品项商品的品名、规格、成分、尺寸、包装材料和价格。

② 对这些单品项商品进行选择，挑选出适合超市门店的单品项商品，并列出商品台账。

③ 把这些单品项商品做一个陈列面安排，并与门店周围的商店做比较优势分析，在分析的基础上对单品项商品做必要的调整，并最后决定下来。

（4）商品配置表的制作。商品配置表是决定单品项商品在货架上的排面数，这一工作必须遵循有关商品陈列的原则，运用好商品陈列的技术。如商品配置在货架的上段、中段还是下段等，还须考虑到企业的采购能力、配送能力、供应厂商的合作等诸多因素，只有这样才能将商品配置好。在制作商品配置表时，采购人员应先做货架的实验配置，达到满意效果后，才最后制作商品配置表，所以采购部门要有自己的实验货架。由采购部门制作的商品配置表下发至新开设的超市门店后，门店将依据这些表格来订货、陈列，并只要在货架上贴好价目卡就可营业。

2. 商品配置表的修正

任何一家超级市场新开之后，商品的配置并不是永久不变的，必须根据市场和商品的变化做调整，这种调整就是对原来的商品配置表进行修正。商品配置表的修正一般是固定一定的时间来进行，可以是一个月或一个季度修正一次，但不宜随意进行修正，因为随意修正会出现商品配置凌乱和不易控制的现象。商品配置表的修正可按如下程序进行。

（1）销售情况统计。超级市场不管是单体店、附属店还是连锁店，必须每月对商品的销售情况进行统计分析。统计的目的是要找出哪些商品畅销，哪些商品滞销。配备POS系统的超市会很快统计出商品的销售情况，没有配备POS系统的超市则要从商品的进货量和库存量中去统计。

（2）滞销商品的淘汰。经销售统计可确定出滞销商品，但商品滞销的原因很多，可能是商品质量问题，也可能是销售淡季的影响、商品价格不当、商品陈列不好，更有可能是供应商的促销配合得不好等。当商品滞销的原因弄清楚之后，要确定滞销的状况是否可能改善，如无法改善就必须坚决淘汰，不能让滞销品占据货架而产生不出效益。

（3）畅销商品的调整和新商品的导入。对畅销商品的调整，一是增加其陈列的排面，二是调整其位置及在货架上的段位。对由于淘汰滞销商品而空出的货架排面，应导入新商品，以保证货架陈列的充实。

（4）商品配置表的最后修正。在确定了滞销商品的淘汰、畅销商品的调整和新商品的导入之后，这些修正必须以新的商品配置表的制定来完成。新下发的商品配置表，就是超市门店进行商品调整的依据。

问题46：如何优化商品组合？

为了将商品分门别类予以归纳，可以在电脑系统里利用编号原则，有秩序、系统地加以整理组合，以利各种销售数据资料的分析与决策，这便是商品组合分类的真正目的。

1.商品组合的形式

商品组合的形式有以下几种。

（1）以目标市场为基础进行组合。商品组合的中心内容是确定经营商品的种类及各类商品的花色、规格、式样、质量、等级、价格等。商品种类的多少就是商品的宽度，花色品种的多少就是商品的深度。根据商品的宽度和深度的不同，商场（超市）的商品组合有以下几种情况，也可根据自身的情况进行选择。组合方式具体如表3-4所示。

表3-4　商品组合方式及优缺点

组合方式	优点	缺点
宽而深	市场大、商品丰富、顾客流量大、能一次购足	资金占用多，形象一般，很多商品的周转率低，商品易过时
宽而浅	市场大、顾客流量大、投资宽而少、能一次购足、方便顾客	花色品种有限，满足顾客购物需要的能力差，形象较弱，顾客容易失望
窄而深	形象专门化，特定商品种类齐全，投资少，满足顾客购物需要的能力强，人员专业化	种类有限，市场有限，顾客流量有限
窄而浅	方便顾客，投资少	种类有限，顾客少，形象弱，顾客容易失望

（2）差异化策略。商品组合的形式可以采取差异化策略，具体如图3-14所示。

策略一	以竞争对手没有的独特品项为特色，针对高收入的顾客
策略二	经营自有商品，以区别于竞争店
策略三	以新奇、不断变化的商品为特色，定期对商品、货位进行调整，给顾客新鲜感
策略四	以率先推出最新产品为特色，用新产品吸引顾客，带动整个卖场的商品销售
策略五	以经营处于成长期的商品为特色，这类商品价格高、销量大

图3-14　商品组合的差异化策略

2.商品组合的类型

商品组合类型具体如表3-5所示。

表3-5　商品组合类型

序号	类型	具体内容
1	多系列全面型	着眼于向任何顾客提供所需的一切商品，采用这种策略的条件是商场（超市）有能力照顾整个市场的需要
2	市场专业型	向某个专业市场、某类特定的顾客群提供所需的各种商品
3	商品系列专门型	专注于某一类商品的销售，将其推销给各类顾客
4	有限商品系列专业型	商场（超市）根据自身的专长，集中经营有限的、单一的商品系列，以适应有限的、单一的市场需要
5	特殊商品专业型	根据自身的专长，销售某些具有优势销路的特殊商品项目
6	特殊专业型	凭借所拥有的特殊销售条件，提供能满足某些特殊需要的商品

3.商品组合的优化

对商品组合的优化，可以采取图3-15所示的几种方法。

图3-15　商品组合的优化方法

（1）商品系列平衡法。把商场（超市）的经营活动作为一个整体，围绕经营目标，从商场（超市）的实力和市场引力两方面，对商品进行综合平衡，做出最佳的商品决策。采取这个方法，可按图3-16所示的4个步骤进行。

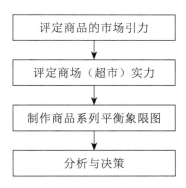

图3-16　商品系列平衡法的步骤

（2）商品环境分析法。商品环境分析法是把商场（超市）的商品分为6个层次，然后分析研究每种商品在未来的市场环境中的销售潜力和发展前景，具体内容如图3-17所示。

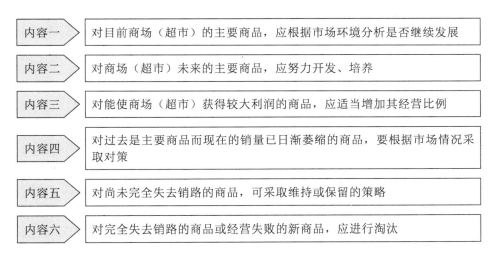

图3-17　商品环境分析法的内容

（3）资金利润率法。资金利润率法是以商品的资金利润率为标准对商品进行评价的一种方法。资金利润率是一个表示商品经济效益的综合性指标，既可反映盈利能力，又可反映投资回收能力。应用资金利润率法，可将商品的资金利润率分别与银行贷款利率、行业的资金利润率水平、优秀企业的商品资金利润率、经营目标及利润目标进行对比，达不到目标水平的说明盈利能力不高。各种商品的资金利润率资料按经营目标及标准进行分类，结合商品的市场发展情况，预测资金利润率的发展趋势并做出商品决策。

问题47：如何调整商品结构？

商场（超市）特别是大型商场（超市）必须根据自身的特点、消费者群体等方面的不同，在科学的市场细分、市场定位的基础上，不断地对经营品种进行优化与调整。

1.调整商品结构的好处

调整卖场的商品结构，就像是在整理计算机的注册表，修改正确，会提高系统的运行速度，删改不正确，可能会导致微机的系统瘫痪。商品结构的调整有图3-18所示的好处。

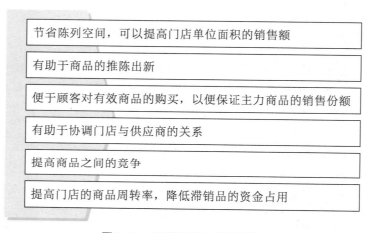

节省陈列空间，可以提高门店单位面积的销售额

有助于商品的推陈出新

便于顾客对有效商品的购买，以便保证主力商品的销售份额

有助于协调门店与供应商的关系

提高商品之间的竞争

提高门店的商品周转率，降低滞销品的资金占用

图3-18　调整商品结构的好处

2.调整商品结构的前提

调整商品结构的前提，是在完全有效利用了卖场的管理后采取的方法。有的管理人员有时又会走进这样一个误区：觉得80%的辅助商品和附属商品的占用面积过大，于是删去了很多，以为可以不影响门店的整体销售，同时会提高单位面积的产出和主力商品的销售份额。结果是门店的货架陈列不丰满，品种单一，门店的整体销售下滑了很多。所以对于商品的结构调整首先是在门店商品品种极大丰富的前提下进行的筛选。

3.调整商品结构的依据

调整商品的结构应以图3-19所示的指标为依据。

（1）商品销售排行榜。现在大部分卖场的销售系统与库存系统是连接的，后台系统能够整理出卖场每天、每周、每月的商品销售排行榜，从中就可以看出每一种商品的销售情况，如发生滞销，调查滞销的原因，如果无法改变滞销情况，就应予以撤柜处理。在处理这种情况时应注意图3-20所示的两点。

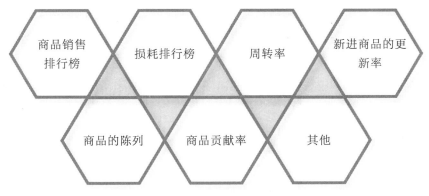

图3-19　调整商品结构的依据

对于新上柜的商品，往往因其有一定的熟悉期和成长期，不要急于撤柜

对于某些日常生活的必需品，虽然其销售额很低，但是由于此类商品的作用不是盈利，而是通过此类商品的销售来拉动门店主力商品的销售，因此也不要轻易撤柜

图3-20　处理商品撤柜的注意事项

（2）损耗排行榜。这一指标是不容忽视的，它将直接影响商品的贡献毛利。

比如，日配商品的毛利虽然较高，但是风险大，损耗多，可能会是赚的不够赔的。曾有一家卖场的涮羊肉片的销售在某一地区占有很大的比例，但是由于商品的破损特别多，一直处于亏损状态，最后唯一的办法是，提高商品价格和协商提高供货商的残损率，不然就将一直亏损下去。

对于损耗大的商品一般是少订货，同时应由供货商承担一定的合理损耗，另外有些商品的损耗是因商品的外包装问题，这种情况，应当及时让供应商予以修改。

（3）周转率。商品的周转率也是优化商品结构的指标之一，谁都不希望某种商品积压流动资金，所以周转率低的商品不能滞压太多。

（4）新进商品的更新率。卖场一般会周期性增加商品的品种，补充新鲜血液，以稳定自己的固定顾客群体。商品的更新率一般应控制在10%以下，最好在5%左右。需要导入的新商品应符合卖场的商品定位，不应超出其固有的价格带，对于价格高而无销量的商品和价格低而无利润的商品应适当地予以淘汰。

（5）商品的陈列。在优化商品结构的同时，也应该优化卖场的商品陈列。

比如，对于卖场主力商品和高毛利商品的陈列面要重点考虑，适当地调整无效的商品陈列面。对于同一类商品的陈列和摆放也是重点调整的对象之一。

（6）商品贡献率。单从商品销售排行榜来挑选商品是不够的，还应看商品的贡献率。销售额高、周转率快的商品，不一定毛利高，而周转率低的商品未必就是利润低。没有毛利的商品销售额再高，这样的销售无用。毕竟卖场是要生存的，没有利润的商品短期内可以存在，但是不应长期占据货架。看商品贡献率的目的在于找出卖场商品贡献率高的商品，并使之销售得更好。

（7）其他。随着一些特殊节日的到来，也应对卖场的商品进行补充和调整。

比如，正月十五和冬至，就应对汤圆和饺子的品种配比及陈列进行调整，以适应卖场的销售。

特别提示

调整门店的商品结构，有助于提高门店的总体销售额。它是一项长期的管理工作，应当随着时间的变化及时变动。

问题48：如何合理布局商品？

所谓商品布局，就是指商场（超市）从全局出发将其所经营商品陈列于店内最为合适的空间位置，以便最大限度地利用有限的店内空间，满足顾客的各种需求，最终获取最佳的经济效果。它具有和经济布局相类似的要求和特点，一般来说，商品的布局应遵循图3-21所示的原则。

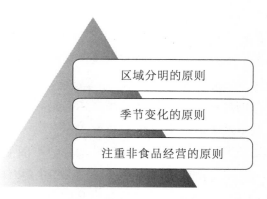

图3-21　布局商品的原则

1.区域分明的原则

为给顾客提供舒适的选购区域，节省顾客的购物成本与体力成本，达到顾客在尽可能小的区域对同类商品完全浏览的目的，在商场（超市）商品布局过程中，食品与非食品之间、各大类之间的区域界限尽量明显。

2.季节变化的原则

商品布局应根据季节及节日变化进行变换，入口处堆放商品的陈列或入口处货架商品的陈列尽量体现季节性。

比如，从4月上旬到8月底，在入口处一般陈列饮品；8月底到第2年4月上旬一般陈列酒水。

3.注重非食品经营的原则

随着市场竞争白热化，对商场（超市）而言，食品的品类及品种方面的经营差别逐渐缩小，另外顾客对食品的价格相对非食品更敏感，因此使食品的毛利空间逐渐缩小，所以商场（超市）要想扩大毛利空间，必须在非食品的经营上下工夫，还要在非食品的布局规划上有所注重。

 相关链接‹⋯⋯⋯⋯⋯⋯⋯⋯⋯⋯⋯⋯⋯⋯⋯⋯⋯⋯⋯⋯⋯⋯⋯⋯⋯⋯

运用磁石理论布局商品

所谓磁石，就是指卖场中吸引顾客注意力的商品。运用磁石理论调整商品布局就是在配置商品时，在各个吸引顾客注意力的地方陈列合适的商品，以诱导顾客逛完整个卖场，并刺激他们的购买欲望，扩大零售企业的商品销售。根据商品对顾客吸引力的大小，可以将其分为第一磁石、第二磁石、第三磁石、第四磁石以及第五磁石。

1.磁石的位置与商品类型

下表是磁石的位置与商品类型。

磁石的位置与商品类型

磁石类型	位置	商品类型
第一磁石	位于卖场中主通道的两侧，是顾客必经之地，也是商品销售最主要的地方	（1）销售量大的商品 （2）购买频率高的商品 （3）主力商品 （4）进货能力强的商品
第二磁石	穿插在第一磁石中间，一段一段地引导顾客向前走	（1）前沿品种 （2）引人注目的品种 （3）季节性商品

续表

磁石类型	位置	商品类型
第三磁石	指的是超市中央货架两头的端架位置。端架是卖场中顾客接触频率最高的地方，其中一头的端架又对着入口	（1）特价品 （2）大众化的品牌、自有品牌商品 （3）季节性商品 （4）时令性商品 （5）厂商促销商品（新产品）
第四磁石	通常指的是卖场中副通道的两侧，是充实卖场各个有效空间的摆设商品的地点	（1）贴有醒目的促销标志的商品 （2）廉价品 （3）大量陈列的商品 （4）大规模广告宣传的商品
第五磁石	位于收银处前的中间卖场	（1）低价展销的商品 （2）非主流商品

在卖场中，各磁石商品的陈列位置可用下图来表示。

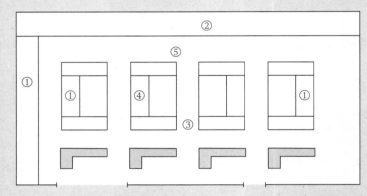

① 第一磁石；② 第二磁石；③ 第三磁石；④ 第四磁石；⑤ 第五磁石

磁石商品的陈列位置

2.各磁石的商品布置要点

各磁石的商品布置要点如下。

（1）第一磁石。在零售企业的卖场中，人们普遍认为第一磁石商品大多是消费者随时需要，又时常要购买的。比如，蔬菜、肉类、日配品、牛奶、面包、豆制品等，应放在第一磁石点内，以增加销售量。

（2）第二磁石。第二磁石商品应该是洗涤用品，这些商品具有华丽、清新的外观，能使顾客产生眼前一亮的感觉，外观效果明显。第二磁石点需要超乎一般的照度和陈列装饰，以最显眼的方式突出表现，让顾客一眼就能辨别出其与众不同的特点。同时，第二磁石点上的商品应根据需要隔一定时间便进行调整，保持其基本特征。

（3）第三磁石。第三磁石商品应该是个人卫生用品，它们常被陈列在超级市场出口对面的货架上，发挥刺激顾客、留住顾客的作用。这些商品也是高利润商品，顾客较高的购买频率保证了该类商品一定规模的销售量。

（4）第四磁石。第四磁石商品应该是其他日用小商品。它们一般被陈列在超级市场卖场的副通道两侧，以满足顾客求新求异的偏好。为了使这些单项商品能引起顾客的注意，应在商品的陈列方法和促销方法上对顾客做刻意表达，尤其要突出 POP 效果。比如，大量地布局筐式陈列、赠品促销等，以增加顾客随机购买的可能性。

（5）第五磁石。在第五磁石位置，门店可根据各种节日组织大型展销、特卖活动等。其目的在于通过单独一处多品种大量陈列的方式，造成一定程度的顾客集中，从而烘托门店气氛。同时，展销主题的不断变化，也能给消费者带来新鲜感，从而达到促进销售的目的。

问题49：如何引进新商品？

商品的生命力是决定卖场和供应商经营状况及利润的核心指标，鲜活的商品如同流动的血液维持着商场（超市）的正常运行。

1.新商品的概念

市场营销学的观念认为，产品是一个整体概念，包括三个层次，具体如图3-22所示。

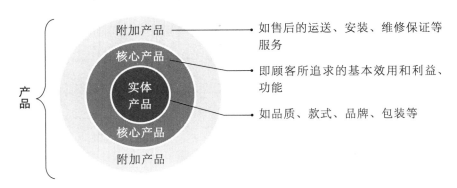

图3-22　产品的三个层次

只要是产品整体概念中任何一个层次的创新、变革与调整，都可称之为新商品。不仅新发明创造的产品是新商品，而且改进型产品、新品牌产品、新包装产品都可称之为新商品。当然，新商品的核心就是整体产品概念中的核心产品，即能给消费者带来新的效用和利益的那部分内容，它也是超市采购人员在引进新商品时必须优先考虑因素。

2.新商品引进的作用

新商品的引进是商场（超市）经营活力的重要体现，是保持和强化商场（超市）经营特色的重要手段，是商场（超市）创造和引导消费需求的重要保证，是商场（超市）商品结构优化和寻找新的经营增长点的重要方法，也是商场（超市）商品采购管理的重要内容。

3.新商品引进的原则

由于经济和生产力的飞速发展，消费者个性化消费倾向逐渐加强，商品生命周期演变过程越来越短，造成可供挑选的新商品越来越多。如何在商品的海洋里找到真正适合本商场（超市）经营的新商品，已经成为商场（超市）的一个重要课题。对此，商场（超市）的采购人员可以参考图3-23所示的原则挑选新商品。

图3-23　新商品引进的原则

（1）是否具有独特性。一个新商品是否具有区别于其他同类商品的特点，并且这种特点能够为顾客所接受，这是商场（超市）选择新商品的一个基本条件。在选择新商品时，采购人员要考虑其新主要表现在哪个方面，这包括图3-24所示的内容。

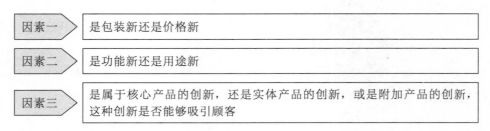

图3-24　选择新商品时应考虑其独特性的因素

如果是不具备独特性的新商品，即使交易的条件再好也不能引进。

（2）是否符合卖场的商品结构。新商品是否符合商场（超市）的商品结构，也是采购人员选择新商品的一个基本条件。

比如，某超市一直以诚信作为经营的根本，但新商品没有卫生合格证书，商品质量无法保证，如果引进出现质量问题，就会破坏本超市在顾客心目中的形象，因而也是坚决不能引进的。

又如，某商场原经营的服饰多为200元以内的休闲服，如果现在要引进几千元一套的西装，就不符合本商场商品结构特点，这样的引进必然会失败。

（3）是否具有销售潜力。新商品是否具有销售潜力，也是采购人员选择新商品的一个基本条件。采购人员要重点考虑图3-25所示的因素。

图3-25　选择新商品时应考虑的销售潜力因素

（4）是否制定销售指标。新商品的引进，不是引进卖场以后就没事了。采购人员在和供应商谈判新品时，要为新商品制定一个试销期内的销售指标，例如新商品的试销期为三个月，如果在试销期内达不到销售指标，新商品就必须退场，同时相关的费用也不退回给供应商。没有销售指标的新商品不能进场，采购经理要把好这个关。

（5）商品生命周期是否合适。任何商品都有一个从"引进期→成长期→成熟期→饱和期→衰退期"的商品生命周期。采购人员在引进新品前，要做详细的市场调查，以免引进一些已处于饱和期甚至是衰退期的新商品，调查的内容如图3-26所示。

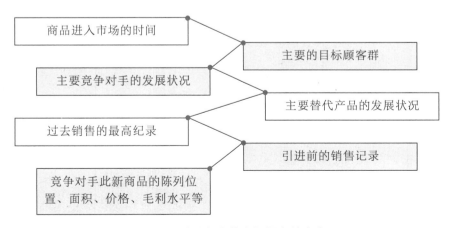

图3-26　引进新品前市场调查的内容

（6）是否有消费者价值。从消费者价值的角度去看待新商品，看它是否能够为消费者带来高的使用价值和附加价值，是否能够改进顾客某一方面的生活质量，是否能够为顾客所接受。一句话概括即新商品是否能让顾客感到物有所值。采购人员在引进新商品时，要站在顾客的角度来做选择。

（7）是否有促销费用支持。大多数的新商品在刚进入卖场时，都不会马上为顾客所接受，顾客对于新商品还有一个认识和接受的过程，为了缩短这一过程，新商品就必须有促销推广的计划。因此同等条件下，一个有周密促销计划的新商品，被引进的可能性要远远大于没有促销的新商品。同时，新商品是否有一定的新品牌进场费、新品费、上架费等相关费用的支持，也是引进时要考虑的重要因素。

（8）供应商过往配合是否积极。供应商过去对商场（超市）的各项工作很支持，配合度很高，在他的新商品要进场时，就可以给予适当照顾；供应商过去对商场（超市）的各项工作不支持，甚至还经常对抗，在他的新商品进场时，就要适当严格一些。通过对新品引进的控制也是控制供应商的一个方面，而且主动权应该掌握在商场（超市）一边，但应注意适度，更不允许借机报复。

（9）是否有合适的交易条件。交易条件包括付款方式、退换货的处理、送货配合等。考虑这些交易条件是否对商场（超市）有利，如果不利，供应商能做出哪些其他让步。

特别提示

在商场（超市）开业后，特别是品项较丰富的前提下，采购经理要对新商品的交易条件严格把关。

（10）是否有陈列空间。商场（超市）的经营场地和货架资源是有限的，如果不顾陈列的实际情况，盲目引进新商品，就会给营运部门的陈列带来难度。采购人员在引进新商品前，要对门店陈列的基本情况做到心中有数，哪些品类陈列空间还有剩余，新商品在何处陈列，陈列的面积大概需要多少，如果陈列不下，淘汰哪些旧商品。

问题50：如何淘汰滞销商品？

由于卖场空间和经营品种有限，每导入一批新商品，就相应地要淘汰掉一批滞销商品，滞销商品可看作是商场（超市）经营的"毒瘤"，直接影响商场（超市）的经营效益，易造成超市资金的积压和陈列资源的浪费。因此选择和淘汰滞销商品，成为采购人员的一项重要工作。

1. 滞销商品的特征

滞销商品通常具有表3-6所示的特征。

表3-6 滞销商品的特征

序号	特征	说明
1	销量低	滞销商品的平均销售量较低，库存周转率和同类商品比较也较慢，有的滞销商品只在促销期内才有销售
2	利润贡献度较低	滞销商品的平均利润贡献度较低，和同类商品比较利润排名也较低。此处所指利润是指已通过销售实现的利润
3	损耗和质量	由于滞销商品的库存周转天数较长，因而由此造成的损耗很大。由于库存时间长，质量也容易出现不稳定的情况，经常发生变质的现象
4	其他	有两种类型的商品，虽然其销售得不算差，但也可以把它们归到滞销商品的范围里。一种是货源供应不稳定的商品，一种是缺货率过高的商品。不管是前者还是后者，都极易造成超市的销售和陈列损失，长此以往还会影响到超市的信誉，造成客流的减少

2. 滞销商品的辨识

采购人员可以按照图3-27所示的方法来辨识卖场的滞销商品。

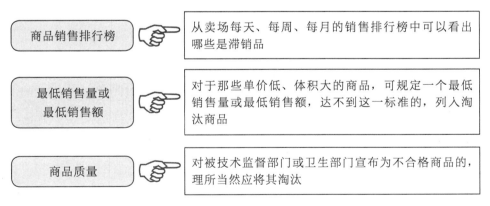

图3-27 滞销商品的辨识

3. 滞销商品的处理

对卖场的滞销商品，采购人员要及时处理，处理方式有以下两种。

（1）实际退货方式。实际退货方式，即把要淘汰的商品实际退回给供应商。退货处理方式主要有图3-28所示的两种。

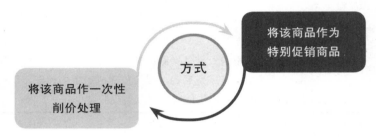

图 3-28　实际退货的处理方式

（2）非实际退货方式。为了降低退货过程中的无效物流成本，节约双方的物流费用，也可以采取非实际退货方式来处理淘汰商品。也就是在淘汰商品确定后，采购人员立即与供应商进行谈判，争取达成一份退货处理协议，可按图3-29所示的两种方式处理退货。

图 3-29　非实际退货的处理方式

这种退货处理方式除了具有能大幅度降低退货的物流成本的优点之外，还为超市的促销活动增添了更丰富的内容。

 相关链接

非实际退货的注意事项

在使用非实际退货方式时需要注意以下事项。

（1）选择非实际退货方式还是实际退货方式的依据，是削价处理或特别促销的损失是否小于实际退货的物流成本。

（2）采取非实际退货方式，在签订的退货处理协议中，要合理确定双方对价格损失的分摊比例。在协商一致后，采购人员要督促供应商以最快的速度补回其应分摊的比例，否则可对其进行罚款或通知财务推迟付款。

（3）对那些保质期是消费者选择购买重要因素的商品，超市与供货商之间也可采取非实际退货处理方式（虽然此类商品不属于淘汰商品，如鲜奶），签订一份长期的退货处理协议，只要发现有即将到达保质期的该类商品，经双方对数量确认一致后，对剩余的库存商品做削价处理，或作为特别促销商品来处理。

第四周　合理陈列商品

合理地陈列商品可以起到展示商品、刺激销售、方便购买、节约空间、美化购物环境等各种重要作用。据统计，店面如能正确运用商品的配置和陈列技术，销售额可以在原有基础上提高10%。

问题51：如何划分商品陈列区域?

在商场（超市）的卖场里，商品陈列的主要区域分为货位区、走道区、中性区和端架区等几部分，具体分布如图3-30所示。

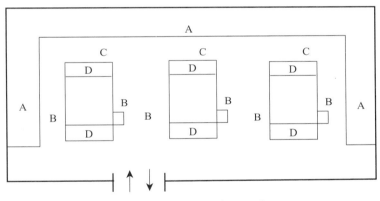

图3-30　商品陈列主要区域

图示说明：

① A表示货位区。商场（超市）中的大多数商品都被陈列在正常的货位区，摆放在美观、整洁的货架上，以供顾客浏览、选购。

② B表示走道区。为了吸引顾客的注意力，突出一些商品独特的个性以及售点促销的效果，在卖场的大通道中央摆放一些平台或筐篮，陈列价格优惠的商品。

③ C表示中性区。中性区是指卖场过道与货位的临界区，一般进行突出性商品陈列，例如，在收款台附近摆放一些小商品。

④ D表示端架区。端架区是指整排货架的最前端或最后端，即顾客流动线的转弯处所设置的货架，常被称为最佳陈列点。端架区所处位置优越，很容易引起顾客的注意，常常陈列一些季节性商品、包装精美的商品、促销商品或新上市的商品。

问题52：如何确定商品陈列面积？

根据卖场规模，可计算出零售卖场为满足顾客需求的最有效与最经济的面积，但这些面积要如何分配到各商品呢？有以下两种方法。

1.根据国民消费支出比例，参照现有卖场的平均比例进行划分

假设不论什么商品，每一平方米所能陈列的商品品种数都相同，那么为满足顾客的需求，卖场各种商品的面积配置比例应与国民消费支出的比例相同。但目前卖场的商品结构比与国民消费支出的结构比有很大的差异，更何况各种商品因陈列方法的不同，所需的面积也有很大的差异。但零售企业仍需以此数据为基准，在进行最简单的分配后，再做调整。现有零售卖场各商品部门面积分配的平均比例如表3-7所示。

表3-7　商品部门面积分配表

部门	消费支出占比/%	面积分配占比/%
果菜	24	12～15
水产	11	6～9
畜产	19	12～16
日配	9	17～22
一般食品	7	15～20
糖果饼干	7	8～12
干货	10	10～15
特许品	6	3～5
其他	7	4～6

2.参考竞争对手的配置，发挥自己特色来分配面积

（1）在进行卖场商品的配置前，可以先找一家竞争对手或是某家经营得很好的、可以模仿的卖场，了解对方的卖场商品配置。

例如，某卖场是竞争店，它有100米的冷藏冷冻展示柜，其中蔬果20米、水产10米、畜产1.5米、日配品50米。

（2）接着就要考虑自己卖场的情况：如果我们的卖场比它大，当然就可以扩充上述设备，陈列更多的商品来吸引顾客；如果自己所在卖场面积较小，则应先考虑可否缩小其他干货的比例，以增加生鲜食品的陈列面积。

（3）在大型零售卖场经营中，生鲜食品是否经营成功往往决定了其成败。如果面积

一样，那则可分析他们这样的配置是否理想；如果自己有直接的批发商，则可以在果菜方面发挥特色，增加果菜的配置面积，而对其他商品的陈列面积进行适度缩小或要求得更高一点。对于其他干货类的一般食品、糖果、饼干、杂货等，也都可用此方法分析。

（4）各商品大类（部门）的面积分配好后，应再依中分类的商品结构比例，进行中分类商品的分配，最后再细分至各单品，这样就完成了陈列面积的配置工作。

问题53：商品陈列有什么要求？

商品陈列是为了达到美化店面、刺激消费的作用。良好的商品陈列布局不仅可以营造出"精品"的氛围，还可以突出商品的量感和一目了然的特点，便于消费者寻找。但不同商品的陈列要求也不一样。

1.顾客随意性购买的商品

这类物品是列在顾客预购清单之外的商品，大多是顾客在闲逛的时候突发奇想或者被商品本身所吸引而购买的，一般都是些价值较低的小东西。这些东西虽然不能给卖场带来多大收益，但是出于方便顾客考虑，这些东西都应该摆放在显眼的位置，如果是大型商场（超市），就可以放在各区域的主要干道上，而小型商场（超市）就该摆放在卖场入口，方便顾客一眼就能瞧见。

2.生活便利品

这一类主要是指人们日常生活中所需要的东西，不需要货比三家、严格挑选。这些东西人们平时都会经常性购买，因为存放和保质时间的限制，往往一次购买不会非常多，所以就应该摆放在各个区域主要通道的两侧。

3.家庭日用器具

这类物品主要是指生活中需要的各种器物，消费者会根据自己的实际需要进行选购，应尽量放于卖场入口附近或者主要通道上。

4.选购品

这些物品不是消费者经常性购买的物品，在生活中也不是经常用到，只是到需要用的时候才会去买。这样，消费者对所需要的商品必定不会非常了解，免不了会反复地比较和挑选，最终选择性价比高的产品。那么，对于这一类商品，摆放位置也就不是那么重要，可以放在一些不起眼的角落，一层楼的话，就可以尽量放在卖场的后面，几层楼的大卖场的话，就可以放在最顶层，以免占去不必要的空间。

5.贵重的奢侈品

这类商品因为价值较高，非常贵重，顾客一般都会精挑细选，并对其进行认真了解，安排购买的计划，通过了解商品的质量、价格、价值之后才会放心大胆地购买。这类商品最好就放在离卖场门口较远的位置，避开人流，方便顾客静下心来细细比较、琢磨。

问题54：商品陈列有什么原则?

据统计，科学、专业、适应消费者心理和需求的商品陈列往往能带动30% ～ 40%的销售增长。可见，商品陈列不是把商品简单地摆放在一起，而应遵循一定的原则，具体如图3-31所示。

图3-31　商品陈列的原则

1.寻找方便

寻找方便就是将商品按品种、用途分类陈列，划出固定区域，方便顾客寻找。让顾客寻找方便有以下几个办法。

（1）在卖场入口处安置区域分布图。通常，大型零售企业的入口处都有本卖场区域的分布图，方便顾客找到自己想要的商品。

（2）在每一个区域挂上该区域的名称，比如，生鲜区、日化区等，这样，顾客就能通过这些指示牌很容易找到自己想要选购的商品，如图3-32所示。

（3）方便顾客选择、购买。门店要根据商品的特性来决定什么样的商品应该放在什么样的位置。

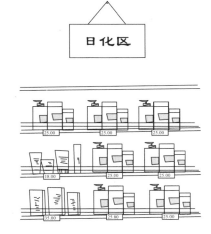

图3-32　顾客通过指示牌很容易找到自己所需的商品

相关链接

不同性质商品的陈列位置

1.日用品、食品等商品

顾客需求量大的日用消耗品、食品、热门商品等，销售频繁，回转速度快，顾客在选择时一般能很快做出决定，所以应该尽量大量陈列在顾客最容易接触的区域。

2.耐用品

类似家电等耐用品，回转速度较慢，顾客在选择上花费的时间更多，在考虑是否购买时不希望周围有太多干扰因素，所以应该陈列在比较僻静的位置，给顾客一个安静的环境慢慢选择、比较。

3.贵重商品

像珠宝、首饰等贵重商品，则应该陈列在装修华丽的位置；又因为顾客在购买的时候选择、考虑的时间更多，所以也应该放在一个相对独立、安静的位置。

2.显而易见

显而易见就是要使顾客很方便看见、看清商品。商品陈列是为了使商品的存在、款式、规格、价格等在顾客眼里"显而易见"。使商品显而易见需做好以下几点。

（1）为了让顾客注意到商品，陈列商品首先要"正面朝外"。

（2）不能用一种商品挡住另外一种商品，即便用热销商品挡住冷门商品也不行，否则顾客连商品都无法看见，还谈何销售业绩。

（3）陈列在货架下层的商品不易被顾客看见，所以，营业员在陈列商品时，要把货架下层的商品倾斜陈列，这样一来方便顾客看到，二来方便顾客拿取。

（4）货架高度及商品陈列高度都不应高于170厘米，如图3-33所示；同时，货架与货架之间要保持适当距离，以增加商品的可视度。

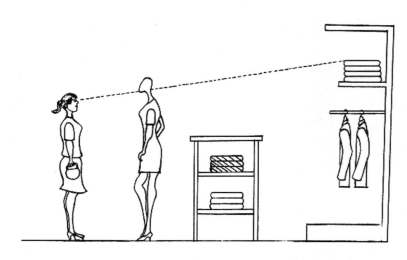

图3-33　货架高度及商品陈列高度都不应高于170厘米

（5）让商品在顾客眼里"显而易见"，要选择一个顾客能一眼看到的位置。

（6）在商品陈列中，色彩的和谐搭配能使商品焕发异样的光彩，使商品更醒目，吸引顾客购买。

（7）商品陈列要讲求层次。所谓商品陈列的层次，就是在分类陈列时，不可能把商品的所有品种都陈列出来，这时应把适合本店消费层次和消费特点的主要商品品种陈列在卖场的主要位置，或者将有一定代表性的商品陈列出来，而其他的品种可陈列在卖场位置相对差一些的货架上。

 相关链接

能够让顾客"显而易见"的陈列位置

1. 卖场进门正对面

通常顾客在进入卖场时会在无意识情况下立即开始扫视卖场内的商品，所以，卖场进门正对面是顾客最容易看见的位置。通常卖场会在进门的地方大量陈列促销商品。

2. 柜台后面与视线等高的货架位置

柜台后面与视线等高的位置是顾客最容易关注到的位置。通常顾客在选购商品时眼光第一时间扫视的就是柜台后面与视线等高的位置。所以，营业员一定要把利润高、受顾客欢迎、销路好的商品陈列在此位置。

3. 与视线等高的货架

商场通常使用货架陈列商品，这样能增加陈列面积。货架上与人视线等高的位置最容易被顾客看见，所以也成为货架上的黄金陈列位置。一般在货架的黄金陈列位置（85～120 厘米）陈列销路好、顾客喜欢购买、利润高的商品。

4. 货架两端的上面

因为顾客在货架的一头很容易看见货架的另外一头，所以货架两端的上面也是容易被顾客看见的位置。

5. 墙壁货架的转角处

墙壁货架的转角处因为同时有更多商品进入顾客眼里，所以也是顾客容易关注的位置。

6. 磅秤、收银机旁

顾客在排队等候称量、交款的时候会有闲暇时间四处张望，所以在磅秤、收银机旁的商品容易为顾客所关注。

7. 顾客出入集中处

顾客出入集中说明顾客流量大，人多必然商品被关注的机会多，所以顾客集中处的商品容易被顾客看到。

3. 拿放方便

商品陈列不仅要使顾客方便"拿"，还要使顾客方便"放"。超市卖场在陈列商品时，要使顾客拿放方便则要做好以下几点。

（1）货架高度不能太高，最好不要超过170厘米。如果货架太高，顾客拿的时候很吃力，还要冒着摔坏商品的风险，最终肯定会选择放弃。

（2）通常，商品之间的距离一般为 2～3 厘米为宜；商品与上段货架隔板保持可放入一个手指的距离为最佳，这样方便顾客拿取和放回，如图 3-34 所示。

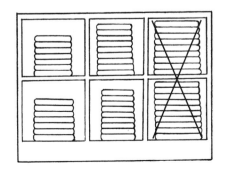

图3-34　商品之间留下一定的空隙，以方便顾客拿取和放回

（3）货架层与层之间有足够的间隔，最好是保持层与层之间能够有容得下一只手轻易进出的空隙。太宽，会令顾客产生商品不够丰富的错觉。

（4）易碎商品的陈列高度不能超过顾客胸部。比如，瓷器、玻璃制品、玻璃瓶装商品的陈列高度应该以一般人身高的胸部为限度。陈列太高的话，顾客担心摔碎后要赔偿，所以不放心去拿取观看，这样就阻碍了商品的销售，如图3-35所示。

图3-35 易碎商品的陈列高度最好不要超过顾客的胸部

（5）重量大的商品不能陈列在货架高处，顾客一来担心拿不动而摔坏商品，二来担心伤到自己。所以，重量大的商品应该陈列在货架的较低处。

（6）鱼、肉等生、熟食制品要为顾客准备夹子、一次性手套等，以便让顾客放心挑选满意的商品，这样可在更大程度上促进销售。

4.货卖堆山

在大型卖场，顾客看到的永远是满满一货架的商品，打折的特价商品更是在一个独立的空间堆放如山，因为大量摆放、品种繁多的商品更能吸引顾客的注意。陈列时要想货卖堆山，必须做到以下几点。

（1）单品大量陈列给顾客视觉上造成商品丰富、丰满的形象，能激发顾客购买的欲望。

单品大量陈列在货架上时，首先要保证有大约90厘米的陈列宽度，陈列宽度太大不利于节省陈列空间，陈列宽度太小不利于顾客看到商品。同时，做促销活动的商品要比正常时候的陈列量大很多，以保证有足够的商品供顾客选择和购买。

（2）商品要做到随时补货，也就是顾客拿取之后要及时补上。如果不能及时补上，要把后面的商品往前移动，形成满架的状态，如图3-36所示。

图3-36　对于货架的空档，要及时补上货品

（3）单品销完无库存时，首先要及时汇报上级有关部门，以及时向供应商要货。同时，挂上"暂时缺货"的标牌提醒顾客。

5.先进先出

货品在进行先进先出原则陈列时，应按照以下几点操作。

（1）补货时把先进的、陈列在里面的商品摆放到外面来，并注意商品是否蒙上了灰尘，如果有，要立即擦净。

（2）注意商品的保质期，如果临近保质期仍然没有销售出去的，要上报给上级部门，及时做出处理方案。

6.左右相关

左右相关也叫关联陈列，就是把同类产品陈列在一起，但又不仅仅是如此简单。一般会把整个卖场分成几个大的区域，相关商品会集中在同一区域进行销售以方便顾客寻找和选择。具体操作时有些细节值得注意。

（1）首先要按照消费者的思考习惯来陈列。比如，婴儿用的纸尿布，是和婴儿用品陈列在一起还是和卫生纸、卫生巾陈列在一起？在卖场的分类里，它可以归到和卫生纸一类的卫生用品里，但是在顾客的眼里，它应该属于婴儿专用的商品，应该出现在婴儿专柜。

（2）顾客对食物的要求是卫生第一，所以一些化学商品和一些容易令人联想到脏污的商品要与食物远离。有时为了配合节日会设立一个主题区，比如七夕节会把巧克力、玫瑰陈列在一起，这样顾客在购买其中一种商品时会看到相关商品，由此引发新的购买冲动，促进销售，如图3-37所示。

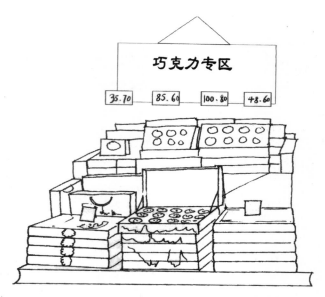

图3-37　配合节日设立的主题区可促进销售

7.清洁保值

（1）清洁是顾客对零售企业环境最基本的要求。对于卖场工作人员来说，保持商品、柜台、货架、地面、绿色植物、饰物的清洁是一项基本工作。

（2）在有些特殊时期，要特别做好清洁工作，比如"流感"时期，应做好消毒和清洁工作，使顾客有一个健康和安心的购物环境。

第四个月

商品采购与销售管理

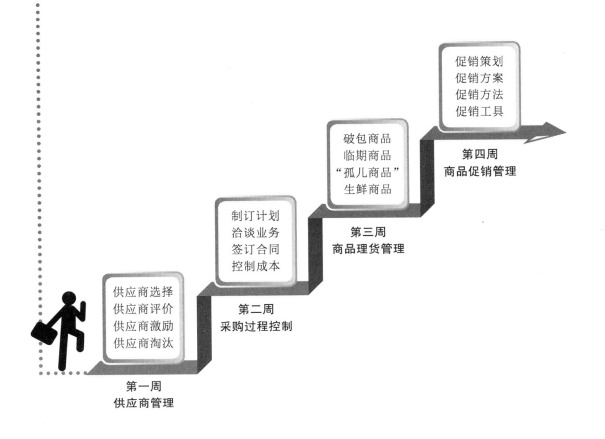

促销策划
促销方案
促销方法
促销工具

第四周
商品促销管理

破包商品
临期商品
"孤儿商品"
生鲜商品

第三周
商品理货管理

制订计划
洽谈业务
签订合同
控制成本

第二周
采购过程控制

供应商选择
供应商评价
供应商激励
供应商淘汰

第一周
供应商管理

第一周 供应商管理

供应商是商场（超市）商品的供应方，做好供应商管理，为商场（超市）选择质量合格的供应商才能确保所选购的物品质量符合商场（超市）要求，从而避免采购到劣质产品，造成商场（超市）损失。

问题55：如何正确选择供应商?

商场（超市）是一个庞大的销售网络，是众多供应商理想的销售渠道，但商场（超市）受卖场和经营品种的限制，必须对希望进入商场的众多的供应商进行选择。供应商良莠不齐，如果想有效地执行采购工作，选择合格的供应商是商场（超市）采购管理的首要任务。

一般来说，商场（超市）在选择供应商时应满足图4-1所示的条件。

图4-1 选择供应商的条件

1.过硬的商品品质

供应商提供的商品质量好与坏、高与低是选择供应商的第一条件。供应商最好取得ISO的认证，并有质量合格证、商检合格证等。

我国商品的执行标准有国家标准、专业（部）标准及企业标准，其中又分为强制性标准和推荐性标准。但通常在买卖的合同或订单上，供应商的商品质量是以图4-2所示的形式之一来表示的，这也是选择供应商的重要标准之一。

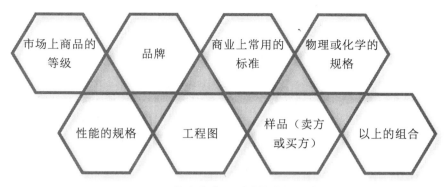

图4-2　供应商商品质量的表现形式

2.齐全的企业资料

商场（超市）是遵纪守法、诚实经营的商业企业，同样也要求供应商遵纪守法。由于市场上的供应商相当多，并不是所有的供应商都能成为商场（超市）的供应商。对于初次与商场（超市）接触的供应商，务必要求其提供图4-3所示的资料，以便对其资信等各方面进行调查、评估。

图4-3　供应商应提供的资料

除以上基本文件外，各地市场监督部门、技术监督部门、卫生检验部门可能还会针对各地自身的情况，对生产或经销商品的单位有一些特殊的规定及要求。

比如，针对外地企业生产的食品类商品，要想进入本地销售，许多地方要求生产企业必须办理进入当地销售的许可证。此证通常在卫生防疫部门办理，但各地会有差异，且该证通常有限期限制，原则上一个许可证只对一类产品有效。但以目前实际的情况来看，各地的执行并非十分严格。

除以上基本文件资料外，供应商还应提供或填写"供应商简介""供应商基本资料表""供应商商品报价单"及其一套完整的"产品目录或图片"或"样品"。

3.低廉的供应价格

供应商低廉的供应价格是相对于市场价格而言的。如果没有相同的市价可查，应参考类似商品的市价。

商场（超市）要想获得供应商低廉的价格，可通过单独与供应商协商采购或由数家供应商竞标的方式来取得，具体方法如图4-4所示。

单独与供应商协商采购时，采购人员应先分析成本或价格，再与供应商进行协商谈判

数家供应商竞标时，采购人员应选择两三家较低标价的供应商，再分别与他们谈判采购，以求得公平而合理的价格

图4-4　取得低廉价格的方法

> **特别提示**
>
> 在使用竞标方式时，采购人员切勿认为能提供最低价格的供应商即为最好的供应商。

另外，商场（超市）在选择供应商时不能一味追求低廉的价格，必须综合评价一个供应商的送货服务、售后服务、促销支持、其他赞助等方方面面。所以有些商场（超市）会放弃与提供极低价格的大批发商的合作，而选择不愿意提供极低价格的制造商合作，因为通常制造商在产品质量、货源保证、售后服务、促销活动及其他赞助上会有更多的营销费用支持。

4.合适的促销折扣

理想的供应商应能向商场（超市）提供合适的折扣，因为商场（超市）的许多商品都必须打折促销。

比如，某供应商提供的折扣无法达到让商场（超市）的商品售价吸引顾客上门的程度，就算商场（超市）与这一供应商合作，这一关系也不可能持久。由于这种交易不利于超市的价格形象，因此最好不要选择这样的供应商。

促销是商场（超市）营销最重要的武器，但促销的成功与否，有赖于商场（超市）选择的商品正确与否、供应商支持与否，以及售价是否能吸引顾客上门等因素。

通常促销所选择的品项都是一些价格较低的商品，它们能得到供应商强有力的促销支持，包括畅销的、高回转的、大品牌的日用消费品。

5.较长的付款期限

付款期限是供应商用来商谈采购价格的砝码。国内一般供应商的付款期限（账期）是月结30～90天左右，视不同的商品周转率和商品的市场占有率而定。

（1）对商场（超市）而言，一般食品干货类商品的账期在货到45天以上，百货类商品的账期在货到60天以上。而且由于商场（超市）实行每月统一付款，供应商实际收到货款的时间要比合同平均延长15天。

（2）商场（超市）应尽量选择最有利的付款天数（账期），对于惯于外销或市场占有率大的供应商，一般要求的付款期都比较短，有的甚至要求现金或预付款，如果商品好卖，知名度高，也可以选为供应商。

（3）在正常情况下，商场（超市）的付款作业是在交易齐全时，按买卖双方约定的付款天数（账期），由银行直接划款至供应商的账户。

6.准确的交货期

由于商场（超市）电脑计算订单数量的公式中，交货期是个重要的参数，采购方应要求供应商以最短的时间交货，这样就能降低存货的投资。

但是不切实际地压短交货期，将会降低供应商商品的质量，同时也会增加供应商的成本，反而最终影响商场（超市）的价格优势及服务水平。因此商场（超市）应随时了解供应商的生产情况，以确立合理及可行的交货期。

一般而言，本地供应商的交货期为2～3天，外地供应商的交货期为7～10天。

问题56：如何评价考核供应商？

供应商评价是指持续不断地对现有供应商保持监督控制，观察其是否能够实现预期绩效；对新供应商进行甄别时，看其潜力是否能达到商场（超市）日常销售所需的水平。对供应商的评价考核步骤如图4-5所示。

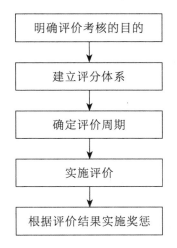

图4-5　评价考核供应商的步骤

1.明确评价考核的目的

商场（超市）在对供应商进行考核时，要明确评价考核的目的，具体如图4-6所示。

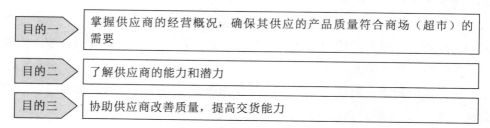

目的一　掌握供应商的经营概况，确保其供应的产品质量符合商场（超市）的需要

目的二　了解供应商的能力和潜力

目的三　协助供应商改善质量，提高交货能力

图4-6　评价考核的目的

2.建立评分体系

供应商的评分体系是指对供应商各种要求所达到的状况进行计量评估的评分体系，同时也是为了综合评价供应商的质量与能力的体系。不同商场（超市）的供应商评分体系不尽相同。但通常都有交货质量评分、配合状况评分、交货及时度评分等三个主项，商场（超市）可以以这三个项目为重点对供应商进行评价。

3.确定评价周期

商场（超市）对供应商的评价通常每季度或每年进行一次。

4.实施评价

商场（超市）在制度规定的周期内对供应商进行评价，在评价过程中最好制定一些标准的表格，以用于评价工作。

商场（超市）也可利用分类管理法，把供应商评价分为A、B、C、D四级，其中A级厂商通常由采购主管控制及管理，或由采购主管决定合作方式。

5.根据评价结果实施奖惩

依据评价的结果，给予供应商升级或降级的处分。根据采购策略的考虑，对合格、优良的供应商予以优先议价、优先承揽的奖励，对不符合标准的供应商予以拒绝往来的处分。

　**相关链接**

连锁零售企业供应商评价指标体系构建

连锁零售企业供应商评价指标体系的构建对最终供应商的评价和选择至关重要，因此，应建立一套科学、合理、完整的供应商评价指标体系，为以后的供应商评价和选择打下良好的基础。

1. 连锁零售企业供应商评价指标体系构建原则

根据连锁零售企业自身的特征和对供应商的需求特点，连锁零售企业在设计和构建供应商评价指标体系时，必须遵循以下原则。

（1）科学性原则

指标要能科学地反映供应商的实际情况，准确地反映出连锁零售企业对于供应商的实际需求，因此指标要建立在科学分析的基础上。

（2）系统性原则

保证所构建的评价指标体系不仅能够反映出备选供应商目前的状况，而且要体现出供应商企业未来的发展状况。

（3）可比性原则

所构建的指标之间要具有可比性，便于数据的收集整理及以后的评价。

（4）可得性原则

所选取的指标要具有可得性，即其信息和数据是便于企业收集的，并且指标数据最好是计算比较简便的。

（5）可靠性原则

保证所构建的指标体系不是任意捏造出来的而是客观实际存在的。对于指标数据的收集和整理，尽量采取科学、客观的方法，尽量减少主观因素和人为因素的干扰。

（6）定量与定性相结合的原则

在构建连锁零售企业评价指标体系时，选取的指标尽量是定性指标和定量指标相结合，这样更有利于全面地评价供应商，而不是为了增加客观性而人为地只选择定量指标，要增加评价的科学性和实际意义。

2. 连锁零售企业供应商评价指标体系构成

连锁零售企业供应商评价指标体系的构成如下表所示。

最佳供应商评价指标体系

一级指标	二级指标	类型	说明
盈利能力	毛利润率	效益型	定量
	残次品率	成本型	定量
	过期商品处理	效益型	定性
	订货批量折扣	效益型	定量
销售能力	品牌影响力	效益型	定性
	促销政策和广告	效益型	定量
	可替代品数	成本型	定量
	销售包装	效益型	定性

续表

一级指标	二级指标	类型	说明
服务能力	货款支付时间	效益型	定量
	准时交货率	效益型	定量
	售后服务	效益型	定性
库存管理能力	单位库存成本	成本型	定量
	库存周转率	效益型	定量
配送能力	配送周期	成本型	定量
	配送方式	效益型	定性
	配送成本	成本型	定量
	订单处理时间	效益型	定量
发展能力	流动资金	效益型	定量
	企业信誉	效益型	定性
	信息技术应用	效益型	定性
组织管理能力	领导者素质	效益型	定性
	企业文化	效益型	定性
	科学管理	效益型	定性

3. 连锁零售企业供应商评价指标描述

（1）盈利能力

① 毛利润率。零售企业关注的是商品的毛利润率，企业的毛利润即商品销售价格和采购价格之间的差额。

② 残次品率。商品的残次品率太高势必会影响到商品的最终销售，进而影响到企业的利润率，同时，该指标也可以很好地看出供应商所提供商品的质量。

③ 过期商品处理。零售企业面对的最终客户具有很多的随机性因素，所以零售企业所采购的商品一般很难在规定的销售期内完全销售出去，这样商品的过期势必会给零售企业带来利益上的损失。过期商品的处理指的是在商品即将到期或者到期之后，供应商采取一定的措施与连锁零售企业一起对这批商品进行相应处理，零售企业当然是希望供应商能处理掉全部的过期商品，但是这个又不太能实现。

④ 订货批量折扣。连锁零售企业在采购商品时一般是批量购买，或者是签订长期的供应合同，这样大批量的购买，企业当然想得到尽可能低的折扣价，通常用最低的订货批量折扣量和相应的折扣价来对该指标进行衡量。

（2）销售能力

① 品牌影响力。消费者往往会购买或者说是偏好品牌影响力大的商品，因此品牌商品可以有一定的销售保证，同时提高企业的形象。

② 促销政策和广告。连锁零售企业在对产品进行促销时，希望供应商能够支付更多的费用以减少自己的支出，而供应商也一般会按照一定的比例进行支付，以增

加产品的销售。

③ 可替代品数。如果商品的可替代品数越多，则消费者在选择同类商品时的选择面就会相对越广，而当替代品数越少时，消费者对于该产品的选择概率就会大大上升。

④ 销售包装。消费者对于商品的最直观的第一感觉就是销售包装。若销售包装过于奢侈，势必会增加商品的额外价值，这样就增加了消费者的负担，导致消费者不愿意购买；若销售包装过于简单或包装不够有档次，也会使消费者减少对该商品的喜爱。因此，销售包装的好坏直接影响到商品的销售量和销售额。

（3）服务能力

① 货款支付时间。在连锁零售企业，一般都是赊货销售，很少或者基本不可能是直接支付货款，因此就存在一个货款支付时间的问题，连锁零售企业当然是希望货款支付时间越长越好，这样更有利于企业资金的周转和其他事业的拓展，但是供应商由于自身经济实力和资金周转状况，不可能长时间地拖延货款的收取。

② 准时交货率。连锁零售企业在下达订单以后希望供应商在规定的时间交货，这样有利于企业经营的正常进行和工作的连续。

③ 售后服务。连锁零售企业将商品销售出去时，不能保证每个商品的质量，当存在需要售后服务时，企业希望能尽快地得到供应商的满足和支持。

（4）库存管理能力

① 单位库存成本。库存成本反映连锁零售企业存储所有物品和资源所需成本。单位库存成本越低说明零售企业的库存管理能力越强，为企业节约了库存费用。

② 库存周转率。库存周转率是仓库总流量占平均库存的比率，反映了连锁零售企业供应商经营各个环节中库存物资的运营能力和效率。

（5）配送能力

① 配送周期。在零售市场中，供应商一般是周期性地为零售企业供货。

如果配送周期太长，就会造成供应商库存成本的相应增加，而如果配送的周期太短，又会增加企业的配送成本，因此，应权衡利弊，制定一个合适的配送周期，以使企业的利润最大化。

② 配送方式。现有的配送方式大体可以分为以下三种，分别是：零售商自提、供应商直送以及零售商自提和供应商直送相结合。连锁零售企业希望的是供应商直送，而供应商希望的是零售商自提。应根据双方的具体情况进行分析，制定合理的配送方式。

③ 配送成本。配送成本的支付和承担是连锁零售企业关心的问题，连锁零售企业希望的是供应商全部承担配送成本，而供应商希望的是零售企业承担，应根据具

体情况制定合适的比例共同分担。

④ 订单处理时间。从连锁零售企业下达的订单到达供应商手中开始，到供应商按照零售商的要求发出全部货物为止的全部时间，订单处理时间越短，对于零售企业越有利。

（6）发展能力

① 流动资金。供应商流动资金在一定程度上可以体现该企业的实力和以后的经营发展情况。

② 企业信誉。现在企业之间的合作越来越重视企业的信誉，如果企业没有信誉或者信誉不佳，必然不能得到长久的发展，合作也就没有了安全感和有效的保证。

③ 信息技术应用。在当今信息技术迅速发展的社会，信息技术的应用给企业之间的合作和联系带来了大大的便利，但是信息技术的应用不能过度地追求技术的先进性，而应该结合整个供应链上大部分技术的现状，决定企业的应用技术。合理地利用信息技术可以促进企业和供应商之间的信息共享，它们之间的联系也会更加便捷。

（7）组织管理能力

① 领导者素质。领导者素质反映连锁零售企业领导者的管理能力，对企业的长远发展会有很大程度的影响。该指标是一个典型的定性指标，应根据实际情况，通过自身和其他企业对供应商领导者素质的情况进行评价，一般取 0 到 1 之间的数值。

② 优质的企业文化。优质的企业文化是连锁零售企业发展的灵魂，反映了连锁零售企业的经营管理理念，此指标也是一个定性指标。

③ 科学管理。只有科学管理才能保证企业的健康快速发展，保证企业经营的持续。评价一个公司的实力和发展潜力时，科学管理也是一个重要的衡量指标，从中可以看出公司的组织管理能力。

问题 57：如何有效激励供应商？

商场（超市）对供应商实施有效的激励，有利于增强供应商之间的适度竞争，提高供应商供货的积极性。这样可以保持对供应商的动态管理，提高供应商的服务水平，降低商场（超市）采购的风险。

1.激励标准的建立

激励标准是对供应商实施激励的依据，商场（超市）制定对供应商的激励标准需要考虑图4-7所示的因素。

1 商场（超市）采购商品的种类、数量、采购频率、货款的结算政策等

2 供应商的供货能力，可以提供的物品种类、数量

3 供应商的供货记录

图4-7　制定激励标准要考虑的因素

2.激励方式的选择

按照实施激励的手段不同，可以把激励分为两大类，即正激励和负激励，具体内容如图4-8所示。

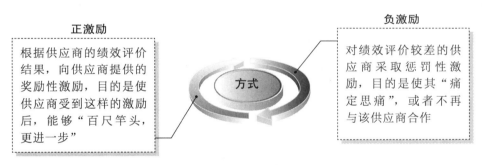

正激励

根据供应商的绩效评价结果，向供应商提供的奖励性激励，目的是使供应商受到这样的激励后，能够"百尺竿头，更进一步"

负激励

对绩效评价较差的供应商采取惩罚性激励，目的是使其"痛定思痛"，或者不再与该供应商合作

方式

图4-8　有效激励供应商的方式

3.激励效果的检查

实施激励之后，商场（超市）要采取一定的方法，对激励效果进行调查，以确认激励是否有效，如果激励效果不够好，则可以对激励的方式进行必要的调整。

问题58：如何适时淘汰供应商？

供应商淘汰是指将不符合商场（超市）供货要求，丧失供货资格的供应商淘汰出场，其操作流程如图4-9所示。

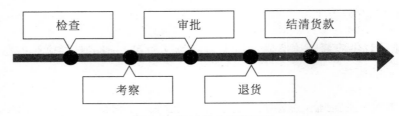

图4-9　淘汰供应商的流程

1.检查

采购部每周对已入场三个月的供应商进行一次检查，编制供应商销售排行榜。同时，列出"供应商经营情况一览表"，内容包括编号、供应商名称、进场日期、品种数、平均日销、结款方式、库存金额等。

2.考察

采购部对供应商的供货情况及其商品销售情况进行考察，确定是否保留其供货资格，对不合格的供应商应取消其供货资格。

3.审批

店长审核通过，则确定该供应商被淘汰。采购部将该供应商资料修改为不可订或不可进，并编制淘汰供应商名单。

4.退货

将商场（超市）内尚存的商品全部下架，集中起来，按合同做退货处理，通知供应商前来取回退货。

5.结清货款

财务部汇总并收取相关费用，结清供应商余款。

第二周　采购过程控制

为了保证企业能采购到适销对路的商品，商场（超市）必须根据自身状况，确定采购渠道、做好采购业务决策、进行采购洽谈、签订采购合同，加强对商品采购过程的管理，确保采购工作的圆满完成。

问题 59：如何制订采购计划?

制订合理的采购计划既可以有效地规避风险、减少损失，又可为企业组织采购提供依据，同时也有利于资源的合理配置，以取得最佳的经济效益。

1.采购计划的关键点

从一定程度上说，商品计划就是决定商品采购额的计划。

商品计划要在对各种内外部信息资料进行分析的基础上制定出来，其中有两个重点，具体如图4-10所示。

图4-10　商品计划的重点

重点

在这个库存额的范围内，制定备齐商品的计划

每月或每季应该准备的商品系列及库存额的确定

2.确定采购预算

采购预算一般以销售预算为基础制定。

比如，某商场（超市）某月的销售额达到200万元，假定商场（超市）的平均利润率为15%，那么该商场（超市）的月采购目标就是：

$$200 \times （1-15\%）＝170（万元）$$

按同样的道理，也可以推算出商品的年采购预算目标。当然，以上这个公式仅仅是销售成本计算公式，并没有估计到库存量的实际变化。采购预算还要加上或减去希望库存增加或削减的因素，其计算公式应为：

采购预算＝销售成本预算+期末库存计划额-期初库存额

特别提示

采购预算在执行过程中，有时会出现情况的变化，所以有必要进行适当的修订。商场（超市）实行减价或折价后，就需要增加销售额的部分；商场（超市）库存临时新增加促销商品，就需要从预算中减少新增商品的金额。

3.确定采购项目

采购什么样的商品项目，是在对收集到的有关市场信息进行分析研究后确定的。在此过程中，除了要考虑过去选择商品项目的经验、市场流行趋势、新产品情况和季节变化等外，还要重点考虑主力商品和辅助商品的安排。

4.确定采购数量

决定采购的商品数量，会影响到销售和库存，关系到销售成本和经营效益。如果采购商品过多，会造成商场（超市）商品的保管费用增多，资金长期被占用，也会影响资金的周转率和利用率。但如果商品采购太少，不能满足顾客的需要，会使商场（超市）出现商品脱销的情况，失去销售的有利时机。而且，每次采购商品过少又要保证商品供应，势必增加采购次数，频繁采购会增加采购支出。

为了避免出现商品脱销和商品积压两种经营失控的现象，有必要确定最恰当的采购数量。解决这一问题的办法，就是在确定商品总采购量后，选择恰当的采购次数，分次购入商品。

5.确定供应商

确定了采购商品的品种和数量后，还要确定从哪里采购，什么时间采购，以保证无缺货事故的发生。应当注意选择信誉好的制造商、供货商进货，这样可以使商品质量和供应时间都得到保障。

6.确定进货时间

每种商品都有一定的采购季节。适时采购不仅容易购进商品，而且价格也较为便宜，过早购入会延长商品的储存时间，导致资金积压。所以应权衡利弊，选择合理的采购时间。

问题60：如何洽谈采购业务？

在对供货商进行评价选择的基础上，采购人员必须就商品采购的具体条件进行洽谈。在采购谈判中，采购人员要就购买条件与对方磋商，提出采购商品的数量、花色、品种、规格要求，商品质量标准和包装条件、商品价格和结算方式、交货方式、交货期限和地点也要双方协商，达成一致，然后签订购货合同。

1.谈判的基本目标

在与供应商进行谈判前，采购人员必须有一个基本的目标作为准备相关资料的依据，谈判的基本目标如图4-11所示。

1	必须取得对合约执行方式在某种程度上的控制权
2	必须使供应商给予公司最大的配合和支持
3	争取双方对品质共同认可的商品，以最便宜而合理的价格取得
4	必须使供应商按照合同规定，按时按质执行

图4-11　谈判的基本目标

2.谈判的内容

谈判的内容包括品质、订货、包装、售后服务、价格、促销、折扣、营业外收入、付款条件等，具体如表4-1所示。

表4-1　谈判的内容

序号	类别	具体内容
1	商品品质	（1）品质必须"符合买卖双方约定的要求或规格"。供应商必须具有以下相关品质的文件：产品规格说明书、检验方法、产品合格范围 （2）采购人员应尽量向供应商索取以上资料，以利于未来的交易 （3）采购人员在洽谈时，应首先与供应商就商品达成相互同意的品质标准，以避免日后的纠纷或法律诉讼。对于瑕疵品或仓储运输过程中损坏的商品，应要求退货或退款
2	商品包装	（1）内包装，指用来保护商品或说明商品用途的包装，设计良好的内包装通常能激发客户的购买意愿，加速商品的周转。许多供应商的产品在这方面做得比较差，采购人员应说服供应商在这方面加强 （2）外包装，是仅用于仓储及运输过程的保护包装，通常扮演非常重要的角色。倘若外包装不够坚固，在仓储运输过程中损坏太大，会降低作业效率，并影响利润；但若外包装太坚固，则供应商成本增加，采购价格必然偏高，导致商品的价格缺乏竞争力
3	商品价格	除了品质与包装之外，价格是所有的洽谈中最重要的项目。比如新商品价格折扣、单次订货数量折扣、累计进货数量折扣、不退货折扣（买断折扣）、提前付款折扣及季节性折扣等
4	订购量	以适当、及时为原则，而不能以供应商希望的数量为依据。否则，一旦存货滞销，会导致利润降低、资金积压及空间浪费等情况的发生
5	付款条件	付款条件与采购价格息息相关，一般供应商的付款条件是月结60～120天，买方付款时可获3%～6%的折扣。采购人员应计算最有利的付款条件

续表

序号	类别	具体内容
6	交货期	（1）一般来说，交货期越短越好。因为交货期缩短的话，订货的次数可以增加，订购数量就可以相应减少，库存会降低，仓储空间的需求就会减少 （2）对于有时间承诺的订货，采购人员应要求供应商分批送货，以减少库存压力
7	售后服务	（1）对于需要售后服务的商品，例如家电、电脑、相机、手表等，采购人员应在洽谈时，要求供应商在商品包装内，提供该项商品售后服务维修单位的名称、电话及地址，使顾客日后在需维修所购商品时，直接与店家联络 （2）采购人员与货物进口商洽谈时，必须要求货物进口商提出有能力做好售后服务的保证，并在商品包装内提供保证单
8	促销	（1）促销包括促销保证、促销组织配合、促销费用承担等 （2）在策略上，采购人员通常应在促销活动的前几周停止正常订购，而着重订购特价商品，以增加利润
9	广告赞助	为增加商场（超市）的利润，采购人员应积极与供应商洽谈，争取更多的广告赞助。广告赞助内容如下： （1）促销快讯的广告赞助 （2）前端货架的广告赞助 （3）统一发票背后的广告赞助 （4）停车看板的广告赞助 （5）购物车广告板的广告赞助 （6）卖场灯箱的广告赞助
10	进货奖励	（1）进货奖励是指某一时间内，达到一定的进货金额，供应商给予的奖励 （2）数量奖励是指对一定的订货数量给予某种幅度的折扣 （3）采购人员应适当地要求供应商给予进货额1%～5%的年进货奖励，以提高利润
11	备注	上述洽谈内容加上违约责任、合同变更与解除条件及其他必备内容就形成采购合同

3.谈判的技巧

在采购谈判时，采购人员应当根据不同的谈判内容、谈判目标和谈判对手等具体情况，运用不同的谈判技巧和战术，以推进谈判的进程，以取得圆满的结果。

 相关链接

采购谈判的10个技巧

谈判技巧是采购人员的利器。谈判高手通常都愿意花时间去研究这些技巧，以求事半功倍。下列谈判技巧值得零售企业采购人员研究。

1. 避免破裂

有经验的采购人员，不会轻易让谈判破裂，否则根本就没必要谈判，他总会给对方留一点退路，为双方冷静下来以后的下一次谈判留一个伏笔，没有达成协议总比不欢而散，或是勉强达成协议好，如果遇上供应商支持竞争对手的情况，也不要马上撕破脸，可以从陈列、订货、结算上给予牵制，也可以用全力支持该供应商的直接竞争对手的方式来刺激对方。

2. 只和有决策权的人谈判

本公司的采购人员接触的对象可能有业务员、业务经理、经理、董事长等，我们不和对谈判内容无决策权的人谈判，以节约我们的时间和工作的效率。一般的谈判可以和业务员和业务经理谈，但重要的谈判我们就要和经理或董事长，或是他们授权的业务员和业务经理谈。和没有决策权的人员谈判，可能会事先暴露我们的立场，让对方有充分的时间来做准备。

3. 在本公司的谈判

在本公司谈判，首先在心理上就占了上风，还可随时得到其他同事的支援，节约了相关的费用，可以将天时、地利、人和的优势发挥到极致。

4. 放长线钓大鱼

有经验的采购人员知道对手的需要，所以尽量在小处上满足对方，在对方自以为占到便宜时，逐渐引导对方满足自己的需求。比如，供应商希望将自己的商品，从货架的最底层陈列到第二层，采购人员不仅一口答应，而且还主动提出可以放到第三层，供应商觉得占了个大便宜，但接着采购人员提出，原来放在第三层的商品是付了陈列费的，有效期到这个月，供应商觉得现在才是月初，到了下个月这个商品的销售旺季就过去了，因而提出也可付费，其实第三层的商品根本就没有交陈列费。最后，该供应商不仅支付300元/月的陈列费还主动提出将供货价格下调2%，做一个月的促销。

5. 紧紧抓住主动权

攻击是最佳的防御，对于一些沉默、内向的谈判对手，采购人员应尽量以自己预先准备好的问题，以开放式的提问方式，让对方不停回答，从而暴露出对方的立场，然后再抓住对方露出的破绽，乘胜追击，对方若难以招架，自然会做出让步。

6. 必要时转移话题

对于一些个性较强、外向型的谈判对手。在双方就某一问题或细节纠缠不休、无法谈拢时，有经验的采购人员会及时转移话题，或是喝喝茶暂停一下，或另约时间再谈，以缓和紧张气氛，但方法要适当，不要让对方认为采购人员是在软弱退让。

可以用要开会或另约了人的借口。

7.尽量做一个好的倾听者

许多人比较爱面子，虚荣心强。在谈判时，有的供应商总喜欢表现自己在某一方面的特长，或是吹嘘自己对某些方面很熟悉，比如和某某人是朋友，认识谁。采购人员在碰到这类情况时，不要急于表态，尽量做一个好的倾听者，通过他的言语和动作，了解他的谈判立场。而且大多数人都是讲道理的，对于一个好的倾听者，在不知不觉中会减弱戒备之心，这时采购人员的机会就来了。

8.尽量为对手着想

全世界只有极少数人认为谈判时应赶尽杀绝，丝毫不能让步。事实证明，大部分成功的谈判，都是在彼此和谐的气氛下达成的。若轻易许诺、欺骗对方又不兑现，或是居高临下以"老大"的姿态来威胁对方，谈判注定会失败。成功的谈判结果是双赢，供应商是超市的重要伙伴，而不是出气的对象，在尽力维护公司利益的同时，也要尽量为对方着想。

9.不接受以增加商品种类为附加条件的优惠

供应商经常以种种理由全力推销其所有商品，但我们只坚持销售回转率高的商品，供应商常会说，如果你进全我的商品，我就会给你们公司更多的优惠，请注意，如果我们答应了一个，就会有第二个，到时就很难控制整个商品结构，而且给其他部门也会带来很多不便，比如，给财务部增加了处理账务的负担，由于滞销，给营运部门增加了管理的难度，商品品项过多，给仓管部门增加了库存管理的难度。

10.切忌盲目砍价

采购人员经常性地和供应商议价，是保持商品最低进价的一个有力手段，但切忌盲目砍价而忽略了其他要点，眼里只有价格这个唯一的谈判内容，容易让供应商以次充好，变相提高进价，实际上上了供应商的当。

问题61：如何签订采购合同？

在采购人员和供应商经过谈判，供应商接受超市的商品政策，并就其他问题达成一致后，接下来双方要做的就是签署正式的合同和加盖合同章（或公章），然后双方就可以开始正式的合作。

1.合同的内容

一个严谨的商品采购合同应包括以下主要内容，如表4-2所示。

表4-2　合同的内容

序号	项目	说明
1	商品的品种、规格和数量	商品的品种应具体，避免使用综合品名；商品的规格应规定颜色、式样、尺码和牌号等；商品的数量应按国家统一的计量单位标出。必要时，可附上商品品种、规格、数量明细表
2	商品的质量和包装	合同中应规定商品所应符合的质量标准，注明是国家或部颁标准；无国家和部颁标准的应由双方协商凭样订（交）货；对于副、次品应规定出一定的比例，并注明其标准；对实行保换、保修、保退办法的商品，应写明具体条款；对商品包装材料、包装式样、规格、体积、重量、标志及包装物的处理等，均应有详细规定
3	商品的价格和结算方式	合同中对商品和价格的规定要具体，规定作价的办法和变价处理等，同时规定对副品、次品的折扣办法；规定结算方式和结算程序
4	交货期限、地点和发送方式	交（提）货期限（日期）要按照有关规定，并考虑双方的实际情况、商品特点和交通运输条件等确定。同时，应明确商品的发送方式（送货、代运、自提）
5	商品验收办法	合同中要具体规定在数量上验收和在质量上验收商品的办法、期限和地点
6	违约责任	签约一方不履行合同，违约方应负物质责任，赔偿对方遭受的损失。在签订合同时，应明确规定，供应者有以下三种情况时应付违约金或赔偿金： （1）未按合同规定的商品数量、品种、规格供应商品 （2）未按合同规定的商品质量标准交货 （3）逾期发送商品。购买者有逾期结算货款或提货，临时更改到货地点等，应付违约金或赔偿金
7	合同的变更和解除条件	（1）在什么情况下可变更或解除合同，什么情况下不可变更或解除合同，通过什么手续来变更或解除合同等情况，都应在合同中予以规定 （2）除此之外，采购合同应视实际情况，增加若干具体的补充规定，使签订的合同更切实际，更有效力

　　签订购货合同，意味着双方形成交易的法律关系，应承担各自的责任义务。供货商按约交货，采购方支付货款。

　　2.签约

　　签约的流程如图4-12所示。

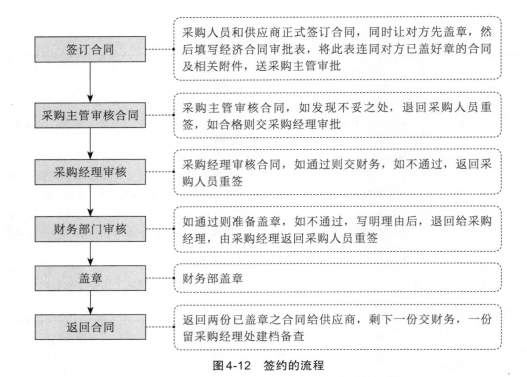

图4-12 签约的流程

3.合同的日常管理

在合同正式签订完后，有一份合同留在采购经理处，采购助理要做好分类、登记、归档的工作，制作好合同资料表，一式两份，以方便采购经理、采购主管（只有所管辖采购组的合同资料表）查询。

如果有同一个供应商对应多个采购组的合同，采购助理要分清楚该供应商给各采购组的不同条件，并将条件分别登记到各个对应采购组的合同资料表里去。

采购经理要注意对合同执行情况进行监控，根据采购助理整理的合同资料表，一个月检查一次合同的执行情况（要把这件工作记到每周工作计划表里去）。发现偏差要及时纠正，如果采取措施后不见整改，有必要考虑是否对该供应商进行清场，或对采购人员进行调整。对于每月合同的执行情况，可以使用合同履行月报表来进行管理。要求每个采购人员根据本组各供应商本月合同的履行情况，填写好本组的合同履行月报表，在下月的3日之前交采购主管审批，采购主管根据合同资料表的记录，核实本部门供应商履行合同的情况，并在下月5日之前汇总交到采购经理处。

问题62：如何控制采购成本？

采购成本在商场（超市）整个供应链成本中占有很大的比重，所以采购成本的控制可以有效地提升整个供应链的价值，提高商场（超市）的盈利水平。具体控制措施如图4-13所示。

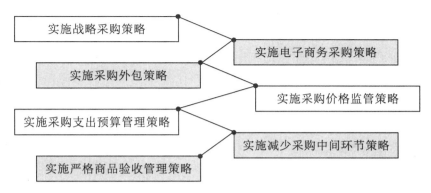

图4-13   采购成本的控制措施

1.实施战略采购策略

战略采购就是企业在自身资源有限的情况下，确切了解外部供应市场状况及内部需求，了解供应商生产能力及市场条件，对供应商进行有效的关系管理，致力于与供应商建立长期的战略合作关系。

通过战略采购，连锁超市可以更加明确了解内部需求模式，从而能有效地控制其需求。通过深入有力的价值分析，超市采购人员甚至能比供应商自己更清楚供应商的生产过程和成本结构。有了这些，超市在供应商选择、谈判及关系维持管理等方面能够获得重大支持，从而可以不断剔除一些现有的表现不佳的供应商，寻找新的替代供应商以提高整体的供应商绩效。这样做，可以战略性地将竞争引入供应机制和体系以降低采购费用。

 相关链接⟨‧‧

战略采购策略的实施措施

实施战略采购主要从以下几个方面入手。

1.加强对市场采购信息的收集和分析

市场采购信息是多方面的，主要有：

（1）货源信息，包括供应商货源的分布、结构、供应能力。

（2）流通渠道的竞争信息、价格信息，尤其是同区域的竞争者的信息。

（3）了解运输信息、管理信息等，把成本控制到最佳状态。

由于市场信息具有社会性、有效性、连续性和流动性，借助于计算机建立一套完整的信息分析和管理系统可以更有效地对市场信息进行收集、整理、分析，提供各种决策方案供决策者参考。

2. 确定适宜的采购时机与合理的采购批量

采购过早、库存过多都会增加库存费用。采购过晚、库存过少，会引起缺货损失。采购批量过大，有可能产生积压；采购批量过小又会增加采购次数，增加采购的固定费用。所以企业应根据库存和销售情况确定适宜的采购时机与合理的采购批量。

3. 筛选和圈定上游供应商

由于供应商对企业表现出不同的重要性，因此商场（超市）采购时要对不同供应商加以区别。发展战略采购的关键是零售商和其关键供应商之间的力量平衡影响问题，力量平衡最佳有利于零售商，反之零售商可能因某一商品过于依赖一个特定的供应商而遭受损失。

通过扩大供应商的选择范围、引入更多的竞争、寻找上游供应商等来降低采购成本是非常有效的战略采购方法，它不仅可以帮助商场（超市）寻找到最优的资源，还能保证资源的最大化利用，提升企业的水准。

4. 集中采购

现代零售业具有小批量、多品种特点，也就是说每一个商场（超市）门店一次要货的品种可能比较多，但每个品种的要货量不会太大，因此对于一个门店而言不能享受价格折扣。在这种情况下集中各门店的订货进行统一采购，商场（超市）将会由于采购批量大而享受价格方面的折扣。

通过采购量的集中来提高议价能力，降低单位采购成本，这是一种基本的战略采购方式。目前已有不少连锁超市建立了集中采购部门，进行集中采购规划和管理，以期减少采购物品的差异性，提高采购服务的标准化，减少后期管理的工作量。

5. 优化采购组合

通过对每种商品的分析，基于采购金额和其供应商数量可把商品分为：一般商品、杠杆商品、战略商品和瓶颈商品，同时把供应商分为：一般供应商、杠杆供应商、战略供应商和瓶颈供应商。

（1）一般商品从采购的角度看，它很少会造成技术和商业问题。这种商品价值通常较低并存在大量的可选择供应商。

（2）杠杆商品供应商数量很多，转换成本很低。战略商品，对财务成果的影响很大，同时又依赖于供应商。

（3）瓶颈商品是在金额上只占相对有限的一部分，而在供应上风险大，不得不面临着高昂的价格、较长的交货期和劣质的服务。

对于零售业应动态地进行采购组合和商品分类，依据不同地域和不同时间动态地调整采购组合和商品分类。某种意义上，零售业所面对的采购组合和商品分类是阶段性的，往往比一般意义的生产企业的周期短。

6. 产品、服务的统一

商场（超市）在采购时应充分考虑未来储运、维护、消耗品补充、产品更新换代等环节的运作成本，致力于提高产品和服务的统一程度，减少差异性带来的后续成本，这是技术含量更高的一种战略采购，是优化整体采购的充分体现。采购产品差异性所造成的无形成本往往为企业所忽略，这需要企业决策者的战略规划以及采购部门的执行连贯性。

2. 实施电子商务采购策略

电子商务采购是指在整个采购活动的过程中，实现各阶段采购活动的电子化，其过程主要包括订单跟踪、资金转账、产品计划、进度安排和收据确认等，以最终加速企业运作、缩短前置时间，同时把大量的人力资源从烦琐的事务性工作中解脱出来，从而全面降低企业采购管理的成本。

3. 实施采购外包策略

采购外包是将一些传统上由商场（超市）内部采购部门负责的非核心采购业务外包给专业的、高效的产品与服务供应商，以充分利用企业外部最优秀的专业化资源，从而降低采购成本，提高采购效率，增强自身竞争优势的一种经营策略。

外包采购结束了自给自足的采购组织模式，把非核心采购业务全部或大部分外包给别人，从而在核心采购业务上增强了竞争优势。供应链管理模式下的采购应尽可能地利用第三方物流，利用专业物流企业的优势，以最低的成本、最优的服务帮助零售业完成采购。

 相关链接

实施采购外包的注意事项

实施采购外包需要注意以下两点。

1. 评估采购外包需求

商场（超市）高层管理者要确定采购外包的需求，制定可供实施的采购外包策略。要清楚企业是否能从采购外包中获得效益。企业最高决策层必须采取主动的态度，因为只有最高决策层才具有外包成功所必需的视角和推动改革的力量。

同时，与企业员工开诚布公地沟通，取得员工的支持对顺利实施采购外包策略至关重要。

2. 选择外包采购的供应商

企业高层管理者根据市场调研，听取内部和外部专家意见之后，写出详细的外包采购文件，其中包括：供应商的商业信誉、质量要求、交货期、服务等级、需要解决的问题、价格以及详尽的需求等。

外包供应商选择方法应考虑企业环境变化和问题，以及处理这些变化和问题的程序。然后按照企业的需求去寻找最合适的外包供应商并签订合同。

成功的采购外包策略可以利用企业不具备的社会资源，帮助企业降低采购成本、提高连锁超市竞争力、改善采购质量和提高采购利润率。但在应用前要做好员工的工作，以免由于员工担心失掉工作而情绪低落，对现有的工作失去积极性。

4. 实施采购价格监管策略

在激烈的市场竞争中，商品供应商为了打开产品销路，占领商场（超市）的采购市场，往往会靠送红包、吃回扣、请吃喝等手段来拉拢采购人员，更有甚者，一些采购人员与供应商同流合污，有意让对方提高采购价格，从中牟取暴利。这样不仅会使企业的采购成本在无形中增大，而且质次价高的伪劣产品也会进入企业销售环节中，使商场（超市）蒙受巨大的经济损失。所以，很多商场（超市）加大了对采购价格的监管力度，建立健全与自身企业相适应的价格管理体系，并成立了统一的价格管理委员会，负责采购商品的事前市场询价、事中价格审批、事后考核工作，从而达到降低采购成本的目的。

5. 实施采购支出预算管理策略

采购部门根据编制的资金需求计划书来编制采购计划，确定资金支出需求。同时，对每月采购预算支出与实际采购完成情况要进行系统分析，重点分析预算支出与实际支出偏离的主要原因，不断加以修正，做到以预算指导控制采购支出，从而降低采购成本。

6. 实施减少采购中间环节策略

在商品流转过程中，每增加一道流转环节，其到货成本就会相应提高。所以，在市场货源充足的前提下，大多商场（超市）会以商品生产厂商作为采购的首选对象，能直接与供货厂家直接签订供货协议的，就不会通过中间商进行采购，实现降低企业采购成本的目的。

7.实施严格商品验收管理策略

商场（超市）的商品具有品种繁多的特点，一般中型企业的品种就多达上万种，要充分管理好这些商品确实存在一定的困难。

长期以来，商场（超市）采取严把商品入库关，防止短斤少两、掺杂使假，严禁质量不合格商品进入销售环节。商品出库要逐级审批，领料手续要健全，保管人员要做好商品进、出的台账登记。同时，要加大对相关责任人的考核力度，对于未按管理制度办理商品入库、出库手续的责任人，一经发现将严格进行处理。存货要及时盘点、及时清理。对于积压商品要及时采取促销或处理等方式来控制库存成本，以实现降低采购成本的目的。

第三周　商品理货管理

理货是商场（超市）营销工作中不可缺少的竞争手段。理货是为了使商品在销售现场能够销售得更快更多，销售人员所进行的一切行为，包括在终端售点整理货物，都是为了更好地展示产品形象。

问题63：破包商品怎么处理？

理货员在日常工作中，一旦发现破包商品，就要及时处理，以维持卖场整洁，维护卖场形象，减少不必要的损耗。

1.可否修复

对于破包的商品，理货员要判断其是否可以修复。商品包装破损严重，无法修复的应放弃修复。对于卫生用品包装破损，无法保证卫生要求的不得修复，食品的包装破损后，必须退货，不得进行修复。

2.及时修复

对于商品包装破损较小，且不影响销售的，应及时进行修复，具体如图4-14所示。

可修复包装商品，可用透明胶条进行修补，不可采用黄色或印刷有公司标志的胶带进行修复

 散落商品，可调整、组合新的包装箱，将不够一个销售单位的个品聚集到一起，将单个商品按原包装进行排列，用热封塑机进行封包

3 复合包装损坏的商品，可重新用热塑机进行修复，不能使用胶带捆绑修复

图4-14　商品及时修复

特别提示

　　理货员在将破损包装修复后，一定要检查原条码是否完好，并将店内码粘贴在修复后的商品上。

问题64：临期商品怎么处理？

　　临近保质期的商品，是指快到保质期但还未过保质期的商品。为了确保顾客的利益，减少企业的损耗，商场（超市）应指派理货员定期清理临近保质期商品，并尽快做出处理。

1.临近保质期时间

对于不同的生鲜商品，其临近保质期时间是不一样的，具体如表4-3所示。

表4-3　临近保质期时间

序号	保质期	临近保质期	备注
1	1～3天	最后1天	
2	1～4天	最后期前1天	
3	8～15天	最后期前2天	
4	16～30天	最后期前5天	
5	30天以上	最后期前10天	

特别提示

　　非生鲜商品一般都以最后期前10天，作为临近保质期处理。

2.控制方法

理货员对货架上每件商品的保质期都必须进行严格把关，对于如图4-15所示三种类型的商品要重点检查。

图4-15　重点检查商品

同时，理货员应及时登记临近保质期的商品，包括保质期的日期、商品数量等。这样可以有效地对临近保质期的商品进行有效控制。对临近保质期的商品，要及时采取措施，不能在商品过期后才进行处理。

3.处理措施

理货员对于临近保质期的商品，可以采取以下处理措施。

（1）与采购部门或供应商联系，协商退货或换货。如果协商不成，可以改变陈列方式，进行促销。

（2）有些商品可根据情况进行降价处理。

（3）如果临近保质期的商品还没有售完，则应通知采购部门或供货商根据库存的多少，控制商品的订货。

（4）如果架上商品临近保质期，可先暂时不让新货上货架陈列。

问题65："孤儿商品"怎么处理？

所谓"孤儿商品"，是超市的内部名词，即指顾客已经挑选好的商品但在柜台结账的时候，由于感觉价格不合适或者其他原因未结账带走的这一类商品的统称。

1."孤儿商品"的类别

一般来说，图4-16所示的商品最易成为"孤儿商品"。

图4-16　"孤儿商品"的类别

2."孤儿商品"的处理

及时处理滞留在收银台和楼面各区域的"孤儿商品"是提升顾客服务、增加销售业绩和控制商品损耗的必要举措。理货人员应随时关注责任区域的零星散货问题，具体要求如下。

（1）当发现本陈列区域内有不属于本部门的商品时，应将其从货架上收起，集中存放，并交给相关部门的同事进行处理。

（2）发现生鲜食品和冷冻食品的散货，在第一时间将其归还给相关部门同事或存放于正确的位置。

（3）应经常关注"孤儿商品"区，及时取回应属本区的商品，本部门的零星散货，必须当日回归其本来的陈列位置。

（4）生鲜部门应每日安排处理散货的当值人员。

 相关链接

零售商户如何处理"孤儿商品"

很多零售商户都很注意抓好事后处理和事前预防两个方面，力求将"孤儿商品"带来的损耗降到最低。

1. 加强巡场，回收"孤儿商品"

对于"孤儿商品"，可以安排工作人员及时进行处理。例如，要求理货员加强巡场进行回收，安排专门的工作人员进行分类处理。在济南大润发超市历下店，工作人员每个小时都要对散落在货架或收银台附近的"孤儿商品"进行清理，然后分门别类地放在超市的"孤儿商品"堆放处，再进行进一步的处理。

2. 明确标识，防止顾客盲目选购

提高商品标识的可识别性，比如价格、摆放位置等，让顾客对商品有更加清晰的认识，以防止顾客盲目选购，这是很多超市采用的减少"孤儿商品"的做法。例如，乐购就在其卖场内将同类商品中价格最低的商品非常明显地标示出来，给其他正在进行促销的商品贴出明显的指示牌，以便顾客进行对比，理性购物。

3. 设立专区，合理引导

为了防止顾客随意丢弃商品，浙江嘉兴的一些超市在收银台附近设立了"孤儿商品投放处"，并附上一小段说明："如果觉得所选商品不合您意，请放在此处。"边上还有一块小牌子，上面有一个卡通小人在可怜巴巴地说："请别扔下我！"位于济南二环东路上的乐购超市，在收银台附近放着标有"百货孤儿""杂货孤儿""生鲜孤儿"等字样的购物车，以便顾客投放不想要的商品。还有的超市在广播里告诉顾客，请将选购了但又不想要的商品交给身边的营业员。

问题66：生鲜商品怎么保鲜？

顾客放心购买的关键是保持生鲜品的鲜度，以确保商品品质。因此，商场（超市）必须做好生鲜品鲜度管理工作。

1.鲜度管理的目的

保证生鲜商品在卖场及加工间都能处于最佳卫生状态下，使商品的寿命更长、价值更高，从而提供给顾客最新鲜的农副产品。

2.鲜度管理的重点

如何长时间保持生鲜商品的鲜度，以确保商品品质不受损失，这是顾客放心购买的关键，只有具备良好的现场作业管理条件与良好的保鲜专业技术才能确保生鲜商品的鲜度和质量。

3.果蔬保鲜方法

大体而言，果蔬保鲜处理方法有：冰冷水处理法、冷盐水处理法、复活处理法、直接冷藏法、散热处理法、常温保管法六种。

（1）冰冷水处理法。呼吸量较大的玉米、毛豆、莴苣等产品可用此法处理，通常此类产品在产地就须先预冷，然后装入纸箱，再运输至卖场。经过预冷的果菜送到卖场时其温度会升到15℃左右，不经预冷的，温度可能会升到40℃，导致果菜鲜度迅速下降。

冰冷水处理法是先将水槽盛满水（200升），放入冰块，使温度降为0℃，再将果菜浸泡其中，使果菜温度降至7～8℃，冰冷水处理后，再用毛巾吸去水分或放进仓库。

（2）冷盐水处理法。叶菜类可用此法处理。其处理步骤如下：

① 放在预冷槽处理，水量200升，水温8℃，将果菜预冷及洗净，时间为5分钟。

② 放入冷盐水槽，水温0℃，盐浓度1%，时间5分钟。

③ 放入冷水槽中，水温0℃，洗去所吸收的盐分。

④ 放入空间较大的干容器中并送进苏生库。

特别提示

果菜放入冷盐水槽中的处理时间不要过长，以防止盐分所引起的伤害。

（3）复活处理法。葱、大白菜及叶菜类等用此法处理，能使果菜适时地补充水分，重新复活起来。

此法是将果菜放入一般水温、200升水量的水槽中，洗净污泥，并吸收水分。然后放入空间较大的容器中，使其复活。

芥菜、水芹等果菜之菜茎前端切割置于水中，使根部充分吸收水分，复活效果更佳。

（4）直接冷藏法。一般水果、小菜、加工菜类等可用此法处理。此类商品大都已由厂商处理过，在销售前，仅须包装或贴标签即可送到卖场销售。此类商品可直接放进冷藏库中。

（5）散热处理法。木瓜、芒果、香蕉、凤梨、哈密瓜等水果可用此法处理。此类商品在密闭纸箱中，经过长时间的运输，温度会急速上升，此时要尽快以降温处理，亦即打开纸箱，充分给予散热，再以常温保管。

（6）常温保管法。南瓜、马铃薯、芋、牛蒡等商品可用此法处理。此类商品不须冷藏，只要放在常温、通风良好的地方即可。

4.肉类保鲜方法

肉制品的鲜度管理非常重要，只有保证良好的鲜度才能获得消费者的肯定，满足顾客需要，促进肉类的销售，提高营业额，否则只会增加损耗。

（1）从选择原料厂商开始。一般要选择有规模、有制度的正规厂商，其肉类质量、运送效率和屠体货源都要有保障，故牛、羊肉的冷冻原料应选择规模较大的贸易商，猪肉、家禽等冷藏原料肉，则选择具有优良肉类制品的厂商，使原料鲜度得到保证。

（2）尽量缩短加工时间。为了维持肉类鲜度，应尽量避免将肉类长时间暴露于常温中，肉类在常温中20分钟，其温度即可上升2℃，细菌也会随着温度的上升而繁殖。肉类在停止加工后要立即送回冷库保鲜。

（3）保持正确的加工方法。肉类加工时要按一定的工作流程操作，每一工作环节要有专人负责，可按照图4-17所示的方法操作。

图4-17　正确的加工方法

（4）保持肉类鲜度的现场处理方法。保持肉类鲜度的现场处理方法如表4-4所示。

表4-4　保持肉类鲜度的现场处理方法

序号	处理方法	具体说明
1	冷盐水处理法	以0.9%左右的冷盐水，水温在0℃左右，浸泡原料肉约15分钟，鸡肉5～10分钟，内脏10分钟，以达到保鲜效果。0℃左右的温度对肉类有良好的保存效果，可使脂肪在低温下变得较为坚硬，使脂肪不易变质
2	冰温法	利用调整原料肉冷藏温度的方法，使之接近肉的冻结温度，最适宜温度约为−1.7～0℃

（5）以冷冻、冷藏方式储存。低温可以抑制细菌的繁殖，因此无论是原料、半成品或成品均要以低温储存。在加工处理前，都要预冷 10 ～ 15 分钟。冷冻肉类应在 –18℃ 以下的冷冻库储存，冷藏肉类应在 –1 ～ 1℃ 的冷藏库储存。

（6）室内温度控制在 10 ～ 15℃。在低温下加工处理肉类是维护肉类鲜度的良好方法，低温可以抑制细菌的繁殖，使肉类不易变质。

（7）以适当的材质覆盖肉类原料及成品。肉类表面如果长时间受冷气吹袭，表面水分很容易流失，进而产生褐色肉，损害口感，因此分装原料肉时要用塑胶布盖上或用保鲜膜包装后再储存。

（8）控制岛柜温度。冷冻柜温度应控制在 –18℃ 以下，冷藏柜温度控制在 0 ～ 5℃。

（9）注意陈列高度。陈列时，肉类勿堆积太高，因为重叠部分温度会升高，无法感受冷藏温度，从而影响肉类鲜度。

特别提示

　　冷库内储藏的肉类不要堆积过高，且不要紧贴墙面，须离墙面 5 厘米以维持冷风正常循环，否则会影响品质，冷库内要用货架放置肉类。

（10）检查肉类品质。生鲜员工无论在营业前、营业中、关店时均应检查肉类品质，及时处理不良品。

（11）减少污染源。要经常实施作业场所、个人、设备等卫生检查，以减少商品污染而带菌，避免肉类鲜度下降。

（12）生产日期与保质期控制。收货时要注意生产日期与保质期，特别是冻品、干货，超过保质期限 1/3 则不应收货。

（13）日进日出，天天新鲜。必要时肉类要降价清空，做到日进日出，以良好的商品流转保证肉类天天新鲜。

（14）滞销商品处理。滞销商品要及时处理，可按照图 4-18 所示的程序处理。

图4-18　滞销商品处理

5.水产品的保鲜方法

水产品鲜度管理的有效方法是"低温管理"，因为低温可缓和鲜鱼的酵素作用以及抑制细菌繁殖，具体如表4-5所示。

表4-5　水产品的保鲜方法

序号	保鲜方法	具体说明
1	敷冰	敷冰的处理方法如下： （1）为了避免影响鲜度，验收完货后，应立即将水产品运回冰台敷冰作业 （2）经常注意冰台上陈列的水产品是否有足够的覆冰，随时添加碎冰及喷洒足量冰盐水 （3）每晚营业结束时应将没有卖出的水产品装入塑料袋内再放入泡沫周转箱，泡沫周转箱的上下均应覆盖冰块来维持低温再送入冷藏库
2	冷藏	以冷藏库设备来低温保存水产品，冷藏库的正常温度为0℃，注意千万别让水产品裸露出来吹冷气
3	冷冻	以冷冻库设备来低温保存水产品，冷冻库的正常温度为–18℃以下

6.熟食的保鲜方法

熟食品与半成品、原料要分开存放，不要混合在一起，以免熟食品受到污染。商品进仓库后要标明日期，保证做到先进先出。

如今天到货商品先不要急于陈列，先到仓库检查一遍是否前一天还有剩余商品，若有，先把前一天的商品上排面，然后再陈列今天的商品。补货时也一样，先拿保质期较短的商品陈列，保质期长的延后再补，依此类推。

具体的保鲜方法如下：

（1）做好卖场清洁卫生，减少恶臭、腐烂细菌污染。

（2）凡进到卖场的商品应尽快做好低温储存。

（3）制作加工时应注意原料品是否过期、品质是否合格。

（4）原料在冷藏或冷冻储存时，应封盖好，避免因风化造成的鲜度降低。

（5）半成品或成品在冷藏时需用保鲜膜密封，以免商品风化、变味。

（6）加工剩余的原料物或成品需尽快放进冷藏或冷冻库储存。

（7）每日尽量将商品售完或叫卖出清，以推陈出新，保持商品的新鲜度。

（8）熟食（面包）冷藏温度正常情况为0～4℃，冷冻温度正常情况为–18℃。

特别提示

定时试吃所卖商品，检查有否变质、变味，以确保商品质量，正常情况下2～3小时检查一次。

▽

第四周　商品促销管理

促销是指对既有和潜在顾客，运用各种积极的方式，吸引他们并进而刺激其购买商品，以增进商场（超市）各类商品的销售。成功的促销可以增加商场（超市）的销售，提高自己的竞争力，给商场（超市）带来喜人的回报。

问题67：如何策划促销活动

促销活动是提升商品销量、吸引顾客流量的重要手段。促销活动策划就是提前规划好整个活动流程。商场（超市）要做好促销活动的策划工作，为促销活动的顺利完成做好准备。

1.明确促销主题

一个良好的促销主题往往会产生较大的震撼效果，因此应针对整个促销内容拟订具有吸引力的促销主题。促销主题的选择应把握两个字：一是"新"，促销内容、促销形式、促销口号要富有新意，这样才吸引人；二是"实"，简单明确，顾客能实实在在地得到更多的利益。

按促销主题来划分，促销活动可分为表4-6所示的四种。

表4-6　促销活动的类型

序号	活动类型	具体说明
1	开业促销活动	开业促销活动是促销活动中最重要的一种，因为它只有一次，而且与潜在顾客是第一次接触，顾客对商场（超市）的商品、价格、服务、气氛等印象将会影响其日后是否再度光临商场（超市）。因此经营者对开业促销活动都十分重视，希望能通过此次活动给顾客留下一个好的印象。一般开业当日的业绩可达平日业绩的5倍左右
2	年庆促销活动	年庆促销活动的重要性仅次于开业促销，因为每年只有一次。对此供应商通常都会给予较优惠的条件，以配合商场（超市）的促销活动。其促销业绩可达平日业绩的1.5～2倍
3	例行性促销活动	例行性促销一般是为了配合国定节日、民俗节日等举办的促销活动。通常而言，商场（超市）每月均会举办2～3次例行性活动，以吸引新顾客光临并提高老顾客的购买品项及金额，促销期间的业绩可比非促销期间提高20%～30%

序号	活动类型	具体说明
4	竞争性促销活动	竞争性促销活动往往发生在竞争店数量密集的地区。当竞争店采取特价促销活动或年庆促销活动时，一般均会推出竞争性促销活动以免营业额衰退

2.确定促销周期

无论是哪种促销主题，都要确定促销周期，以便对价格进行调整。节假日促销周期可以提前半个月或一周。

3.确定促销商品

商场（超市）要确定参与促销的商品类别，主要有如下两点需注意。

（1）节假日促销应选择节假日专供商品，如月饼、粽子等。

（2）提升销量促销和周期性促销要重点选择销量不佳的产品。

4.确定促销价格

商场（超市）要综合考虑各项因素，确定各商品的促销价格。确定价格时，商场（超市）要与供应商进行协商供货等事宜。

5.编制促销预算

编制促销预算要做好以下几项工作。

（1）综合考虑所有开支。

（2）确定各部门的具体预算。

6.编制策划方案

经过以上步骤，最终编制成策划方案，将促销的各项安排都记录进去，使促销活动按照方案要求逐步开展。

问题68：如何制定促销方案？

完备的促销活动方案，能够指导促销活动获得更大的收益。因此，商场（超市）在促销活动举办之前，要制定好促销活动方案，具体步骤如图4-19所示。

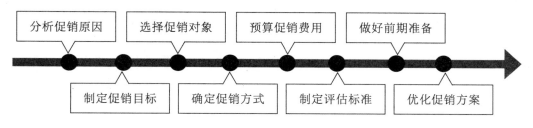

图4-19　制定促销方案的步骤

1.分析促销原因

促销原因一般包含：新品上市、老品退市，产品滞销、提升销量，赢得竞争主动权，提升品牌知名度，化危为机，公益活动等，具体如图4-20所示。

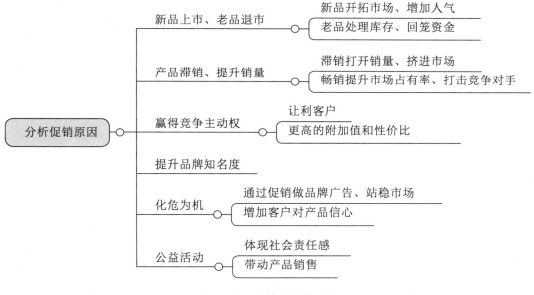

图4-20　促销原因的分析

2.制定促销目标

策划一个促销活动，一般可以从这几点来设定目标：销售量、回款额、铺货率、市场占有率、品牌认知度、品牌美誉度、顾客开发数和顾客满意度。

3.选择促销对象

促销对象从大范围来讲，可分为消费者、中间商和企业员工三方面。确定目标潜在客户，选择合适的促销对象，才能提高促销效果，具体如图4-21所示。

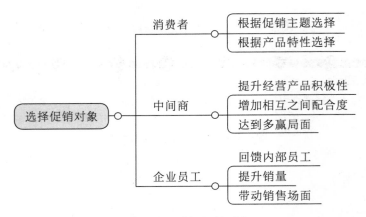

图4-21　选择促销对象

4.确定促销方式

确定促销方式主要包括促销形式的确定、促销规模的确定、促销时间的确定、促销地点的确定。

（1）促销的形式。促销形式主要有折扣、降价、赠送、返利、积分、抽奖、优惠券和试用样品等。

（2）促销的规模。比如是全国性的，还是区域性的；是面向所有的消费者，还是面向局部的、部分的消费者；是打算大量产品的促销，还是某个单品的促销；这次促销的目标要销多大规模的库存量等。做预案的时候，要心中有数。

（3）促销的时间。促销时间要考虑两方面，一是时机，二是周期。时机要把握准确，时机不好的话，促销活动不一定会有效果。一个促销活动的周期最好是在两个星期以内，不要超过两个星期。效果最明显的是第一周，第二周可能只有第一周的60%～70%的效果，第三周只能是第一周的30%～40%的效果，所以超过了第二周，这个意义就不大了。

（4）促销的地点。促销地点的确定也是非常关键的，这里既有渠道终端地点的说法，还有区域地点的说法，还有组织促销活动地点的说法。一定要让客户知道在哪里促销，海报要张贴出来，这很重要。

5.预算促销费用

促销费用的预算，要有前瞻性，有一定的弹性，并且有逐级的审批流程，具体如图4-22所示。

6.制定评估标准

促销活动方案从促销对象的参与度、方案的有效执行情况、促销效果的达成情况三方面来进行评估，具体如图4-23所示。

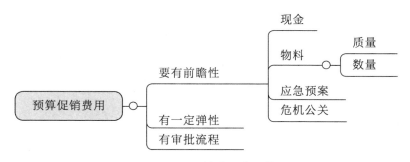

图4-22　促销费用的预算

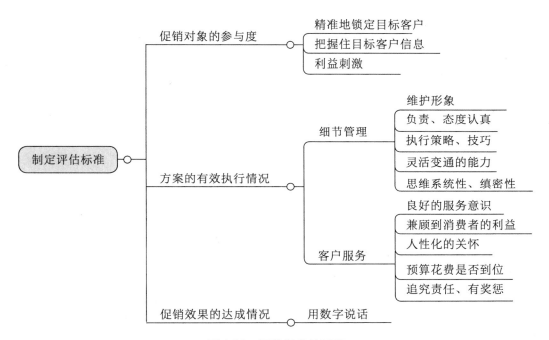

图4-23　评估标准的制定

7. 做好前期准备

前期的准备工作中，方案策划、人员安排、物料准备、库存保证、活动动员、活动试行等六个方面是一定要做的。

8. 优化促销方案

所有准备工作完成后，在执行过程当中，可能有需要调整变化的地方，要及时改进。在发现问题之后，改进之前要对整个促销活动方案做一个动态评估。

下面提供一份××商场开业促销方案的范本，供参考。

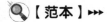【范本】▶▶▶ --

××商场开业促销方案

一、活动目的

（1）紧紧抓住本月销售高峰，通过一系列系统性的卖场内外布置宣传，给顾客耳目一新的感觉，充分营造良好购物气氛，提升本商场对外的整体形象。

（2）通过一系列企划活动，吸引客流，增加人气，直接提升销售业绩。

二、活动时间

12月5日～12月28日。

三、活动主题

为顾客送温暖、送健康。

四、活动宣传计划

（1）海报：根据本商场总体安排。

（2）电视：为期1个月，11月25日～12月25日××台插播，每晚7:30分播出30秒广告，共60次。

（3）场内外广告牌宣传。总体要求：活动公布一定要提前、准确无误，排版美观大方，主题突出。

（4）卖场气氛布置。总体要求：节日气氛隆重、浓厚、大气。

五、活动组织计划

分时间段对本次促销活动进行安排，具体如下。

（1）一重惊喜——购物积分送大米！（12月5日～12月11日）

市场分析：目前，积分卡是我们吸引顾客长期消费的一项有效促销措施，但随着竞争对手的进驻，对方可能会推出更优惠的让利手段，要稳定积分卡客户，势必要推出比竞争对手更为有利的政策，削减竞争对手的力量。

活动时间：每晚7:30开始。

活动内容：顾客是本商场的上帝，本商场的经营发展离不开顾客的支持，为了感谢对本商场长期支持而又忠实的顾客，本商场超值回报——凡于购物期间当日晚7:30以后凭积分卡一次性购物积分满100分送10斤米，积150分送15斤，积200分送20斤，积300分送30斤，积400分送40斤，积500分以上限送50斤。如此优惠，如此心动，还不赶快行动！凭积分卡和电脑小票（限当日7:30之后小票，金额不累计）到商场出口处领取，送完即止。

（2）二重惊喜——积分卡再次与您有约！（12月12日～12月18日）

活动分析：由于第一周活动的促销力度相当大，不仅会吸引积分卡顾客的消费，更会吸引无积分卡的顾客，那么，怎样满足这批无积分卡的顾客呢？唯一的办法是再次发行一批积分卡，从而再次扩大积分卡顾客，争取市场份额。

活动内容：狂欢购物节，积分卡再次与您有约！只要您在本商场购物满100元加2元即可获得积分卡一张，这张积分卡除享受以前约定的优惠外，在购物节期间享受更超值的优惠、更无限的回报。一卡在手，惊喜时时有！

备注：凭电脑小票（当日小票有效，金额不累计）到商场大宗购物处办理。

（3）三重惊喜——奶粉文化周（12月19日～12月25日）

活动内容：结合天气和饮食的特点，在此期间重点推出奶粉促销，组织3个厂家进行培训和保健宣传，如惠氏、美赞臣、雅培等，并要求每个厂家提供相应赠品进行赠送和促销，计700份，此期间提供10个奶粉惊喜特价。

（4）四重惊喜——狂欢购物节，加一元多一件！（12月25日）

活动内容：当日在本商场一次性购物满58元及以上者，均可凭购物小票加一元得一件超值礼品。

购物满58元加1元得钥匙扣一个（限量300个）。

购物满118元加1元得柚子一个（限量300个）。

购物满218元加1元得500毫升生抽一瓶（限量300瓶）。

问题69：如何布置促销现场？

现场布置是为了使展品突出，吸引目标客户，更重要的是将展品的特点和优势传达给目标观众。

1.选择展台位置

能够吸引顾客的目光是选择展台的首要原则。因此在进行促销活动时，布置产品展台应在如图4-24所示的三个位置。

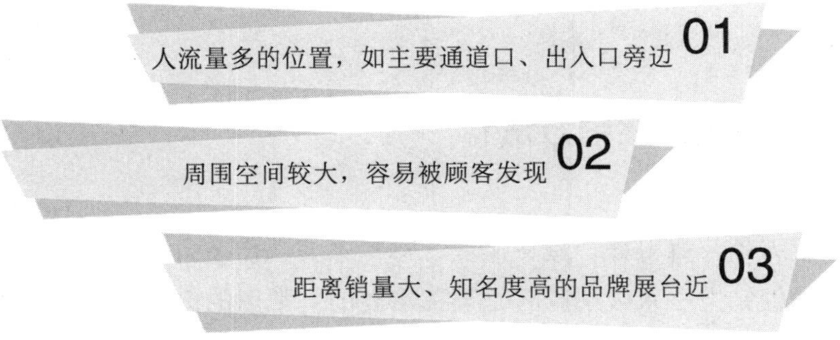

人流量多的位置，如主要通道口、出入口旁边　01

周围空间较大，容易被顾客发现　02

距离销量大、知名度高的品牌展台近　03

图4-24　展台位置的选择

2.装饰有个性的展台

对展台的装饰也是展台布置的重要方面。如果展台的位置不好，商场（超市）可通过对展台的个性装饰来弥补缺憾，以吸引顾客。装饰展台的方法，具体如图4-25所示。

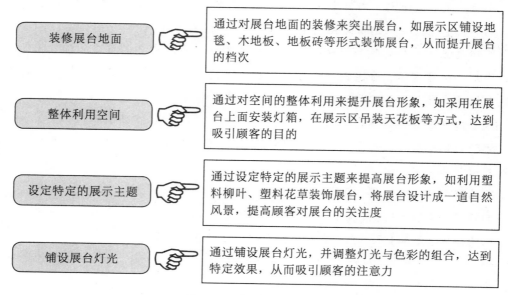

装修展台地面	通过对展台地面的装修来突出展台，如展示区铺设地毯、木地板、地板砖等形式装饰展台，从而提升展台的档次
整体利用空间	通过对空间的整体利用来提升展台形象，如采用在展台上面安装灯箱，在展示区吊装天花板等方式，达到吸引顾客的目的
设定特定的展示主题	通过设定特定的展示主题来提高展台形象，如利用塑料柳叶、塑料花草装饰展台，将展台设计成一道自然风景，提高顾客对展台的关注度
铺设展台灯光	通过铺设展台灯光，并调整灯光与色彩的组合，达到特定效果，从而吸引顾客的注意力

图4-25　装饰展台的方法

3.清洁展台

展台的洁净程度会影响顾客对品牌、商品的印象，因此将展台布置好之后，商场（超市）还要对展台进行清洁，做到整个展台整洁有序、明亮无污。

清洁展台工作，以下两项工作不可马虎。

（1）用抹布对展台的各个地方进行擦拭，保证没有灰尘、污渍。如背景墙、货架、工作台、橱窗玻璃等都要进行清洁，做到光亮如新。

（2）将展台中与产品展示、销售无关的物品整理后放置到适当位置，以保证展台的井然有序。

问题70：如何选择促销方法？

促销是把双刃剑，舞得好，威风凛凛，舞得不好，伤及自身。对于商场（超市）来说，用什么样的促销方法来吸引顾客是至关重要的。常用的促销方法主要有图4-26所示的几种。

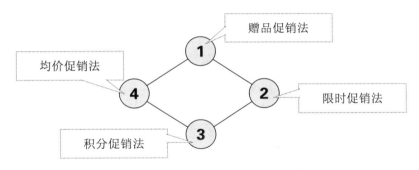

图4-26 常用的促销方法

1.赠品促销法

消费者在购买或消费时，心理上容易接受意外的收获，即使赠品毫无用处，消费者还是会带着"赚了"的感觉满意而归。

买空调赠微波炉、买西服送名牌衬衣、吃肯德基送玩具……时下随处可见的随购赠礼法正是利用这种心理来促销的，并且这种方法比竞相降价推销法要高明得多。特别是当消费者熟悉了商店倾销积压而采用打折宣传手法后，随购赠礼比降价更让消费者感到可信。赠品促销法的实施步骤如表4-7所示。

表4-7 赠品促销法的实施步骤

步骤	具体说明
明确受赠对象	只有明确受赠对象和范围，促销活动才是积极而有效的。逢人便送、见人就给，固然能造成一时的轰动效应，但不分青红皂白、不分对象地"大轰炸"，常常是钱花不到点子上，因为受赠者中极少是现在或将来的客户
初步选定买赠商品类别	商场（超市）要初步选定买赠商品的类别，用于"买"的商品一般是单价较高、毛利较高的商品，而赠品则是单价较低的商品，或者是由供应商单独提供的产品
赠品备货	（1）商场（超市）可以将一些单价很低的商品转为赠品，与单价高的商品捆绑销售，因此要提前备货 （2）如果由供应商提供赠品，则应与供应商协商具体的备货量，并在活动开始之前安排赠品的验收、入库
实施赠送	（1）挑选客流较大的时间开展活动，例如周六、周日、各重要节日等 （2）将免费赠送活动与社会公益活动恰当地结合起来，这样往往会收到较好的社会效益和经济效益

2.限时促销法

限时促销是指商场（超市）决定在一段较短的时间内对某些商品进行降价销售，以提升销量和销售额，过了时限则恢复原价。通过限时促销可以创造一种"现在不买，待会儿就没有了"的感觉，鼓励顾客立刻购买。限时促销法的实施步骤如表4-8所示。

表4-8　限时促销法的实施步骤

流程名称	详细解读
确定促销商品	适用于限时促销的商品一般包括： （1）库存较高，日常销量较低的商品 （2）单价较高的商品 （3）刚刚上市的新品
确定限时期限	限时促销的时间不应当过长，否则就失去了"限时"的价值，一般应在一天之内
申请与审批	促销工作人员要及时填写"限时促销折让申请单"，向上级申请促销价格的折让幅度，审批通过后才能正式实施促销
实施促销	（1）提前准备好商品存货 （2）设置限时促销专区，将商品摆放在专区中 （3）编写POP牌，悬挂于促销区域，让顾客看到
促销结束后处理	（1）限时促销结束后，要迅速将价格调整回原价 （2）撤销限时促销专区 （3）在服务台等区域张贴说明，告知顾客，限时促销已结束

3. 积分促销法

积分促销是商场（超市）开展促销的一种常用方法，例如，购物满100元积1分，每10分可兑换一瓶可乐，每100分可兑换一箱凉茶等，通过积分的方式促进顾客多购物。积分促销法的实施步骤如表4-9所示。

表4-9　积分促销法的实施步骤

步骤	具体说明
注册会员	积分促销一般针对商场（超市）的会员顾客，顾客要获取积分，首先要注册成为商场（超市）的会员，并由商场（超市）发放会员卡，所有积分记录在会员卡内
制定积分规则	（1）商场（超市）要提前制定积分规则，主要是确定消费多少钱可以积多少分、多少分兑换什么商品等 （2）积分兑换的商品应保持稳定，例如10个积分兑换一瓶250毫升的可口可乐，不能随意变换，以免使顾客认为积分的价值下降
记录	顾客每次通过会员卡结账后，系统应自动计算出相应积分，并添加到顾客账户中
积分兑换	（1）顾客需要用积分兑换商品时，服务台员工要按流程办理兑换手续 （2）兑换完毕后，从顾客账户中扣除相应数目的积分

4. 均价促销法

均价促销法是指将各种价格相近、具有一定相关性的商品统一设成同一价格，以促进销售。商场（超市）可以设置5元商品、10元商品，使顾客可以一并购买。均价促销法的实施步骤如表4-10所示。

表4-10　均价促销法的实施步骤

流程名称	详细解读
确定均价商品	均价商品必须具备以下特点： （1）价格相近的商品 （2）价格较低的商品 （3）具有相关性的日常用品
整理	将均价商品整理出来，放在一起
设置销售专区	（1）为均价商品设置专门的销售区域，并划分"1元区""5元区"等 （2）将准备好的商品按类别准确陈列在销售区域
补货	均价商品一般价格较低，销售很快，商场（超市）人员要做好补货工作
放回货架	均价促销结束后，要将商品按类别放回到原来的货架，继续正常销售

问题71：如何应用促销工具？

促销的目的就是要说服或吸引消费者购买其产品，以扩大销售量。而商场（超市）在进行促销时，借助相应的促销工具，更可以起到事半功倍的效果。常用的促销工具主要有图4-27所示的几种。

图4-27　常用的促销工具

1.优惠券促销

优惠券是商场（超市）进行促销时发放的，持券人在指定地点购买商品时可以享受折价或优惠。优惠券促销是商场（超市）促销活动时的一种常用工具。实施优惠券促销可以扭转销售局面、提升消费者兴趣、增加销售量等。

优惠券的制作设计主要包括优惠额度、文字设计、格式、功能几个方面。

（1）在确定优惠券的优惠额度时，要根据以下因素综合考虑：促销商品的种类和单品价格，促销商品在市场上的信誉和知名度，商场（超市）节假日的促销目标，目标市场上消费者的收入水平，竞争者产品的价格和促销策略。

（2）优惠券的文字设计主要包括以下内容：促销主题，优惠的额度、范围和时间期限，兑换的地点，具有说服力的介绍，发券店名、地址和咨询电话。

（3）在优惠券的格式方面，首先要求传达的信息准确明了，然后再考虑其艺术感。内容要求简单、清楚，字体大小要有所区别，优惠的金额或比例应用大号字，说明可用小号字，同时也应明显地注明有效日期。

（4）把有关商场（超市）及其商品的信息也印在券面上，可以起到宣传的作用。优惠券不论登载在何种媒体上，都要使顾客能方便、容易地使用，以提高优惠券的兑换率。

特别提示

优惠券派送可以采取线上限时领取、线下满额派送等方式进行。

2.样品赠送促销

实施样品赠送可以促使新产品顺利地打入市场，提高劣势地区的销售业绩，并且能对公司的形象进行公开宣传。

一般赠送样品的类别如下。

（1）单位价格低、消耗快、购买频率高，消费者没有明显的品牌偏好，适合样品赠送促销，如毛巾、肥皂、牙刷、牙膏等。

（2）价格不高、购买频率高，有特殊的节日含义，消费者对其有特殊要求，适合样品赠送促销。

（3）价格较高、使用时间长，不同顾客的需求差异很大，不适合样品赠送促销，如眼霜、隔离霜等化妆品。

3.返还促销

返还促销就是商场（超市）为了优惠顾客，将顾客购物所付出的款项部分退还给顾客。实施返还促销可以吸引顾客、回馈顾客、激励顾客继续购买。

根据顾客购买的商品的不同，返还促销可分为以下几种形式。

（1）单一商品的退费促销。这种方式主要适用于高价位的电器、保健品、食品、药品、日用品、美容用品等商品。

比如，许多商场（超市）和厂商合作采取旧家电折价方式。若冰箱的价格是3000元一台，旧冰箱厂家收购价为400元，这样消费者买新冰箱只需付2600元。这样，既买了新冰箱，又解决了旧冰箱的麻烦。

（2）重复购买同一商品的退费促销。这种方式的主要目的在于刺激顾客反复购买，从而建立品牌偏好，主要适用单位价值偏低的食品及生活便利品。

比如，某食品超市在暑期推出"冰冰凉凉过暑假"活动。他们根据消费者购买果汁饮料数量的不同，提供不一样的退费优惠，即买3罐退2元，买5罐退4元，买6罐退5元。

（3）多种商品的退费促销。这种方式主要适用于在活动期间凡购买不同的商品达若干种以上者，均可获得退费优惠。

比如，某超市购物满5种以上，即免费赠送物品中最低价格的商品。

（4）相关性商品的退费促销。这种方式主要适用于将相关性商品并在一起提供退费优惠，乳品和面包可相互搭配运用退费优惠在乳酪的促销上。另外，如巧克力饮品与鲜乳也可合并办退费，只要消费者买了巧克力饮料后，再去购买鲜乳时就可获退相应金额的优惠。

4.以旧换新促销

以旧换新促销主要是指以本商场（超市）的旧产品换本商场（超市）的新产品，并补齐差额。这种促销形式的主要目的是为了巩固和发展商场（超市）的新老顾客，建立顾客对品牌的忠诚度，联络与顾客的感情，本质上是对老顾客的一种回报。

实施以旧换新能有效地刺激顾客的购买欲望，有利于拓展新的市场、树立产品的品牌形象，扩大销售额等。

5.竞赛促销

常见的竞赛形式有：回答内容、征集广告语、征集作品、排出顺序、竞猜等。

（1）征集广告语。征集广告语是指商场（超市）需要制作广告语时，可以通过发布公告的形式，吸引客人参与，对提出优秀广告语的客人进行奖励或安排抽奖。

（2）竞猜。竞猜是一种常见的促销方式。通过竞猜激发客人的参与兴趣，商场（超市）对竞猜正确的客人进行奖励。

6.抽奖促销

抽奖包括标准抽奖、多次抽奖、启发式抽奖、配对游戏抽奖。抽奖促销的关键就是设计好奖品，奖品的设计包括奖品的价值、奖品的形式和奖品的结构。

7.量感陈列促销

量感陈列促销是指利用卖场的明显位置，大量陈列特定商品，以提高销售量的活动。此活动通常会配合商品折价同步实施，而且所选定的商品必须是周转快、知名度高、有相当降价空间的商品，这样才可充分达到促销效果。

8.现场演示促销

现场演示促销，即在商场（超市）销售现场，由厂家安排经销商对企业产品进行特殊的现场表演或示范，以及向顾客提供咨询服务。它是现今厂家十分青睐的一种促销方式。实施现场演示促销通常可以达到推广新产品、促进销售、提高该产品竞争力的目的。

现场演示促销的要点如下。

（1）现场演示的目的在于将产品的特点和性能真实、准确、直观地传达给消费者，通过刺激消费者的感官，激起消费者的购买兴趣。因此演示者的操作要熟练，要能充分地展示产品的优越性。

（2）现场演示要想吸引消费者的注意力，就必须具有一定的趣味性。

（3）加强互动才能激发顾客的兴趣，使顾客愿意花更多时间了解此产品，并购买此产品。

特别提示

适合现场演示促销的商品一般技术含量比较低，属于大众化消费品，有新型的使用功效或能立即显示产品的效果。

9.试吃促销

试吃促销是指现场提供免费样品，供消费者食用的活动，如免费试吃水果、香肠、水饺，免费试饮奶茶等。对于以供应食品为主的商场（超市）来说，举行试吃活动是提高特定商品销售量的有效方法。因为亲自食用和专业人员的介绍，会增加消费者购买的信心以及日后持续购买的意愿。

试吃促销的要点如下。

（1）安排举办试吃活动的供应商及试吃品种。通常供应商都愿意配合商场（超市）推广产品，故应事先将试吃活动的时间、品种及做法进行安排并告诉供应商。

（2）安排适合举办试吃活动的卖场地点，注意不要占用现场过多空间。

（3）供应商必须根据卖场规定的营业时间举办试吃活动，并自行选择适当的人员、器具，以更好地为顾客服务。商场（超市）要做好监督工作，防止不规范情况的发生。

问题72：如何评估促销活动？

促销活动结束后，还有一项十分重要的工作，那就是对促销活动的评估。通过评估每次促销活动的效果，总结促销活动成功或失败的原因，积累经验，对于日后的发展是非常有利的。

1.促销效果的评估

促销效果评估的流程如图4-28所示。促销效果评估应使用"促销活动成果评估表""促销效果评估表""假日促销效果评估表"等。

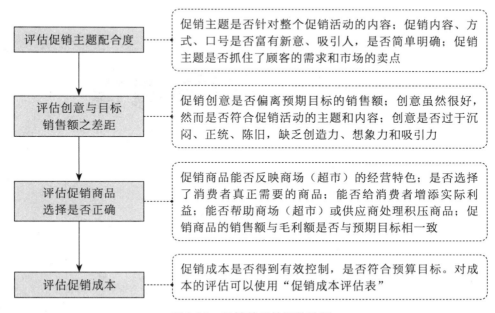

评估促销主题配合度 ┈┈ 促销主题是否针对整个促销活动的内容；促销内容、方式、口号是否富有新意、吸引人，是否简单明确；促销主题是否抓住了顾客的需求和市场的卖点

评估创意与目标销售额之差距 ┈┈ 促销创意是否偏离预期目标的销售额；创意虽然很好，然而是否符合促销活动的主题和内容；创意是否过于沉闷、正统、陈旧，缺乏创造力、想象力和吸引力

评估促销商品选择是否正确 ┈┈ 促销商品能否反映商场（超市）的经营特色；是否选择了消费者真正需要的商品；能否给消费者增添实际利益；能否帮助商场（超市）或供应商处理积压商品；促销商品的销售额与毛利额是否与预期目标相一致

评估促销成本 ┈┈ 促销成本是否得到有效控制，是否符合预算目标。对成本的评估可以使用"促销成本评估表"

图4-28　促销效果的评估流程

2.促销活动经验总结

促销评估工作结束后，商场（超市）还要进行促销活动经验总结，为下次促销做好准备。

（1）促销活动中，商场（超市）采取的各类措施、方法可能很多，有些能够大幅度提高销量，有些却没有帮助，甚至影响销量。商场（超市）要首先总结对商品销售有极大促进作用的措施、方法，以便在后续活动中进一步完善，促进销售。

（2）总结促销活动中出现了哪些差错，并仔细分析差错出现的原因。

（3）对促销差错进行分析后，要提出改善措施，以便用在下一次促销活动中。

（4）总结工作应做好记录，将各项内容记录在"促销效果与经验总结表"中。

第五个月

卖场安全与防损管理

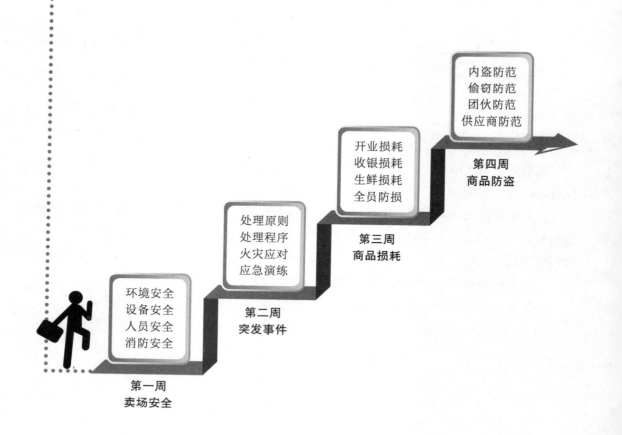

第一周
卖场安全

环境安全
设备安全
人员安全
消防安全

第二周
突发事件

处理原则
处理程序
火灾应对
应急演练

第三周
商品损耗

开业损耗
收银损耗
生鲜损耗
全员防损

第四周
商品防盗

内盗防范
偷窃防范
团伙防范
供应商防范

第一周　卖场安全管理

卖场安全是指商场（超市）本身以及来场顾客、本场员工的人身和财物在商场（超市）范围内不受侵害，商场（超市）内部的生活秩序、工作秩序、公共场所秩序等保持良好的状态。加强卖场安全管理，能确保消费者购物的安全，并为员工提供安全的工作环境，减少商场（超市）的财产损失。

问题73：如何确保购物环境的安全？

商场（超市）要树立以人为本的理念，遵循便捷、舒适、美观、卫生、安全的基本原则，结合商品结构、经营方式和消费群体的不同情况，通过购物环境的改进和提升，创造适宜消费的人文环境和氛围。

1.环境安全的体现

商场（超市）购物环境的安全体现在其舒适性上，可以细化为图5-1所示的几个方面。

- 灯光明亮程度与柔和程度
- 装饰风格新颖与艺术性
- 主色调的明快程度
- 地砖的颜色、块形与出售商品的搭配程度
- 货架的艺术造型与便利性

- 商品陈列的风格以及与周围环境的匹配程度
- 顾客休息座椅的设置
- 顾客购买饮料的便利程度
- 上下电梯或楼梯的宽松程度
- 大类商品明显程度
- 卖场温度适宜程度
- 工作人员的服务态度

图5-1　购物环境的安全性体现

2.环境安全的管理

购物环境的安全与否对人员安全管理有极大的影响，如果管理得很好，员工和顾客的安全就有了一个良好的保证。

（1）溢出物管理。溢出物一般是指地面上的液体物质。如污水、饮料、黏稠液体等。溢出物无论在卖场的任何地方，都必须立即清除。

卖场销售区域的溢出物处理程序如图5-2所示。

任何员工在发现溢出物时，都有责任进行处理，首先守住区域，请求帮助

守住溢出物后，不要让顾客和其他人员经过这一区域，及时用正确的方法进行处理

清理完毕后，如地面未干，请放置"小心地滑"的警示牌

图5-2　溢出物处理程序

特别提示

　　如溢出物属于危险化学品或专业用剂，必须用正确的方式予以清除，必要时需要专业人员的帮助。溢出物管理是为避免不必要的滑倒和人身伤害。

（2）垃圾管理。垃圾是指地面上的货物、废弃物。卖场的垃圾主要指纸皮、废纸、塑料袋等，垃圾管理要求如图5-3所示。

要求一	垃圾无论在商场的任何地方，都必须立即清除
要求二	对于卖场的垃圾，任何员工都有责任将一块纸皮、一张纸屑或一小段绳子拾起，放入垃圾桶内。垃圾正确处理是为了保持干净的购物环境，减少不安全的因素
要求三	非操作区域的垃圾管理遵循相应的指示规定

图5-3　卖场垃圾管理要求

（3）障碍物管理。障碍物指与购物无关、阻碍购物或存放不当的物品。如在消防通道的梯子、销售区域的叉车甚至散落在通道上的卡板、商品等，都是障碍物。

障碍物正确处理可以消除各种危险、不安全的因素，使物品摆放在应有的区域而不脱离员工的控管范围。

（4）商品安全管理。它主要是指商品陈列的安全，不仅指商品是否会倒、掉落等，也包括价格的标识牌是否安全可靠。货架的陈列用一定的陈列设备进行防护，堆头陈列的高度有一定的限制和堆积技巧，必须使其稳固。货架的商品库存存放必须符合安全标准。

问题74：如何确保卖场设备设施的安全？

设备设施安全管理不仅对员工重要，而且对顾客也很重要。商场（超市）卖场常用的设备有货架、购物车/筐、叉车、卡板等。

1.货架安全

在商场（超市）中，必须注意货架不能过高，摆放要平稳，位置要适当，不能有突出的棱角，以免对顾客或员工造成伤害，同时货架上的商品应堆放整齐，不能过高。

2.购物车安全

商场（超市）应经常检查购物车/篮是否被损坏，比如断裂、少轮子等；是否存在伤人的毛刺；购物车是否被顾客推离停车场的范围；购物车是否零散地放在停车场内。

3.叉车安全

对卖场内叉车，可按以下要求进行管理。

（1）使用手动叉车前，必须经过培训。

（2）叉车必须完全进入卡板下面，将货物叉起，保持货物的平稳。

（3）叉车在使用时，必须注意通道及环境，不能撞及他人、商品和货架。

（4）叉车只能一人操作。

（5）叉车空载时，不能载人或在滑坡上自由下滑。

（6）叉车不用时，必须处于最低的状态，且存放在规定的地方。

（7）叉车的载重不能超过极限。

（8）损坏的叉车必须维修或报废，不得使用。

4.托板/卡板安全

对卖场内的托板/卡板，可按以下要求进行管理。

（1）已经断裂或霉变的卡板要停止使用。

（2）搬运木制的卡板时，请戴好防护手套。

（3）不要在积水多的部门使用木制卡板，如生鲜部门的操作区域或冷冻、冷藏库内。

（4）空卡板不能竖放，只能平放和平着叠放。

（5）空卡板必须及时收回到固定的区域，严禁占用通道、销售区域及超市的各出口。

5.卖场设施的安全管理

顾客在选购商品时，不安全的卖场设施也会给顾客造成伤害，因此，需要特别注意图5-4所示的事项。

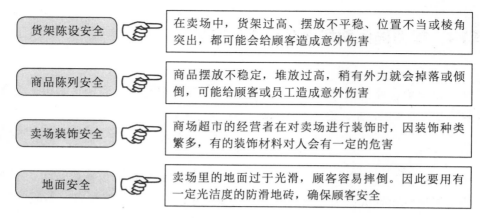

图5-4 卖场设施安全管理注意事项

问题75：如何确保卖场人员的安全？

商场超市经营管理者应把人员安全管理放在相当重要的位置，安全压倒一切。人员安全管理应包括员工与顾客两方面，为员工创造舒适的工作环境，为顾客营造一个安全优美的购物环境。

1.员工安全管理

员工安全管理的主要内容如图5-5所示。

图5-5 员工安全管理的内容

2.顾客安全管理

顾客安全管理一般是指顾客在卖场购物时应防止顾客摔伤、挤伤及顾客间争斗等，具体包括如下内容。

（1）儿童不可坐在购物车上，是否有广播提醒顾客该行为有危险隐患。

（2）儿童在玩耍时是否无人照顾。

（3）顾客在选购商品时，因不慎损坏商品而引发不安全因素。

（4）开业或节假日，是否因顾客哄抢引发不安全因素。

（5）特价商品的促销，是否会导致顾客哄抢而引发不安全因素。

（6）顾客之间的矛盾导致在超市购物中相互伤害而引发不安全因素。

（7）展示商品时，电、水的使用是否安全。

（8）商品展示完毕后，电源是否关闭，带有危险的器具是否收回。

（9）商品展示台是否过大，进而导致通道过窄，引起拥挤。

问题76：如何做好消防安全管理？

消防管理是指防止火灾、水灾以及灭火和其他灾情处理等。卖场的消防安全管理方针应是"预防为主，防消结合""以防为主，以消为辅"，重点抓好防火及灭火工作。

1.完善卖场的门店消防系统

门店消防系统主要有五大部分，如图5-6所示。

消防标识 —— 一般为国家统一标识，如"禁止吸烟""危险品""紧急出口"等，这些标识必须让员工熟记

消防通道 —— 建筑物在设计时留出的供消防、逃生用的通道。通道应保证通畅、干净、不堆放杂物，同时要让员工熟悉离自己最近的通道

紧急出口 —— 紧急出口是指门店发生火灾或意外事故时，需要紧急疏散人员以最快时间离开商场而使用的出口。紧急出口同样必须保持通畅，不能锁死，平时也不能使用

消防设施 —— 消防设施是用于防火排烟、灭火及火灾报警的所有设备。门店主要的消防设施有：火灾报警器、烟感/温感系统、喷淋系统、消火栓、灭火器、防火卷闸门、内部火警电话、监控中心、紧急照明、火警广播

疏散指引图 —— 疏散指引图是门店各个楼层紧急通道、紧急出口和疏散方向的标识图。它给顾客及员工提供逃生的方向，必须悬挂在商场明显的位置

图5-6 门店消防系统的组成

2.建立消防组织

建立消防安全管理组织是实施消防安全管理的必要条件，消防安全管理的任务和职能必须由一定形式的组织机构来完成。一般商场（超市）的消防安全领导机构，是防火安全委员会或防火安全领导小组。企业的法人代表或主要负责人应对企业的消防安全工作负完全责任。规模较大的商场（超市）可设置如图5-7所示的防火安全委员会，规模较小的可设置防火领导小组。

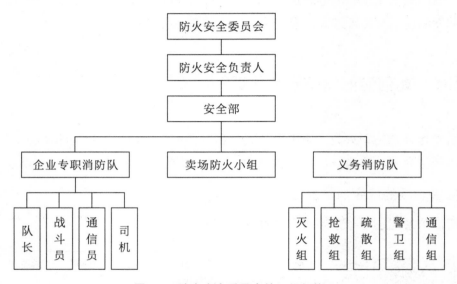

图5-7　防火安全委员会的组织架构

卖场也可设置如图5-8所示的防火安全领导小组。班组应设兼职安全员，协助班组长履行防火安全职责。

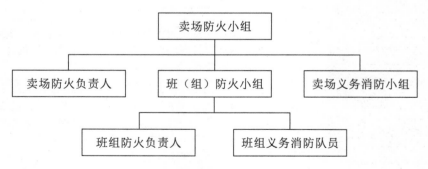

图5-8　卖场防火安全领导小组

3.加强明火管理

卖场的顾客流量大，其中不乏吸烟者，随意乱扔烟头往往会造成火灾。因此，卖场应加强明火管理，具体措施如图5-9所示。

措施一	禁止吸烟。在卖场入口处就应该设置一块禁止吸烟的标志牌
措施二	卖场在设备安装、检修及柜台改造过程中，营业区与装修区之间应进行防火分隔
措施三	动用电气焊切割作业时，应在动火作业前，履行用火审批手续，且现场必须有人监管，预先准备好灭火器，随时做好灭火的准备

图5-9　加强明火管理的措施

4.加强易燃品管理

卖场经营的商品，有部分是属于易燃易爆品。对这些商品要加强管理，要求如图5-10所示。

1	指甲油、打字纸以及护发品等易燃危险品，数量应控制在两日的销售量以内，同时要防止日光直射，与其他高温电热器具隔开，妥善进行保管
2	地下门店严禁经营销售烟花爆竹、发令枪纸、汽油、煤油、酒精、油漆等易燃商品
3	在钟表、照相机修理等作业中，使用酒精、汽油等易燃液体清洗零件时，现场禁止明火

图5-10　加强易燃品管理的要求

5.加强全员消防教育

防火工作人人有责，卖场是人员众多的公共场所，要做好防火工作，必须依靠全体员工，因此要不断增强员工的消防意识，提高员工的消防知识，具体措施如图5-11所示。

1	分析大量的火灾资料使人们明白，火灾的发生都是由于违反规定，不懂灭火知识所导致的，因此卖场每年都必须结合业务特点、季节变化，把防火教育作为重点，同时教会员工学会报警，使用灭火器、室内消火栓，扑灭初期火灾的本领
2	有条件的可讲解燃烧原理、燃烧三要素，与业务工作相关的防火知识和发生火灾后的处置方法等，使全体员工懂得防火、灭火的常识
3	卖场还可以利用广播、标语等媒介向每位员工和门店内顾客宣传消防知识和防火基本常识

图5-11　加强全员消防教育的措施

169

6.加强消防设施、器材的管理

消防设施与器材是卖场员工与顾客人身安全的重要保证，其管理目的是必须保证性能灵敏可靠，运行良好，管理要点如图5-12所示。

要点一	卖场中所有的消防设施、灭火器材必须建立登记档案，包括它们的分布图，安全部、工程部各留档案备案
要点二	保安部全权负责门店所属的消防报警设施、灭火器材的管理，负责定期检查、试验和维护修理，以确保性能良好
要点三	消防器材应在每月及重大节日庆典之前进行全面检查，包括消火栓、灭火器等设备应进行特别检查和试喷，并签字确认
要点四	卖场各部门义务消防员应对本区所辖的消防器材进行管理及定期维护，发现问题及时上报
要点五	非专业人员不得私自挪用消防器材
要点六	消防器材放置的区域不能随意挪动，或改作商品促销区域
要点七	消防器材，特别是灭火器，必须按使用说明进行维护，包括对环境的特殊要求和放置的特殊要求
要点八	做好消防设备的检查

图5-12　消防设施、器材的管理要点

 相关链接

消防设备应检查什么

对于商场（超市）来说，消防设备的检查应包括以下内容。

（1）室外消火栓试放水压是否合乎标准。

（2）消火栓开关是否维护良好。

（3）水带箱内装备是否齐全。

（4）消防水带是否保持干净正常。

（5）消防设备是否有明显标示，并容易取用。

（6）消防器材室是否不易被火灾波及。

（7）消防器材室是否离可能的失火场所太远。

（8）火警报警器是否正常。

（9）车辆是否按规定备有消防器材。

（10）消防器材是否失效。

（11）灭火器检查卡检查记录是否保持良好。

（12）灭火器是否在指定地点挂置。

（13）消防器材周围是否有阻碍物堵塞。

问题77：如何做好节假日安全管理？

商场（超市）人员密集，确保顾客人身安全是头等大事。特别是节假日期间，卖场促销活动多，人员聚集度高，安全隐患和意外事故风险较大，更应加强安全管理。

下面提供一份××商场春节期间安保方案的范本，仅供参考。

【范本】▶▶▶

××商场春节期间安保方案

为了确保春节期间商场的运营安全，明确职责，落实任务，根据节日期间安全工作会议精神及要求，制定了以下具体工作方案。

一、指导思想

以节日期间安全工作会议精神为指针，深入贯彻落实××市关于节日安全工作的整体部署，结合本商场实际，坚持统一领导，全方位行动起来，最大限度地减少不安全、不稳定因素，为确保"平安节日"和构建平安商场创造良好运营环境。

二、组织领导

成立节日安保工作领导小组。

组长：×××。

组员：×××、×××、×××。

办公地点：设在×××，负责节日安保工作的组织协调、综合指导等事宜。

电话：×××××××××××。

三、主要任务

1.加强领导，进一步落实安全责任

各营拓中心、部门和商场下属单位要充分认识做好节日期间安全经营工作的重要性和必要性，坚决克服麻痹松懈思想，时刻把安全经营工作摆在首要位置，切实抓紧抓好。要认真分析当前安全经营形势和特点，紧密结合各商场实际情况，加强领导、周密部署、精心组织，切实保障商场员工生命财产安全，确保节日期间促销活动及经营安全。

各营拓中心、部门和商场下属单位的主要负责人要切实担负起安全经营责任，加强对各中心、部门、商场、项目安全经营管理工作的督促检查，确保各项工作措施落实到位。

2.强化措施，全面排查安全隐患

各营拓中心、部门和商场下属单位要切实加强安全管理工作，在节前集中开展安全隐患排查和整改治理行动，要对前一阶段安全大检查中排查出的隐患进行"回头看"，深入发现工作中存在的问题，有效防范和坚决遏制事故发生。要结合实际，针对商场安全经营管理中存在的突出问题和薄弱环节，开展全面、彻底的排查，如可能存在隐患的外墙砖、外墙广告的框架以及自动扶梯周边的围挡玻璃坠落的风险，能立即整改的要立即整改，不能立即整改的，要限期整改，落实责任、资金、整改措施，并加强监控，确保万无一失。

3.加强值守，严格落实值班制度

各营拓中心、部门和商场下属单位要高度重视节日期间的应急值守工作，严格执行24小时值班和领导干部带班制度，严禁擅离职守，遇有突发事件，要及时妥善处置。确保信息及时准确上报，坚决防止迟报、漏报、瞒报。

4.突出重点，安全管控

各营拓中心、各商场要重视中秋国庆的防火、防盗、防事故工作，保障商场节日活动现场及公共区域的治安安全，对商场内外场各个部位进行全面检查，严格落实预案措施，消除隐患，确保安全。

（1）防火检查包括动火、用电有无违章，安全出口、疏散通道是否畅通，安全疏散标志、应急照明是否完好，消防设备设施是否正常运行，消防重点部位人员是否在岗等情况。

（2）商场促销活动现场及公共区域安全要严格制定预案，充分考虑到可能发生各类问题，加强人流疏导，维护现场秩序，落实安全保障措施。

（3）确保商场的玻璃门、玻璃护栏、玻璃平台、自动扶梯玻璃、观光电梯玻璃的规范使用，安排员工做好人流疏导工作，避免发生事故，以保障商场节日期间营销活动成功进行。

（4）关注近期台风影响以及做好可能发生的自然灾害天气的防御工作。

请各营拓中心物管负责人，监督好各自区域商场落实，并把各自管理区域商场上报的安全大检查记录（内容包括但不限于计划、时间、措施、检查项目、检查结果、整改计划、预案及节日期间值班人员名单、24小时值班电话）汇总后于×月××日前上报运营中心。

第二周　突发事件管理

商场（超市）除正常的营运作业之外，突发事件时有发生，其危害程度是不可估量的。因此为减少和降低财产的损失和人员的伤亡，迅速、有效地处理紧急事件，进行抢救作业，商场（超市）需做好突发事件的应急处理。

问题78：突发事件的处理原则是什么？

突发事件是指突然发生，造成或者可能造成严重社会危害，需要采取应急处置措施予以应对的自然灾害、事故灾难、公共卫生事件和社会安全事件。

在处理突发事件过程中，措施得力、方法正确则事半功倍。对于商场（超市）来说，在有效处理突发事件过程中必须坚持图5-13所示的原则。

原则一 ▷ **预防为主，计划为先**

做好日常安全方面的工作，消灭隐患，减少紧急事件的发生。如保持地面无水渍，就可以减少顾客滑倒摔伤而发生的意外事件

原则二 ▷ **处理迅速、准确、有序、有重点**

发生紧急事件后，首先保持镇静，有序组织事件的处理，安排工作要责任分明，反馈迅速，一切行动听从指挥，随时调整策略以应付情况的变化

原则三 ▷ **以人为先，减少伤亡，降低损失**

人的生命是最珍贵的，因此所有救援的重点是保全和抢救人的生命，其次才是财物损失的减少

图5-13　突发事件的处理原则

问题79：突发事件的处理程序是什么？

为了规范处理突发事件的程序，提高对突发事件的应急处理能力，维护商场（超市）的正常运转，需优化突发事件的管理流程。

1.一般处理程序

突发事件的一般处理程序如图5-14所示。

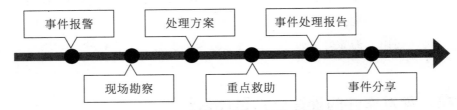

图5-14　突发事件的一般处理程序

（1）事件报警：当发生紧急事件时，所有人员都可以通过商场内报警电话向安保部报警，或及时汇报给管理层。

（2）现场勘察：接到报警后，安保部及有关人员第一时间赶到现场，迅速了解事态的现状和发生原因。

（3）处理方案：确定处理方案，组织人员分头进行抢救工作。

（4）重点救助：针对不同的紧急事件和现场情况，决定救助的重点。

（5）事件处理报告：事件处理完毕后，安保部做分析报告，详细分析事故发生的原因，记录具体处理的过程和结果，并备案。属于营运工作不完善的因素，应在日后的工作中进行整改和注意。

（6）事件分享：将事件通过会议、板报、通知等多种形式，同全体店员进行分享，并就如何减少事件的发生等进行讨论。

2.紧急疏散程序

当发生火灾、爆炸、气体中毒等事件时，需要紧急进行人员疏散，其疏散程序如图5-15所示。

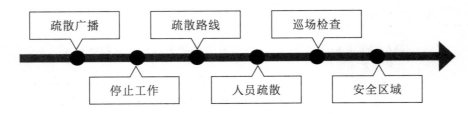

图5-15　突发事件的紧急疏散程序

（1）疏散广播：疏散广播必须在总经理批准的情况下，进行播放。所有员工在安全培训中，必须知道什么是疏散广播，听到广播后的正确行动是什么。

（2）停止工作：所有员工停止正在进行的所有工作，特别是操作设备的人员，首先要关闭电源。

（3）疏散路线：管理人员立即对现场进行控制，确定疏散路线，并立即通知广播人员进行疏散路线的广播，与顾客、员工进行有效沟通，便于现场人员清楚如何撤离现场。

（4）人员疏散：立即按商场紧急疏散图的指示，通过安全通道、安全出口、紧急出口，离开现场。管理层要对疏散人员进行现场有序的组织，以免过度紧张和惊慌造成过度的拥挤而发生事故。疏散时注意安全第一，避开电器设施，不用电梯，有浓烟时应爬行离开现场等。

（5）巡场检查：当所有人员都撤离后，如允许，负责疏散的人员必须对商场进行检查，查看有无尚未疏散的人员或需要救助的人员，确保所有人员均已疏散。

（6）安全区域：疏散后人员集中在安全区域，等候命令。

问题80：如何应对火灾？

商场（超市）内发生火灾，有一般火灾和重大火灾之分。根据商场内的实际情况，暂订三种火警级别，具体如图5-16所示。

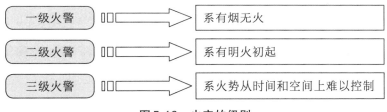

图5-16 火灾的级别

安保部接到报警后，根据现场情况判断火警的级别，进行相应处理。

1.火警的报告

商场（超市）中的任何工作人员发现火情，都可以向安全部控制中心报警，具体要求如图5-17所示。

拨打商场（超市）安全部的内部紧急电话或报警电话，如附近无电话、对讲机等通信设备，应迅速到就近的消火栓处，按动消火栓里的红色手动报警器向控制中心报警　要求一

要求二　报警时应说明发生火灾的准确区域和时间，燃烧的物质、火势大小，报警人的姓名、身份以及是否有人员受伤等

图5-17 报告火警的要求

2.火警的确认

控制中心接到消防报警信号后，立即确认报警区域，派两名安全员迅速赶到现场，迅速对火警的级别进行确认，具体要求如图5-18所示。

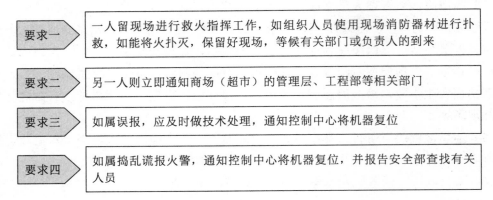

图5-18　确认火警的要求

3.火警的上报

火警的上报要求如图5-19所示。

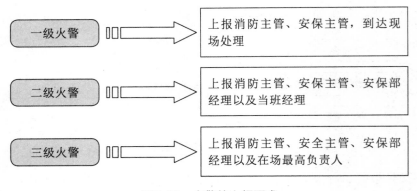

图5-19　火警的上报要求

4.灭火程序

火灾经过安保员现场评估确定报警级别后，按一般火灾（一级、二级）和重大火灾采取不同的灭火程序。

一般火灾由安保部组织现场人员，用就近的消防器材进行灭火。火灾扑灭后，安保部要负责保护现场不被破坏，并拍摄照片存取证据，迅速查访知情人，查找火灾起因，进行火灾的初报和续报。

重大火灾的灭火程序如图5-20所示。

第一步	在通知总经理后，立即拨打119报警电话
第二步	编制小组内人员听到消防警报后，应迅速赶到安保部，立即按紧急事件处理小组的要求，确定行动方案，快速行动，各司其职
第三步	全商场的各个部门，在完成各自的职责后，服从处理小组的统一指挥和调配，协同配合，进行灭火、疏散、救助工作
第四步	安保部应迅速启动自动喷淋灭火系统，关闭非紧急照明和空调，开启排烟风机，疏通所有安全门和消防通道，启动火警广播，组织人员有秩序地进行人员疏散、灭火、财产抢救、伤员救助等工作
第五步	系统第二次报警后，安保部人员守住门口，人员一律不准进入火灾现场，除非有消防人员的许可
第六步	安保部指派人员维持商场周围广场的秩序和道路通畅，到指定地点引导消防队车辆的进入
第七步	工程部赶赴现场进行工程抢险，对配电房、中心机房、消防泵房等重点部位，实行监控并采取必要的措施
第八步	人员疏散应由指挥中心统一指挥，管理层员工要协助维持秩序，疏散顾客安全撤离到安全区域
第九步	现金室和收银负责人立即携带现金、支票撤离到安全区域，尽量避免财产的损失
第十步	电脑中心人员要保护重要文件、软件、设备，迅速撤离到安全区域
第十一步	综合服务部等后勤人员备好车辆供抢险小组用，有条件的将毯子、枕头等救护物品准备好，供抢救伤员用

图5-20　重大火灾的灭火程序

特别提示

　　火灾扑灭后，安保部要检讨消防系统的运行情况，迅速查访知情人，查找火灾起因。工程部协助从技术角度查找火灾起因，通过对机器、数据、资料进行收集分析。由消防安全调查人员撰写正式报告，并根据财产和人员的伤亡情况，计算损失，迅速与保险公司进行联系，商讨有关赔偿事宜。

问题81：如何做好突发事件的应急演练？

　　商场（超市）要经常进行应急演练，如消防应急演练、盗窃应急演练等。只有不断进行演练，使员工们熟练掌握处理流程和办法，才能在突发事件发生时有条不紊地开展工作。突发事件应急演练流程如图5-21所示。

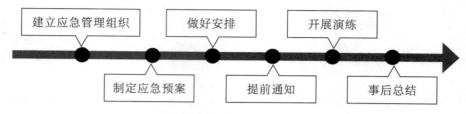

图5-21　突发事件应急演练流程

1.建立应急管理组织

商场（超市）应当建立应急管理组织，一般由总经理或店长担任总负责人，各部门经理、主管协助总经理进行应急处理。

2.制定应急预案

实施应急处理要先制定应急预案，对应急演练的各项事宜、具体规定、奖惩规定、注意事项等提前进行规范。

下面提供一份××商场突发事件应急预案的范本，仅供参考。

【范本】▸▸▸ --

××商场突发事件应急预案

一、编制的目的

为加强我公司商场突发事件应急管理工作，预防和杜绝突发事件的发生，保障商场及购物群众的安全，根据国家和省有关法律法规规定，本着"预防为主，防范结合"的原则，结合商场实际情况，特制定本预案。

二、危险性分析

1.商场概况

超市主要经营烟酒、副食品、百货、文化用品、针织品、土特产、冷饮、家具、家用电器、五金、电脑耗材、服装鞋帽、水果、蔬菜、冷鲜、水产等商品的批发零售及配送。

2.危险性分析

综合性商业零售企业，其内部结构比较复杂，营业面积大，经营的商品范围广，收银台及贵重商品多，并且有大量的照明、用电设备，安全工作是商场的重中之重。另外，商场也是人员密集场所，一旦发生突发事件，人员的疏散工作十分重要，因此，建立人员应急快速疏散程序非常必要。

三、突发事件的预防

1.员工在日常工作及生活中应加强消防、防盗等安全意识，遵循"安全第一"的原则，确保人身及财产的安全。

2.具备一般灭火尝试和简单的避险、救护常识。

3.工作中按照要求使用商场设备设施、工具，严禁危险作业。

4.严禁用湿毛巾擦拭带电设备，切忌将水渗入机身。

5.电脑使用人员应当定期检查系统的运行状况，对可能造成影响系统运行的情况及时通知电脑部处理。

6.定期检查各主要功能系统（如供电、供水、空调、电梯等）的运行状况及各类设施设备的使用状况，做好日常保养，及时消除隐患。

7.物品摆放严禁堵塞消防通道，挡住消防器材、电闸和红外监控器，物品与照明灯、电闸、开关之间距离不少于50厘米。

8.负责管辖的物品要小心看护，人离开时要锁入柜内或与他人做好交接工作，严防被盗。

9.雨季要经常留意有关气象信息，做好台风、暴雨的抢险防护工作。

10.接到停电通知，要做好备用电的切换准备工作。启动备用电源首先保证电脑、收银机、冻柜等关键部位用电。

11.保管好公司及个人财物，现金应安全存放或携带。

12.注意人身安全，外出时要尽量避开偏僻路径，不要随身携带大量现金或贵重物品。

四、突发事件的处理

1.停电

（1）应迅速查明停电原因，并及时采取措施。

（2）非因工作需要各岗员工不得离开岗位。

（3）如有换电等事先可掌握停电消息的，动力工程部应事先通知现场管理人员。

（4）需要利用广播通知时，应由商场经理直接与广播室联系。

（5）停电期间保安部、营业部、电脑部、广播室与动力工程部应保持密切联系，及时做出部署，保证商场内的秩序及顾客和商品的安全。

（6）非营业时间停电要确保商场冻柜及正常值班所必需的电量。

2.电脑故障

（1）当电脑出现非正常停机时，使用人应立即通知电脑部人员到场查明原因并采取措施恢复运行。

（2）商场全部电脑均出现非正常停机现象，收银主管要立即向商场经理、公司领导汇报。如5分钟内电脑仍不能恢复正常，商场经理应通知广播室，通过广播稳定顾客情绪。

（3）保安部负责维持收银台秩序，并防止商品从收银口流失。

（4）事故发生地最高职务者担任现场指挥员。

3.火警

（1）立即通知保安部或附近的保安员。

（2）保安主管视情况确定是否报警，并指挥保安员进入各指定位置。

（3）保安主管通知广播室，用广播安定人心并疏散人流。

（4）员工协助指引就近人员从各安全通道疏散。

（5）迅速查明起火原因，视不同情况采取相应措施。

（6）保安主管担任现场指挥员。

4.台风、暴雨

（1）员工尽量避免外出，公司车辆停放在安全地点。

（2）值班负责人定时对本商场进行巡查。

（3）发现险情或商品、设施遭到破坏时，应立即通知本部门负责人。

（4）抢险工作应本着"紧急避险"的原则，首先保证人身安全，抢救物资应救重避轻，尽量减少损失。

（5）事故发生地职务最高者担任现场指挥员。

5.暴力事件

（1）公司内发生打架、抢劫、哄抢财物时要立即通知主管和保安部。

（2）保安部或主管接到报警后对于一般性事件如打架等，可以将有关人员带离现场到治安室处理，较大的纠纷视情况上报公司领导或公安机关解决。

（3）对于严重暴力事件如抢劫、哄抢财物等，保安部要立即安排人员，控制秩序，把守各通道及出口，迅速打击犯罪分子，保证公司财产安全，并做好现场保护工作。

（4）保安主管担任现场指挥员。

（5）如员工在外遇到抢劫，应首先注意员工的生命安全，尽量记清犯罪分子的相貌特征，并于第一时间报警或与公司取得联系。

五、应急组织机构与职责

1.成立应急指挥部

总指挥：董事长。

副总指挥：总经理。

组员：财务主管、百货部经理、食品部经理、生鲜部经理、客服部经理、保安部经理。

职责：全面负责组织、指挥、协调处理突发事件，负责应急疏散预案的具体实施，确保能够按照预案顺利进行。

2.成立应急行动组

（1）通信联络组：组长带领组员，做到报警及时，保持通信联络畅通；保证各指令、信息能够迅速、及时、准确地传达。

（2）楼层指挥组：组长带领组织、指挥、协调灭火防盗等突发事件的处理及应急疏散预案的具体实施；掌握情况，准确分析局势，果断做出正确判断；及时上报有关信息，并认真贯彻执行指挥命令。

（3）灭火行动组：带领组员，负责按照预案及时扑救初起火源，控制并消灭火灾；配合专业消防人员进行灭火抢救工作。

（4）疏散引导组：组长带领组员，坚守岗位，依据预案措施及疏散路线，有秩序地疏散引导本楼层顾客，疏散完毕后有秩序地撤离。

（5）防护救护组：组长带领组员，负责配合专职流水作业防护人员及医护人员救护，抢救火场被困伤员及物资；负责现场警戒，维持现场秩序，看守抢救出来的物资，保证灭火工作顺利进行。

（6）后勤保障组：组长带领组员，负责保障灭火用水供应和其他灭火物资设施的供应；负责灭火的水、电以及现场抢修和恢复等工作。

六、应急响应

（1）值班人员或现场工作人员发现突发事件后，应立即采取措施。发现火情，应立即切断与火灾相关的电源，大声呼救，并按下手动报警按钮发出火灾警报，同时拨打119火警电话。报警时要讲清详细地址、起火部位、着火物品、火势大小、报警人姓名及电话、行走路线，并派专人等待和接引消防车进入火灾现场，同时向单位领导和安保部报告。

（2）通信联络组及时准确地将各种指令情况及信息上传下达。

（3）防护救护组立即按指挥员的指令对现场实行警戒，维护好现场秩序，配合好专业消防员及医务人员抢救火场院内的被困伤员与重要物资。

（4）后勤保障组按预案或指挥部指令迅速调集灭火物资、设备，为完成灭火、疏散救护提供必要的支持和保障。

七、应急结束

处理突发事件工作结束后，严禁在场无关人员进入现场，确保现场的原始状态，并配合调查人员做好突发事件现场的调查工作，后勤保障组在总指挥的安排下做好抢修、恢复工作。

1.首先保持自我镇定，将突发事件迅速向上级汇报并与有关部门取得联系。

2.以确保人员安全为首要任务，保护好公司的财产安全，并服从现场管理人员的指挥。

3.在采取抢救措施时，应本着"先救人后救物"的原则，抓紧时机进行抢救。

4.各部门及全体员工要在总指挥部的统一领导下，迅速按预案或指挥员的指令，完成各项工作任务。

5.各部门值班人员接到警报后，要立即组织力量赶赴现场进行抢救。

八.附则

1.应急预案备案

××商场重大生产安全事故应急救援预案，报××区（县）安全生产监督管理局备案。

2.制定与解释

本应急预案由××商场制定，解释权归××商场。

3.做好安排

演练前要做好安排，具体包括如下几项。

（1）场地安排，一般安排在卖场或商场（超市）周围区域。

（2）时间安排，安排在顾客较少时期，必要时可以停止营业进行演练。

（3）人员安排，根据应急预案要求，对各部门人员进行安排，编制人员安排表。

（4）物资安排，准备好灭火器、救生包等必备的演练物资。

4.提前通知

演练前应贴出告示，使顾客、周围社区居民明确得知。

5.开展演练

在规定的时间内开展演练工作，演练时要注意以下几点。

（1）严格按程序进行演练。

（2）严格保障安全。

（3）各级员工要服从指挥。

 相关链接

应急演练要"演"真"练"实

应急演练如果不真"演"那么肯定起不到"练"的效果，那么演练究竟怎样"演"呢？"演"到什么程度呢？如果太逼真会不会发生危险？怎样去规避危险呢？

"演"要"演得像"，一是事故发生场景要逼真，只有场景逼真了，才能让参演者身临其境，才能让他们产生那种救援的急迫感。假使以后发生类似险情，他们才心里有底，不至于手忙脚乱。

二是参加演练人员要"演"得逼真，试想一下，参加应急演练人员都是抱着无所谓的态度，无组织、无纪律、松松垮垮、慢慢腾腾的，那么怎么体现应急演练的"急"。所以参演者在事故场景布置好之后，在救援总指挥分工明确之后，一定要快速、准确赶到事故发生地，在确保自身安全前提下，在最短时间内完成事故处置。试想如果真的发生事故，那就是十万火急的事情，时间就是生命，若大家平时都把演练当作儿戏，那么真当事故发生时，必然是血的教训。

但是，"演"是为了"用得着"，应急演练不能一味追求"演"得真实，就忽略了参演者的人身安全，所以事故场景要把握一个度，做好参演者的防护工作。这就要求组织者在组织应急演练前要制定详细的专项应急演练计划和方案，制定科学的计划和方案是应急演练顺利进行的保障和前提；要组织学习应急演练计划和方案，通过学习让参与应急演练的人员都熟悉计划和方案，以及应急演练注意事项，并给参演者提供必要的防护设备，防止演练过程中发生事故。

所以，演练过程应"重疗效"，让考虑到的场景尽量"还原"，让所有参与演练的人员把应急演练当作真实"身边事故"来对待，准确、及时地开展真"演"，这样才能保证应达到的效果。

6.事后总结

在应急演练完成之后要及时进行总结，以便在实际突发事件发生时科学、高效应对。

第三周　商品损耗控制

卖场内的损耗及费用直接影响着商场（超市）的利润，降低损耗，缩减费用可使商场（超市）获得最大的利润。著名的零售企业沃尔玛超市已将商品的损耗控制在1%，而一般的超市损耗则在3%～5%，有的甚至更高，所以有效地控制损耗，是商场（超市）管理的重中之重。

问题82：如何控制开业期间的商品损耗？

在开业期间，顾客通常相当多，顾客为抢购各种促销商品引起的损耗较大，各种偷盗行为非常猖獗，这对门店的损耗控制提出了更高的要求。以下从收货、陈列、仓库管理、防盗反扒、拾零护银、员工管理几个方面讲述损耗控制的管理要求。

1.开业期间的收货管理

开业期间的收货管理措施如下。

（1）根据门店收货情况安排3～4名责任心较强的防损员作为专职的收货防损员，任何人员不得调动安排其他工作任务，开业损耗控制在标准范围适当予以奖励。

（2）收货开箱率必须按照公司的要求进行验收，贵重物品100%开箱验收。

（3）负责人员及商品出入的监督，无异常情况下，坚持"只进不出"的原则，防止重复验收。

（4）散装食品收货严格按照制度予以验收及称量。

（5）每日对收货单据进行日清，对所有收货单据进行仔细核对。

（6）门店开业当天不收货（生鲜除外），规定收货的时间。

（7）所有贵重商品放置指定区域并做好台账登记。

（8）收货组应仔细清点赠品的收货数量，并做好入库登记。根据数量发放赠品条，粘贴好方可进入卖场，严禁商品组私存赠品条。

（9）商品组理货员、导购员要妥善保管赠品，并与商品进行捆绑销售，各商品组应提前通知收银组，有赠品发放商品的名称和数量。

2.开业期间商品陈列

开业期间商品陈列要求如图5-22所示。

要求一	重点易盗商品的防盗标签100%投放后再陈列
要求二	不适合投放防盗标签的重点易盗商品（口香糖、巧克力）限量陈列，甚至推迟三天陈列
要求三	注意高档瓶装商品（高档酒、橄榄油）的陈列安全，防止顾客拥挤导致摔碎
要求四	散装食品（开心果、牛肉干）打包后粘贴软标再陈列，尽量陈列在主通道顾客较多的地方或者监控摄像头下面
要求五	炒货商品陈列的位置要有利于顾客秩序的维护，不要陈列在主通道上
要求六	散装的炒货商品打包陈列并做好称重等前期准备工作

图5-22　开业期间商品陈列要求

3.开业期间仓库管理

开业期间仓库管理要求如图5-23所示。

要求一	在仓库门口粘贴显眼的标识，防止顾客进入仓库
要求二	在仓库建立人员进出登记表、商品进出登记表，对进出的人员、商品进行严格的控制
要求三	安排专人进行仓库管理，对仓库内人员的行为进行监督、控制

图5-23 开业期间仓库管理要求

4.开业期间防盗反扒措施

开业期间防盗反扒措施如下。

（1）防损组对重点易盗商品（日化、奶粉、休闲食品、腊制品等）安排专人盯守。

（2）商品组将各重点排面进行区域划分，责任到人；对责任人所划分的区域进行定点定岗。

（3）重点商品区域的员工对顾客的异常购物行为，必须100%进行跟踪销售，或通知负责该区域的专职巡视人员。

（4）加大防盗标签的投放量，对重点易盗的商品、床上用品、针棉服饰、鞋类进行100%的防盗标签投放。

（5）门店开业期间在重点区域（日化区、奶粉区、腊制品等）增设临时收银台。

5.开业期间拾零护银

开业期间拾零护银要求如图5-24所示。

1 开业当天收银区防损员对顾客遗留在收银区的商品进行集中放置，门店必须分食品、非食品、生鲜安排专门人员对收银台遗留商品进行及时归位

2 门店在开业当天应停止购物车的使用，对购物篮安排专人进行收集和定点放置，保证购物篮的正常周转

3 开业当天，门店应安排专人负责收银员的临时缴款及换零工作。缴款和换零时应有3人以上一起进行，以确保现金的安全

图5-24 开业期间拾零护银要求

6.开业期间的员工管理

开业期间的员工管理措施如图5-25所示。

| 1 | 开业前门店必须确定全体员工的上下班路线，排面值班制度、分批就餐制度 |

| 2 | 所有特价商品门店员工不得预留，一经查实，一律辞退 |

| 3 | 所有员工包裹一律放置于自用品柜，不得进入卖场 |

图5-25　开业期间的员工管理措施

问题83：如何控制收银作业的损耗？

收银作业损耗主要指收银不当造成的损耗，这是商品损耗的一个重要方面。

1. 收银损耗的原因

导致收银损耗的原因有两方面，具体如图5-26所示。

| 收银系统出现技术故障，造成商品高价低卖而收银人员未发现 | ◁ 原因一 | | 人为因素，即收银员的过失行为、不当行为造成商品流失或高价低卖等 |
| | 原因二 ▷ | |

图5-26　导致收银损耗的两大原因

2. 收银损耗的具体表现

收银损耗的具体表现如下。

（1）敲错了货号。

（2）敲错了商品的金额。

（3）收银员与顾客是亲友关系，发生不正当交易行为。

（4）由于价格无法确定而错输金额、看错商品价格。

（5）对于未贴标签、未标价的商品，收银员以自己推测的价格销售。

（6）收银员误输商品价格后，在改正的过程中操作不当。

（7）收银员虚构退货而私吞现金等。

（8）收银员漏输商品（故意或过失）。

（9）按错设定的快速键，收银员追求速度把外观包装类似的商品视为同一商品结账。

（10）收银员利用退货键、立即更正键消除登打金额，乘机抽取金钱。

（11）特价期间的特卖品予以原售价退回。

（12）货币换算错误。

（13）挂单商品保管不善或丢失。

3.收银损耗的防范措施

收银损耗的防范措施如图5-27所示。

措施一	制定严格的收银员作业规范及绩效考评制度
措施二	规范收银员结账收银的基本程序
措施三	收银员每天换不同收银台，避免滋生不良行为
措施四	收银监察随时利用监控系统，监督各个时段收银金额状况，若有异常，立即检查
措施五	加强收银员吃饭、交接班时间的监察
措施六	避免收银员利用退货键、立即更正键消除已录入的商品

图5-27　收银损耗的防范措施

问题84：如何控制生鲜商品的损耗？

生鲜商品损耗主要是从图5-28所示的环节进行控制。

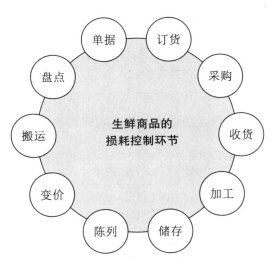

图5-28　生鲜商品的损耗控制环节

1.从订货环节控制

生鲜部门订货必须由组长级以上人员来做，不能由员工甚至促销员来做。商场超市可按图5-29所示的措施，从订货环节加强生鲜商品的损耗控制。

1 合理科学地制订采购计划。订货原则是以销量为依据，也就是预估明天销多少，就订多少，再加上安全库存减去当日库存即可

2 非加工类商品全面推行订货周表，要求门店严格按上周销量制订本周的订货计划

3 对类别单品库存进行严格规定，不同的类别库存单品只允许制订几天的要货计划，控制不合理的要货计划带来的商品损耗

4 加工类商品全面推行生产计划表，要求由片长、组长根据上周同期的销量计划确定本周的生产单品及数量

图5-29　订货环节的控制措施

2.从采购环节控制

采购是保证生鲜食品质量最重要的一个环节，商场（超市）必须对生鲜食品制定严格的采购标准，对采购员进行专门的培训，使其对自己将要售卖商品的规格及等级、鲜度、价格等有彻底的了解，充分了解消费者需要什么样的生鲜食品。消费层次不同，对商品的要求也不同。

比如，超市位于高档消费区内，那么应该采购高质量的生鲜品，因为本区的消费者比较注重生鲜的质量而非价格。

特别提示

采购员的专业能力在损耗控制方面很重要，采购人员不得不慎重了解超市顾客的需求。

商场（超市）可按图5-30所示的措施，从采购环节加强生鲜商品的损耗控制。

1 建立自采商品反馈机制，对自采商品的质量、含冰量进行评估

2 建立类别采购损耗标准，严格考核采购损耗

3 提升采购的专业技能与谈判技巧，确保商品质量与价格

图5-30　采购环节的损耗控制措施

3.从收货环节控制

生鲜商品的质量受到湿度、温度、时间及受污染程度影响而呈现曲线性的变化，温度过高或过低、湿度过高或过低都会影响商品质量。时间愈久，受污染的程度愈高质量就愈差。因而需要采购人员充分了解货源、产地、批发市场等整体情况，再将异常质量情况告知验收者，让质量好的生鲜品进入超市，避免劣质商品滥竽充数，造成验收的损耗。

因此，验收者必须具有专业经验，最好由生鲜部门的专业人员验收生鲜品质量，由收货部来验收数量。具体控制措施如图5-31所示。

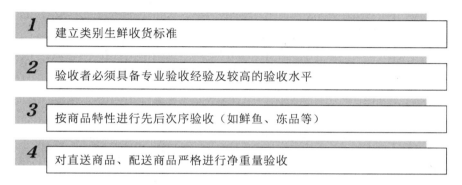

图5-31　收货环节的控制措施

4.从加工环节控制

生鲜商品的加工作业必须遵守加工作业标准，具体事项如图5-32所示。

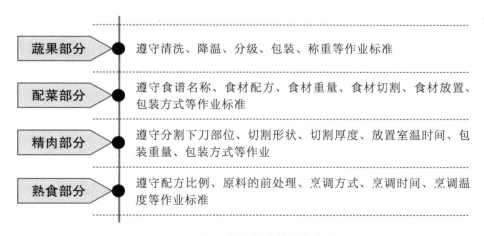

图5-32　加工作业标准的具体事项

以上这些作业标准都必须以书面形式建立起来，用来培训员工并作为员工加工作业的依据。若加工作业没标准，每次做出来成品的外观、口味、色泽都不一样，若做出来的成品卖不出去，就是损耗。

5. 从储存环节控制

库存控制是生鲜食品管理中非常重要的一个环节，可从图5-33所示的几个方面加以控制。

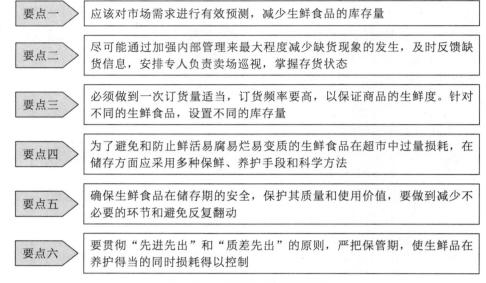

要点一	应该对市场需求进行有效预测，减少生鲜食品的库存量
要点二	尽可能通过加强内部管理来最大程度减少缺货现象的发生，及时反馈缺货信息，安排专人负责卖场巡视，掌握存货状态
要点三	必须做到一次订货量适当，订货频率要高，以保证商品的生鲜度。针对不同的生鲜食品，设置不同的库存量
要点四	为了避免和防止鲜活易腐易烂易变质的生鲜食品在超市中过量损耗，在储存方面应采用多种保鲜、养护手段和科学方法
要点五	确保生鲜食品在储存期的安全，保护其质量和使用价值，要做到减少不必要的环节和避免反复翻动
要点六	要贯彻"先进先出"和"质差先出"的原则，严把保管期，使生鲜品在养护得当的同时损耗得以控制

图5-33　从储存环节控制损耗

6. 从陈列环节控制

陈列必须注意商品的稳定性，商品堆得过高，或斜度过大或没护栏保护，很容易让商品掉落地面，造成损耗。陈列的设备不当，如与商品的接触面过尖锐或温度过高（过低），也会造成损耗。陈列量不当，如陈列量过少，顾客认为是剩品选择不购买，陈列量过大，超出可销售的最大量，也会造成损耗。陈列位置不当，无法引起顾客关注，销售受影响也会产生损耗。以上都是陈列不适当而产生的损耗，控制措施如图5-34所示。

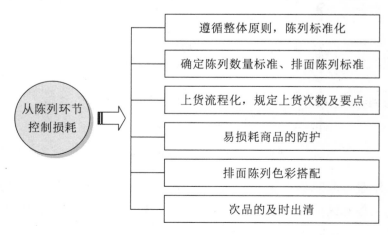

从陈列环节控制损耗

- 遵循整体原则，陈列标准化
- 确定陈列数量标准、排面陈列标准
- 上货流程化，规定上货次数及要点
- 易损耗商品的防护
- 排面陈列色彩搭配
- 次品的及时出清

图5-34　从陈列环节控制损耗

7. 从变价环节控制

生鲜商品不及时变价，也会导致损耗的产生。可按图5-35所示的措施加强变价环节的损耗控制。

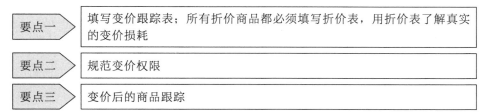

要点一　填写变价跟踪表；所有折价商品都必须填写折价表，用折价表了解真实的变价损耗

要点二　规范变价权限

要点三　变价后的商品跟踪

图5-35　从变价环节控制损耗

8. 从搬运环节控制

在搬运过程中要更加留意，注意轻拿轻放，避免堆叠太高或方式不对，造成外箱支撑不住的压损或搬运时商品掉下的损耗。

9. 从盘点环节控制

要想从盘点的环节控制生鲜商品的损耗，关键是做好盘点前的培训，提高员工责任心，加强对盘点结果的稽核，具体措施如图5-36所示。

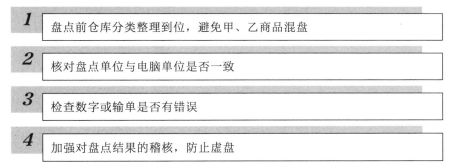

1　盘点前仓库分类整理到位，避免甲、乙商品混盘

2　核对盘点单位与电脑单位是否一致

3　检查数字或输单是否有错误

4　加强对盘点结果的稽核，防止虚盘

图5-36　从盘点环节控制损耗

10. 从单据环节控制

单据管理的关键是规范地填写各项单据，具体要求如图5-37所示。

事项一　注意千克与克的价格区别

事项二　注意入库的供应商代码、税率、部门、收货数量、单位等的填写

事项三　注意在盘点前及时处理好各种单据（入库单、配送单、返厂单、返仓单、调拨单、报损单等）

要点四　注意调拨的数量、调拨的部门与商品编码等

图5-37　单据填写的注意事项

问题 85：如何控制非生鲜商品的损耗？

商场超市的非生鲜品主要是指日化类商品、日配类商品及休闲类食品等。

1.日化类商品的损耗控制

日化类商品损耗主要是由偷盗、盘点错误等原因造成的损耗，其损耗控制措施如下。

（1）在日化区设立专柜收银台。

（2）商品组对重点易盗商品进行跟踪销售，要求员工养成顾客购物时主动带顾客到专柜收银台买单的习惯。

（3）将重点盘面进行区域划分，定人定岗；责任到人，防损组对责任人的在岗情况进行监督。

（4）商品组按照日盘点工作的流程要求，执行到位。

（5）在节假日、作案的高发时间段，防损组可安排便衣反扒人员重点巡视。

（6）经常组织日化区员工学习各种偷盗案例，提高员工的防盗意识和防盗技巧。

（7）合理投放防盗标签，要求商品组对重点易盗商品必须100%投放到位，限量陈列。

（8）在仓库入口建立员工出入登记表，防损组在仓库内建立重点区域巡视记录表，不定时进行巡查。

（9）仓库内商品必须整件封箱存放，取走商品必须在库存管理卡上注明数量、姓名，再封箱。

（10）盘点前将仓库、非排面商品按要求分类整理好。

（11）做好员工盘点前的培训工作。

（12）对盘点中库存调整较大的单品进行重点稽核。

2.日配类商品的损耗控制

日配类商品损耗主要是由偷盗、风干、串码销售等原因造成的损耗，其损耗控制措施如下。

（1）对重点易盗的包装腊制品100%投放防盗标签，软标粘在产品标识的里侧。

（2）对价格高、易丢失的包装腊制品限量陈列，可使用纸箱垫底的方法以保持排面丰满。

（3）将重点盘面进行区域划分，定人定岗；责任到人，防损组对责任人的在岗情况进行监督。

（4）在节假日、作案的高发时间段，防损组可安排便衣反扒人员重点巡视。

（5）合理订货，避免散装腊制品大量库存积压，防止过度风干。

（6）散装腊制品，销售过程中需刷油，停止营业后必须加盖油布，防止风干。

（7）散装腊制品排面上适量陈列，不要陈列在空调风口下或者风可以直接吹到的地方。

（8）不同价格的相同产品（如不同价格的散装香肠）不要陈列在一起，避免顾客选混。

（9）司称员多熟悉卖场商品，提高分辨商品的能力。

3.休闲类食品的损耗控制

休闲类食品损耗主要是由偷盗、串码销售、盘点错误、过期报损等原因造成损耗，其损耗控制措施如下。

（1）对易盗的高价散装食品（如散装开心果、牛肉干）打包销售。

（2）对价格高、易丢失的包装商品限量陈列，可使用纸箱垫底的方法以保持排面的丰满。

（3）将重点盘面进行区域划分，定人定岗；责任到人，防损组对责任人的在岗情况进行监督。

（4）在节假日、作案的高发时间段，防损组可安排便衣反扒人员重点巡视。

（5）不同价格的相同产品（如不同价格散装果冻）不要陈列在一起，避免顾客选混。

（6）收货时按照要求对散货称净重。

（7）关注食品的保质期，临到期商品及时提醒门店处理，避免报损。

问题86：如何实行全员和全过程防损？

全员防损即公司所有员工均积极配合并遵守防损管理规定，积极参与防损监督和举报，及时为防损部门提供损耗线索。员工应将防损视为自己的本职工作，并确信每一分钱的损耗都关系到自己的切身利益。

任何一项工作流程中的错误都会导致损耗。因此，公司将对每一个可能出现损耗的环节进行有效监控，这就是全过程防损，其关键是流程合理高效，每个员工都能按质按量地完成自己的工作。

商场（超市）实行全员和全过程防损的要点如图5-38所示。

图5-38 全员和全过程防损的要点

1.加强全员的防窃意识

零售业门店防盗管理，首先要避开"防损是专业部门或相关人员的事，而与己无关"这一认识上的误区。上至经理下至普通员工，防损人人有责，群防群治才能事半功倍。因此，门店要将"培训、通报、检查"六字方针贯穿到整个防盗过程中，所有在职员工（包括厂家信息员、促销员）都要参加防损部门的商品安全保卫知识培训，重点理解商品被盗、丢失、损坏的危害性，熟悉并掌握盗窃分子偷盗心理与动机，摸清其活动的规律，明确各自的防盗重点，全面提升员工防范意识。

防损部门要定期将超市发生的偷盗事件适时地通报给全体员工，让大家随时了解超市防盗管理的动态，对有突出贡献者予以及时奖励。门店管理层要定期或不定期地对化妆品以及体积小、价值高的易丢商品进行检查，及时发现防盗漏洞，防患于未然；也可组织班组进行突击互检，常常能对内盗起到威慑作用。

2.防损工作要隐蔽

一般而言，大、中型门店都设有保卫部或防损部，其功能有内保与外保之分，外保一般都请专业的保安公司人员，内保则由工作人员便衣组成。卖场的问题是，一些门店的内保在防盗中保密性不强，如距离嫌疑人太近，目光过于直视，隐蔽性较差，因此要求内保人员在卖场内要注意三点。

（1）不要随意与工作人员打招呼（包括工作人员也不要与内保打招呼），以免引起嫌疑人注意。

（2）要隐蔽张贴防盗扣、磁卡等。

（3）要熟练使用各种电子商品防盗系统。

> **特别提示**
>
> 专业人员应积极主动与当地公安机关密切配合，加大卖场的防损力度，并将思想过硬、业务精通、事业心强的高素质人员充实到防损第一线。

3.配置先进的防盗设备

当前市场上的超市防盗设备较多，选择适合本门店的防盗设备至关重要，较大的门店大都选择性能优良的电子商品防盗系统。当然，在选用设备前超市要对设备性能进行考察、反复比较、论证，从适应性、效果、质量、价格、售后服务等多方面权衡利弊，在综合考量的基础上做出选择。

4.制定全面的防范制度

防损工作是动态的，各个案例的差异性非常大，所以门店要在常规制度的基础上，适时地、有针对性地根据新情况及薄弱环节不断地进行完善，充分体现"制度面前人人平等，制度大于老板"，凡事做到有据可依，严格执行，从而使防盗管理逐步规范化。

5.运用自助防盗手段

自助行为手段不得违反法律和公共道德，超市经营者虽然有权进行自助行为，但并不意味着可以滥用权力。合理的自助行为必须符合法律规定与公共道德。

在我国现行法律框架内，商家合理的自助行为仅限于暂时滞留盗窃嫌疑者，而无搜查、拘禁和罚款的权力。合理的自助行为发生后，必须提交警方处理，对于暂时滞留的盗窃嫌疑者切忌擅自处理，因为无论该人员是否有盗窃行为，擅自处理均构成侵权要素。由于商家自身的过失误认为消费者偷窃而采取的自助行为，必须承担法律责任。

尽管目前对规范商家防盗缺乏有效的法规，但是商家只要在法律与公共道德范围内合理开展自助行为，依然可以有效地保护自身权益和避免侵权行为的发生。

第四周　商品防盗管理

商场（超市）要想在竞争中取得优势，就要想方设法减少营运过程中的商品损耗。然而严重的盗窃现象使商品非自然损耗直线上升，经营成本居高不下，严重影响了商场（超市）的营业收入。因此，商场（超市）在不断提高销售的同时，更要加强对防损防盗的管理。

问题87：如何防范员工内盗？

员工内盗一直是防范重点，也是最敏感最棘手的问题。员工内盗的机会多于顾客偷盗。员工偷窃与其说是偷窃行为，不如说是典型的周密计划行窃。一个员工偷窃成功，可能会引发其他员工效仿。

1.员工偷窃的原因

一般来说，员工偷窃的原因有图5-39所示的几种。

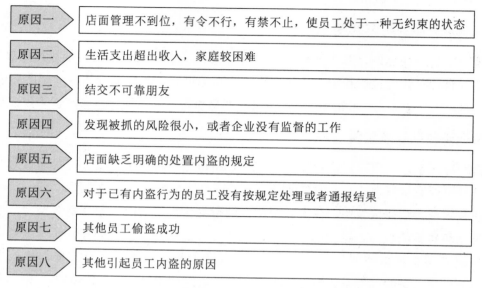

原因一 ▷ 店面管理不到位，有令不行，有禁不止，使员工处于一种无约束的状态

原因二 ▷ 生活支出超出收入，家庭较困难

原因三 ▷ 结交不可靠朋友

原因四 ▷ 发现被抓的风险很小，或者企业没有监督的工作

原因五 ▷ 店面缺乏明确的处置内盗的规定

原因六 ▷ 对于已有内盗行为的员工没有按规定处理或者通报结果

原因七 ▷ 其他员工偷盗成功

原因八 ▷ 其他引起员工内盗的原因

图5-39 员工偷窃的原因

2.员工内盗的几种表现

通常情况下，员工内盗的表现如下。

（1）给亲朋好友结账时不扫或少扫，或者取消扫描过的商品。

（2）利用工作之便把贵重商品调到价格低的商品包装内。

（3）收银员、防损员、服务员利用顾客未取走的收银条，自己或者交给其他人进卖场重复拿出以上商品。

（4）收货人员和供应商串通，收不合格商品或少收商品，或者在重量上做文章。

（5）生鲜区和散货商品区域的工作人员利用职务之便，少打商品价格、少称商品重量给亲朋好友。

（6）滥用公司商品做原材料或直接用于办公，而不进行账面记录。

（7）偷拿商品、赠品、设备原料自己使用。

（8）偷吃商品不付账或者没经公司同意用卖场商品供顾客和自己试用、试吃。

（9）发现员工、顾客偷盗行为而不及时报告。

（10）勾结亲朋好友将其他部门的商品放在自己的工作场地和仓库附近，以便偷吃或隐藏。

3.防止员工内盗的措施

针对上述分析，商场（超市）要想防止员工内盗，可采取如图5-40所示的措施。

措施一	定期对长短款前几名的收银员进行调查，并在平时的工作中进行检查
措施二	经常性对店面的购物情况进行检查，对收银员的操作进行暗中测试
措施三	对配送中心和厂家直送商品的接收数量进行核对
措施四	加强对夜间值班人员及送货人员的检查
措施五	经常召开店员会议，共同讨论店面的管理制度和流程，使员工有机会发表他们对超市防盗防损经营方面的观点和建议，以便不断修改完善各种制度和流程
措施六	建立举报信箱和电话，受理顾客、员工关于偷窃方面的信息
措施七	对顾客退换货、商品退换货工作流程进行监督、检查
措施八	对员工购物进行严格规定，建立员工购物通道，并加强对员工购物行为的检查
措施九	加强对员工进出的管理以及现场的管理
措施十	对已有内盗行为的员工，要从严从快处理，并及时通报
措施十一	加强对员工入司前的背景调查和入司后的培训工作
措施十二	建立严密的防损制度，并加强锁和钥匙的管理
措施十三	对内盗行为查处一起，处理通报一起，绝不姑息
措施十四	加大"防损光荣、内盗可耻"的培训宣传力度，帮助员工牢固树立正确的荣辱观和是非观

图5-40　防止员工内盗的措施

问题88：如何防范顾客偷窃？

实践证明，加强内部员工管理以及出色的顾客服务是防止内、外盗的最好措施。

1.商品陈列

通过商品陈列防范顾客偷窃的措施如图5-41所示。

措施一	卖场前部的陈列不应挡住收银员投向卖场及顾客流动区域的视线
措施二	口香糖、巧克力及其他体积小价值高且吸引人的商品，必须放在收银员看得到或者偷窃者不便于隐藏的地方
措施三	由于季节的变化而易失窃的商品，应该将这些商品的摆放位置进行调整，这些商品通常应陈列在商店货架的端头附近，也可考虑放在收银台和入口位置

图5-41　通过商品陈列防范顾客偷窃的措施

2.人员的教育培训

通过对人员的教育培训防范顾客偷窃的措施如图5-42所示。

 每天应不定时进行防损安全广播，特别是高峰期。提醒顾客应注意的购物安全和规定，以此在卖场营造一种气氛，培养顾客控损文化，无形之中可扼制一些不良行为

 在店面组织的工作会议上，防损部门负责人应将平时工作发现的一些防损方面的新情况、新问题提出来进行讨论，并达成共识，以此提高广大员工的防损意识，做到全员防损

图5-42　通过对人员的教育培训防范顾客偷窃的措施

3.巡视检查

通过巡视检查防范顾客偷窃的措施如图5-43所示。

 加强对卖场各部门包括联营柜组、仓库的巡视检查与管理，不允许非工作人员进入。特别是营业高峰期，有相当一部分顾客就是利用在收银台等候结账时将商品偷吃隐藏，以及将商品不放在收银台蒙混过关

 不定时对垃圾箱、卫生间以及盲点区域进行检查，建立卖场盲区巡视检查表，看是否有丢弃的空包装、价格标签

图5-43　通过巡视检查防范顾客偷窃的措施

4.对有条件的商品进行防盗处理

对有条件的商品进行防盗处理，合理投放防盗标签。

比如，针织品、包装盒食品，为防止因顾客拆开包装损坏商品，可用胶带进行加固，并提示"请勿拆开包装"。

5.加强各通道的管理

加强各通道的管理，特别是员工通道和收货口，要求当班防损员敢于坚持原则，对进出的人员和商品包括废弃物实施严格的检查。凡禁止顾客进出的地方应有明显的标志。

 **相关链接**

卖场员工如何协助防范顾客偷窃行为

防损部门应将每个店员作为商场防盗的一员，并通过训练教育使员工掌握防止偷窃所应采取的措施，每个员工知道自己应该检查什么，应该做什么，具体要求如下。

（1）最重要的是要对顾客友好，在顾客经过时说声"您好"，微笑或者以目示意、点头，尽可能以此建立与顾客的联系。

（2）工作中要不断扫视货架排面，如果有顾客在一个地方长时间徘徊和短时间多次出现，应上前询问他是否需要帮助。

（3）注意那些手推车中放着敞口手提包的顾客，如果你还没有发现顾客偷窃，至少让你部门的其他同事提高警惕，这类顾客可能趁无人注意时将商品丢进手提包。

（4）留心用购物袋选购商品的顾客，不论购物袋是本店或者外单位的，应提醒顾客应该使用购物篮。

（5）注意那些天气暖和却穿着厚衣服、夹克及奇装异服的顾客。

（6）注意顾客携带的物品，尤其是当这些物品显得"反常"时，例如：晴朗天气的雨伞。

（7）在卖场发生混乱，包括吵架、打架斗殴时，要格外留心。这种情形可能是为了引开你的注意力，以协助同谋在附近作案。

（8）如果你发现某人将一件物品藏在手提包、口袋、包袋或衣服里面，不要让这个人从你的视线中溜走。尽力记住其隐藏物品的种类，让另一个员工把你看到的情况告诉你的主管或防损员，继续观察这个偷窃者。

（9）站在货架的端头，可扫视排面的位置，在卖场内来回巡视。

（10）注意那些手拿报纸、杂志的顾客以及折叠商品、压缩商品体积的人或者故意把商品弄旧，写上自己名字的顾客。

（11）顾客在卖场损坏商品应督促其到收银台交款。如顾客不配合应立即通知本部门主管或防损部门。

（12）如发现顾客在营业现场偷吃偷喝本公司的商品（一般是饮料），或者有明显的以上现象，应上前主动询问："请问您手上拿的商品买单了吗？"得到证实之后应当督促其到收银台交款。

（13）如发现有明显的暴力倾向，或明显受酒精和毒品影响或者以前曾有偷窃行为的顾客进店时要特别注意。必要的话，可派一名防损员紧随其后。

（14）如发现团体顾客进店又分散的现象或者短时间内及一天之中多次进出卖场的人，应通知防损部派人在卖场内进行监视。

问题89：如何防范团伙偷盗？

偷盗团伙通常每次5～6人共同作案，手法专业、分工明确，有专门负责引开理货员的、专门把风的和专门作案的，每次偷盗的金额巨大。

对于团伙偷盗行为，可采取以下防范措施。

（1）每月必须给商品部进行1次全员防损意识和防损技能培训，特别是TH广播（TH广播是指团伙偷盗人员已进入卖场，全店员工须注意防范的内部服务广播）。

（2）结合门店销售情况，对重点易窃商品适当减少排面的陈列量（如奶粉、巧克力等），最多不超过两天的销售量，部分零散商品可垫高处理，同时打包销售，而且尽量陈列在主通道显眼位置。易盗商品在开业期间推迟三天陈列。存放在非排面的重点商品，必须进行封箱管理。

（3）所有口香糖系列可将包装盒用双面胶粘在货架上，单层陈列，避免"整锅端"。

（4）将重点排面进行责任划分，责任落实到人，做到定人定岗，确保重点排面不空岗，对月度盘点的损耗，责任人应承担一定管理责任。

（5）对能够投放防盗标签的重点商品，必须100%投放到位。每周至少检查2次重点易窃商品的防盗扣、软标等是否有松动或脱落，并对商品部投放防盗硬标（软标）的情况进行督导（防盗扣的投放，如奶粉、日化、小瓶酒、食用油、腊制品综合投放）。

（6）要求商品部对重点商品进行跟踪销售，重点商品区域需设立专柜收银台，要求员工养成顾客购物后主动带顾客到专柜收银台的习惯。

（7）防损部对商品部日盘点完成情况进行抽查和督导，对异常损耗情况必须查找差异原因，及时掌握损耗情况。

（8）门店必须加强现场管理，对员工在卖场内聚众聊天、打电话、干与工作无关的事情，必须加大督管力度；门店防损部要加强对排面员工在岗的情况进行重点检查，特别是在案发的高峰时段（就餐时间杜绝空岗现象）。

（9）合理安排员工的就餐时间，让员工分三批就餐，如第一批在11:00就餐，第二批在11:30就餐，第三批在12:00就餐，确保排面上随时有人在管理。

问题90：如何防范供应商偷盗？

1.供应商偷盗的行为

出现以下情形，可视为供应商偷盗行为。

（1）供应商派驻超市的促销人员，因偷盗而引起的处罚同"内盗"一样。

（2）将已经收货完毕的商品，重新按未收货点数。

（3）利用收货员的疏忽，趁机偷窃商场的商品。

（4）在收货员称重时进行作弊。

（5）私自丢弃应属于退货的生鲜食品等。

2.供应商偷盗的手段

一般来说，供应商偷盗通常会采取图5-44所示的两种手段。

图5-44　供应商偷盗的手段

3.供应商偷盗的防范

为了防止供应商偷盗行为的产生，可采取图5-45所示的防范措施。

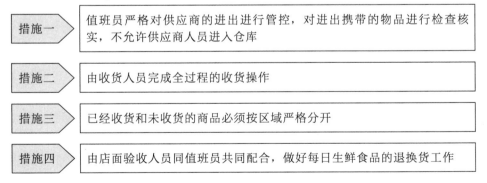

图5-45　供应商偷盗的防范措施

4.供应商偷盗的处理程序

供应商偷盗的处理程序如图5-46所示。

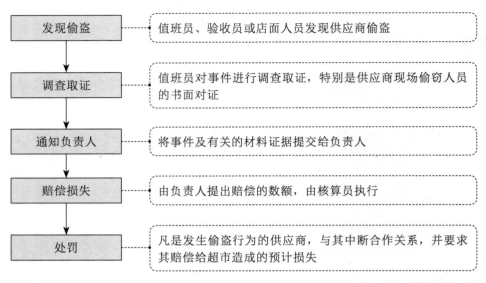

图 5-46　供应商偷盗的处理程序

5.供应商偷盗的处罚

供应商偷盗行为一经发现，可按以下方式进行处罚。

（1）对已经造成的损失进行赔偿。

（2）对其行为进行500元以上的罚款处理。

（3）对因此中断合作关系而造成超市未来预期损失的，必须赔偿。

（4）中断合作关系。

第六个月

顾客服务与营运管理

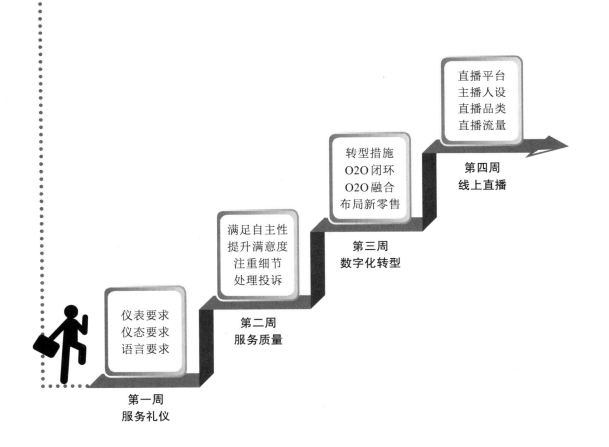

直播平台
主播人设
直播品类
直播流量

**第四周
线上直播**

转型措施
O2O闭环
O2O融合
布局新零售

**第三周
数字化转型**

满足自主性
提升满意度
注重细节
处理投诉

**第二周
服务质量**

仪表要求
仪态要求
语言要求

第一周
服务礼仪

第一周　注重服务礼仪

服务礼仪是企业的无形财富，能够起到"硬件"所起不到的作用。现代化的商场（超市），不仅是建筑设施的现代化，更要服务现代化，因此，在服务过程中，必须注重礼仪。

问题 91：卖场员工仪表有哪些要求？

所谓仪表一般是指人的外表，包括人的容貌、服饰、发型、姿态、风度等。卖场员工仪容仪表要求规范具体表现在图6-1所示的几个方面。

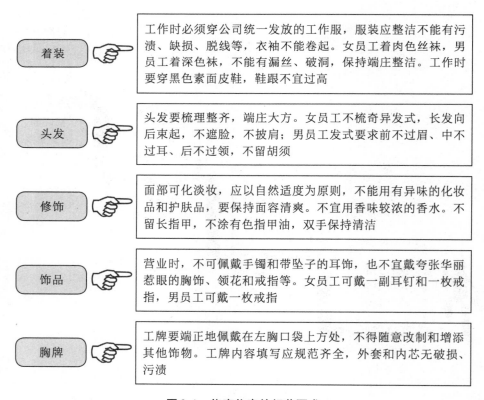

着装	工作时必须穿公司统一发放的工作服，服装应整洁不能有污渍、缺损、脱线等，衣袖不能卷起。女员工着肉色丝袜，男员工着深色袜，不能有漏丝、破洞，保持端庄整洁。工作时要穿黑色素面皮鞋，鞋跟不宜过高
头发	头发要梳理整齐，端庄大方。女员工不梳奇异发式，长发向后束起，不遮脸，不披肩；男员工发式要求前不过眉、中不过耳、后不过领，不留胡须
修饰	面部可化淡妆，应以自然适度为原则，不能用有异味的化妆品和护肤品，要保持面容清爽。不宜用香味较浓的香水。不留长指甲，不涂有色指甲油，双手保持清洁
饰品	营业时，不可佩戴手镯和带坠子的耳饰，也不宜戴夸张华丽惹眼的胸饰、领花和戒指等。女员工可戴一副耳钉和一枚戒指，男员工可戴一枚戒指
胸牌	工牌要端正地佩戴在左胸口袋上方处，不得随意改制和增添其他饰物。工牌内容填写应规范齐全，外套和内芯无破损、污渍

图6-1　仪容仪表的规范要求

下面提供一份××超市员工仪容、仪表及着装规范的范本，仅供参考。

【范本】▶▶ --

××超市员工仪容、仪表及着装规范

一、目的

为规范员工行为，树立企业形象，打造作风过硬的团队，特制定本制度。

二、适用范围

本制度适用于××超市全体员工。

三、要求

（一）着装

1.总部要求

男员工上班应穿着白衬衣、西服，打领带，穿深色皮鞋，衬衣下摆束入裤内；女员工上班应穿着制式白衬衣、黑色或深蓝色职业装，鼓励化淡妆，不佩戴过分夸张的首饰。（夏季要求穿着制式半袖白衬衫，男士穿黑色或深蓝色西裤，女士可着黑色或深蓝色短裙。）自由着装的人员需经单位领导同意，报产业集团人力资源部备案。

2.门店要求

2.1 部门经理/防损主管/防损员：和总部员工着装要求一致。

2.2 部门主管/录入员/收货员/理货员/客服员/收银员/促销员：上衣为公司指定的T恤或橘色西装（客服员及前台主管），下身为黑色或深蓝色裤子，黑色休闲鞋。

3.着装原则

3.1 员工上班着装应整洁、得体、大方，颜色力求稳重。保持服装纽扣齐全，无掉扣，无破洞。

3.2 着装要规范，不得挽起衣袖，不得卷起裤脚，施工、维修、搬运时可除外。

3.3 总部、门店员工上班必须着工装。工装外不得穿着其他服装，工装内衣物下摆不得露出（11月至翌年4月的毛衣除外）。非因工作需要，不得在门店、办公场所以外着工衣。

3.4 上班时间严禁穿牛仔裤、休闲服、短裤、运动鞋等非正式服装，严禁穿超短（膝盖上10厘米以上）、超薄、露胸、露脐、露腰、露背的服装，以及吊带裙、吊带背心、套帽等。

3.5 门店生鲜熟食区员工上班时间必须戴帽、口罩、手套、围裙，并将头发束入帽内。其他人员非因工作需要上班时间禁止戴帽。

3.6 员工上班时间应保持鞋面干净。禁止穿家居拖鞋、雨鞋上班。门店海鲜档员工、雨天场外值勤防损人员等特殊岗位人员因工作需要可以穿雨鞋。

（二）发式

1.男员工不得留长发，不得剃光头。

2.总部女员工的具体发式不限，以符合个人形象、气质为宜，但不得蓬头散发，不得戴夸张的头饰。

3.门店女员工头发需束起，染发允许染褐色等暗色，不得染过于夸张的颜色，如大红色、蓝色、扎眼的黄色等。

4.员工上班时间内保持头发整齐、干净、无异味。

（三）工牌

1.员工工作期间必须佩戴工牌，员工工牌应垂直悬于胸前，正面朝外，不得有遮挡。门店促销员工牌应端正佩戴在左胸适当位置，非因工作需要不得在门店、办公场所以外佩戴工牌。

2.工牌如有遗失或损坏，应立即到人力资源部办理工牌补发或维修事宜。

3.不得在工牌上乱贴乱画，保持工牌的整洁。

4.严禁将工牌转借他人作任何用途。

（四）其他要求

1.员工的指甲必须修理好并保持清洁，女性不得涂指甲油。

2.男员工不得留胡须。

3.男员工不得佩戴耳环，女员工佩戴的耳环两侧须一致，长度不可超过1.5厘米。

4.不要吃有异味的东西，避免口中异味。

5.生鲜部门员工除婚戒外不得佩戴一切首饰，以免饰品落入食品当中。

四、罚则

1.每位员工都应自觉遵守员工行为规范；每位员工都有纠正、举报、处罚其他员工违反规范行为的权力。

2.首次或轻微违反员工行为规范的，处以20元以下罚款。

3.第二次及以上或较重违反员工行为规范的，处以50～100元罚款。

4.严重违反员工行为规范的员工要进行辞退。

五、附则

（一）本制度由人力资源部起草并负责解释。

（二）本制度中罚则不排除其他制度约束。

（三）本制度自颁布之日起实施。

（四）员工工装图例。（略）

问题92：卖场员工仪态有哪些要求？

仪态也叫仪姿、姿态，泛指人们身体所呈现出的各种姿态，它包括举止动作、神态表情和相对静止的体态。人们的面部表情，体态变化，行、走、站、立、举手投足都可以表达思想感情。仪态是表现个人涵养的一面镜子，也是表现一个人外在美好的主要因素。不同的仪态显示人们不同的精神状态和文化教养，传递不同的信息，因此仪态又被称为体态语。

1. 站姿礼仪

站立是人们生活、工作、交往中的一种最基本姿态，是人们静力造型的动作。正确标准的站姿，是一个人身体健康、精神饱满的体现，站姿要端正，站姿礼仪的基本要求如图6-2所示。

头正，脖颈挺直，双目平视，嘴唇微闭，下颌微收
两肩放松，稍向下沉，自然呼吸，人体有向上的感觉
躯干挺直，收腹、立腰、挺胸、提臀
双臂自然下垂于身体两侧，手指并拢自然弯曲，中指贴裤缝
双腿并拢、自立
双脚呈V字形或T字形

图6-2　站姿礼仪要求

2. 坐姿礼仪

坐姿礼仪要求如图6-3所示。

要求一	上身自然挺直，挺胸，双膝自然并拢，双腿自然弯曲，双肩自然平正放松，两臂自然弯曲，双手放在双腿上或扶手上，掌心向下
要求二	头正，嘴唇微闭，下颌微收，双目平视，面容平和自然
要求三	女员工坐椅子的2/3，脊背轻靠椅背
要求四	离座时，要自然稳当，右脚向后收半步，然后起立，起立后右脚于左脚并齐
要求五	谈话时身体可以有所侧重，但要注意头、胸、髋、四肢的协调配合

图6-3　坐姿礼仪要求

3.行走礼仪

行走礼仪要求如图6-4所示。

要求一	在商场内行走时要注意礼让顾客，当顾客人多，堵住道路时，应轻声地说"对不起，请借光""劳驾，请让一让"，然后从顾客身后走过
要求二	与顾客迎面行走时，要谦让地主动给顾客让路
要求三	在与顾客上下楼梯时，应请顾客先上，自己走在后边
要求四	通道内不要并行，不要边走边聊天，不要手拉手行走，更不可勾肩搭背

图6-4　行走礼仪要求

4.手势礼仪

手势礼仪要求如图6-5所示。

| 指引手势 | 交谈手势 |
| 五指并拢，掌心朝上，手臂以肘关节为轴，自然从体前上扬并向所指方向伸直（手臂伸直后应比肩低），同时上身前倾，头偏向指示方向并以目光示意 | 与人交谈使用手势时，动作不宜过大，手势不宜过多，不要用拇指指向自己（应用手掌轻按左胸），不要击掌或拍腿，更不可手舞足蹈 |

图6-5　手势礼仪要求

特别提示

在交谈中，伸出食指向对方指指点点是很不礼貌的举动。这个手势，表示出对对方的轻蔑或指责。更不可将手举高，用食指指向别人的脸。

5.表情礼仪

所谓表情，指的是人通过面部形态变化所表达的内心思想感情。自己在工作之中的表情神态如何，在服务对象看来，往往与对待对方的态度直接相关。

表情礼仪主要指目光、笑容两方面。总的要求是理解表情、把握表情，在为顾客服务时努力使自己的表情热情、友好、轻松、自然。

表情礼仪要求如图6-6所示。

要求一：目光要坦然、亲切、和蔼、有神。做到这一点的要领是：放松精神，把自己的目光放虚一些，不要聚焦在对方脸上的某个部位，而是要用自己的目光笼罩对面的整个人

要求二：笑容要甜美，温和友好，自然亲切，恰到好处。促销员应当满面笑容，要为服务对象创造出一种令人倍感轻松的氛围，使其在享受服务的整个过程之中，感到愉快、欢乐和喜悦，同时也表现出促销员对服务对象的重视与照顾

图6-6　表情礼仪要求

6.上岗礼仪

上岗礼仪要求如图6-7所示。

- 应提前上班，留有充分的时间检查自己的装束和做工作前的准备
- 见到同事和顾客应心情舒畅地寒暄问候
- 切勿随便离开岗位，离岗时要取得上级的同意并告知去处

- 不要交头接耳
- 呼叫同事时不要省去尊称
- 不用外号呼叫别人
- 不扎堆
- 不抱着胳膊
- 不把手插进裤兜里

图6-7　上岗礼仪要求

7.接待礼仪

接待礼仪要求如图6-8所示。

要求一	不要看到顾客穿着不好或购买金额较少就态度冷淡
要求二	不论对待什么样的顾客，都应诚心诚意地笑脸相迎
要求三	对儿童、老年人及带婴儿的顾客要格外亲切接待
要求四	对询问其他企业地址的或问路的顾客应以笑脸相迎，热情地告知
要求五	顾客有事询问时要告诉清楚

图6-8　接待礼仪要求

问题93：卖场员工语言有哪些要求？

语言不仅是传递信息的工具，同时也是体现服务水平的艺术。语言是否礼貌、准确、得体，直接影响着客人对商品或服务的满意程度。

1.接待顾客的"五声"标准

接待顾客应做到"五声"标准，如图6-9所示。

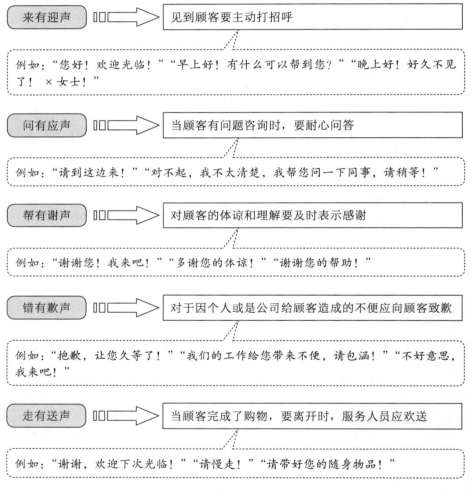

图6-9　接待顾客的"五声"标准

2.服务用语的基本原则

卖场员工在接待顾客时，用语要遵循图6-10所示的基本原则。

| 原则一 | 讲求讲话的顺序和逻辑性 |

思维混乱、语无伦次，必将导致顾客不知所云，无所适从，因此，营业员必须把握好说话的条理性、层次性，清晰、准确地向顾客表达自己的意思

| 原则二 | 突出重点和要点 |

销售用语的重点在于推荐和说明，其他仅仅是铺垫。因此，在接待顾客时，必须抓住重点，突出要点，以引起顾客的注意和兴趣

| 原则三 | 不夸大其词 |

不着边际地吹嘘夸大，可能暂时会推销出商品，但并非永久的良策。顾客吃亏上当只能是一次，最终受损失的仍然是商场或所销售产品的品牌。因此，诚实客观地介绍与推荐，才是长久的良策

| 原则四 | 决不能对顾客无礼 |

对顾客在语言上失礼甚至使用讽刺、挖苦或污辱性语言，不仅会气跑一个顾客，对其他在场或不在场的顾客，也会产生不易消除的恶劣影响，会使企业形象受到极大损害。因此，不论遇到什么情况，都必须避免冲撞顾客

| 原则五 | 不使用粗俗语言和方言土语 |

在接待顾客过程中，营业员不能讲粗俗不堪的市井语言，即便是对同事讲话，也要讲求文明用语，另外，尽量不使用方言土语

| 原则六 | 不贬低同类产品 |

在接待顾客时，要客观地、实事求是地介绍各类产品，帮顾客出主意。不要想卖这一个产品，而贬低其他产品

图6-10　服务用语的基本原则

3.服务用语禁忌

对于零售业来说，顾客就是上帝。而一线员工是直接面对面与顾客接触的，所以规范员工的服务用语对于提高企业的服务质量有着重要的作用。以下这些用语是零售业的禁忌。

（1）否定语，指对于顾客的疑问，直接采用否定的态度和语气拒绝。

例如，"我不会""我不知道""不可能，绝对不可能有这种事发生""这不是我应该做的"。

211

（2）蔑视语，指轻视、小看顾客，从言语和态度上对顾客表示反感。

例如，"乡巴佬""买不起就别买""这种问题连三岁小孩子都知道""不买就别问""到底要不要，想好了没有"等。

（3）烦躁语，指因自身心情不好，烦闷不安，而将情绪带给顾客，或是对顾客的询问表现得不耐烦。

例如，"你要的这种没有""不是告诉你了吗？怎么还不明白""有完没完，真是麻烦""没看我正忙着吗？一个一个来"等。

（4）斗气语，指在与顾客沟通中，对顾客有意见或闹情绪，或直接与顾客抬杠。

例如，"您到底想怎么样呢""我就这服务态度，您能怎么样呢""有本事你投诉我去""我解决不了，愿意找谁找谁去"等。

第二周　提升服务质量

光顾商场超市的顾客在购买商品的同时，也应享受到优质的服务态度、服务内容，这不仅是使顾客满意的重要内容，而且也是商场超市在激烈的市场竞争中生存和发展的关键。

问题94：提升服务质量有什么意义？

在商场超市经营过程中，企业要想创造良好的经济效益和社会效益，服务工作质量具有决定性的作用。卖场服务的意义，主要表现在图6-11所示的几个方面。

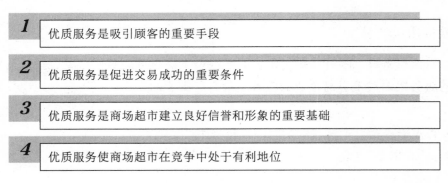

图6-11　卖场服务的意义

1.优质服务是吸引顾客的重要手段

只有把顾客吸引到商场超市里来，才有创造交易的机会，实现和扩大商品的销售，促进经营的兴旺。而优质周到的服务就是吸引顾客到商场超市里来的极为有效的手段。

比如，随着生活节奏的加快，更多的人倾向于把购物、就餐和娱乐结合在一起。为了适应这种需求，很多商场超市都开设了快餐厅、小吃部、游戏厅、台球厅，甚至电影院等各种相关设施，为顾客提供全方位的服务。这些服务不仅可以为顾客提供物美价廉的食物和生活的乐趣，还可以吸引更多的顾客前来商场超市购物，延长顾客在商场超市驻足的时间，从而创造出更多的经营机会。

2.优质服务是促进交易成功的重要条件

顾客光顾商场超市，并不意味着交易的成功，要想卖出商品，还需要很多条件，还要在服务方面做很多的工作，具体包括图6-12所示的内容。

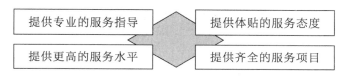

图6-12　服务工作包括的内容

（1）提供专业的服务指导。在现代，商品所包含的科技含量越来越高，产品功能也越来越复杂。这些商品，如果不进行知识传授和操作指导，是很难正确使用的。商场超市如果不在销售这些商品时，提供必要的服务指导，帮助顾客了解产品的性能、操作方法和售后的服务保证，交易是不可能达成的。

（2）提供更高的服务水平。前来商场超市购物的顾客，如果发现商场超市为他们提供的服务水平很差，与购物相关的知识、操作技术和疑问无法解决，就很可能打消在此购物的念头，而是转向其他服务水平较高的商场超市。而原本并未打算购物的顾客，如果发现商场超市能够提供远超过其预期水平的优质服务，就可能在此形成购买行为。

（3）提供体贴的服务态度。许多顾客来到商场超市，并没有明确的购物意向，常会因情景刺激而临时决定购买一些物品，这被称为激情购物或即兴购买。这些顾客的潜在需求之所以被调动，很重要的一点就是周到体贴的服务。优质的服务使企业与顾客在感情上实现了零距离，商品的交易迟早都会顺理成章地实现。

（4）提供齐全的服务项目。齐全的服务项目也是刺激和引发顾客潜在需求的有效手段。

比如，有些商场超市提供的形象设计和美容服务，就会使很多顾客驻足观赏，一旦产生兴奋感，有些顾客就想亲身体验一下，体验之后的顾客如果确实感觉良好，往往就会决定购买一些相关商品。

所以，提供优质服务，是提升商场超市交易成功的重要条件。

3.优质服务是商场超市建立良好信誉和形象的重要基础

商场超市的信誉和形象就是企业的生命力，如何增加顾客对商场超市的信任，让商场超市给顾客留下一个美好的印象，从而造就出一大批忠诚的顾客，并通过这些顾客带来大量的新顾客，这是商场超市服务需要研究的一个重要课题。

顾客对商场超市的喜好和信任程度是由商场超市对待顾客的方式决定的。顾客享受了商场超市的良好服务，就会向他人播散这种体会，从而影响潜在顾客的购买行为。而熟人之间购物信息的传播，对购买决定的影响程度，要远远超过广告和商场超市促销的影响程度。

> **特别提示**
>
> 需要引起注意的是，对商场超市服务表示不满的顾客传播负面信息的影响力要远大于传播正面信息的力度，因此，商场超市要尽可能向每一位顾客都提供满意的服务。

4.优质服务使商场超市在竞争中处于有利地位

在发达的市场经济条件下，企业竞争除了表现在商品品种、质量、价格及购物环境等方面以外，更重要的是表现在服务质量方面的竞争。在其他条件相近的情况下，商场超市的服务水平是一个决定性因素，谁能吸引更多的顾客，谁就能扩大市场占有率，谁就能提高自己的竞争力。

商场超市在服务上的所作所为，能给顾客留下深刻的印象，能让顾客感动，就能大大提高企业的知名度、信任度和美誉度。当商场超市把提供优质和周全的顾客服务融入企业整个工作过程，包括它的组织运作、领导作风和企业文化，商场超市就能拥有极大的、他人难以模仿的竞争优势。

问题95：如何满足顾客的消费自主性？

现在的顾客在购物或消费时，不仅会根据价格、质量、服务水平、购物环境等因素来评价商家提供的产品与服务，同时也会根据自己在购物或消费过程中是否得到充分的理解和尊重，行使应有的"自主消费、自愿消费"的权利，也就是用消费自主性大小来判断获得的满意度多少。

那么商场超市应该如何满足顾客消费自主性、提升顾客满意度呢？具体措施如图6-13所示。

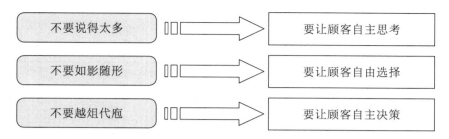

图6-13　满足顾客自主消费性的措施

1.不要说得太多，要让顾客自主思考

很多导购员习惯在顾客浏览商品的过程中不停向其推销产品，可以说到了"喋喋不休"的地步，丝毫不考虑给顾客留自主思考的空间。这对于那些购买目标已经明确或比较在乎自己的想法和感受的顾客来说，几乎是难以忍受的，难怪他们会产生厌烦的心理，甚至想迅速"逃离"。所以导购员要对自己的"热心服务"有所收敛，做到图6-14所示的几点。

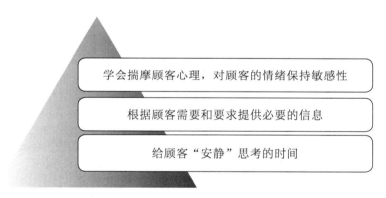

图6-14　让顾客自主思考

2.不要如影随形，要让顾客自由选择

这也是一个常见的景象，当顾客刚迈入店门或走近售货地点的一刻起，直至顾客浏览、选择商品的整个过程，导购员几乎时时伴其左右、如影随形。这是让很多顾客反感和不满的事。尤其是对于一些本着消遣、放松的目的来购物的顾客来说，能不能自由、"独立"地欣赏、选择各式商品是其体验消费自主性、产生满意感的重要来源。

3.不要越俎代庖，要让顾客自主决策

导购人员必须始终明确且牢记的一点是，顾客是整个购买过程的主角，虽然担负着引导顾客消费的任务，但顾客依然希望最终的购买决定由自己做出，应注意图6-15所示的几点。

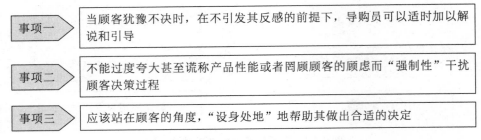

图6-15　让顾客自主决策的注意事项

问题96：如何提升顾客的满意度？

在当前的市场经济形势下，"卖产品就是卖服务"已成为众多零售企业的共识。对他们来讲，优质服务就是一面金字招牌，是赢得顾客、提升效益、增强竞争力的重要法宝。同等商品比价格、同等价格比服务、同等服务比满意。那么，商场超市该如何提升顾客的满意度呢？具体措施如图6-16所示。

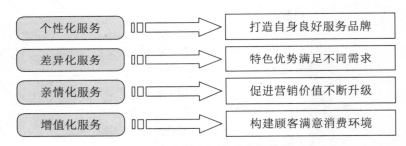

图6-16　提升顾客满意度的措施

1.个性化服务——打造自身良好服务品牌

个性化服务是一种有针对性的服务方式，它打破了传统的被动服务模式，能够充分利用各种资源优势，主动开展以满足用户个性化需求为目的的全方位服务，这不仅体现了商家以人为本的经营理念，而且能够与顾客之间建立起良好的合作伙伴关系，树立自己的服务品牌，提高顾客的忠诚度，进而达到赢取市场、赢得客户的目的。

比如，"××超市"是××辖区最大的一家专卖店。该店铺对店堂布局进行了改造，在位于储藏室的过门处隔出了一间小屋，配备了两台电脑和网络，并由两名营销人员专属办公。在有些人看来，这两名营销人员整天无所事事，不是上网就是微信聊天。其实不然，这是该店铺推出的一项个性化服务措施。他们在电脑上建立了"顾客交流微信群"，根据新老顾客留下的相关信息，诚恳邀请顾客加入群内。为了鼓励更多的消费者加入该群，他们还采取了"进群就送礼"的方式，为每一位初次进群的消费者赠送保温茶杯。

据店铺老板文先生介绍，他们建立顾客微信群的主要目的是图6-17所示的四个方面。

加强与消费者的即时沟通，随时随地了解顾客在销售、营销服务等方面的需求和建议，进而更好地改进营销服务工作

突出产品宣传，每当店铺购进新的品牌或者其他新商品，他们就会利用微信群向消费者及时传递相关信息，如产品产地、零售价格、口味特征、包装特色、品牌文化等，并经常上传一些视频到群里，图文并茂、形象生动地向消费者传递商品信息

开展消费调查，通过调查问卷的方式，征求消费者对商品品牌的需求，然后依据消费者的反馈情况组织购进相关品牌，既保证了适销对路，促进了销售，保证了资金周转，也满足了消费者，达到了顾客满意，增强了顾客依赖

拉近了与顾客之间的情感距离，扩充了店铺人脉，聚集了店铺人气，实现了店铺的良性运转

图6-17　建立微信群的主要目的

自建立微信群，推行这一个性化服务措施后，店铺的经营效益较往年增长了14%，有效地降低了经济环境所带来的影响。

2.差异化服务——特色优势满足不同需求

随着社会的发展进步，社会公众的消费观念和消费方式都发生了巨大变化，他们对商家的服务要求越来越高，越来越多样化。面对众口难调、形色各异的消费者，零售商家如何赢得每一位消费者的"芳心"呢？答案很简单，那就是运用"差异化服务"为顾客量身打造符合其口味、爱好、需求，且有别于竞争对手的服务，这既是提升经营效益的有效手段，也是战胜竞争对手的一种做法。

比如，××购物商城自2008年开张以来，生意就一直非常地红火，不但在本地周边县市有着多个分店，而且还涉足了其他产业。该店铺之所以能够长久不衰、蒸蒸日上，关键在于他们很好地运用了图6-18所示的差异化服务措施。

图6-18　差异化服务的措施

（1）形象服务的差异化。商城自开业以来，就把"关注您的需求，关注您的满意，关注您的一切"作为对消费者的承诺，无论是在售前、售中还是在售后服务中，方方面

217

面、点点滴滴都突出了该商城无微不至的服务形象。日常经营中，他们通过商场超市网站互动、开展经理接待日、客户座谈会、供货商见面会、顾客微信群等，积极搭建沟通平台，并形成自己独有的服务品牌。

（2）商品服务的差异化。为了让消费者吃上"放心菜"，他们承包了当地几个村庄的蔬菜基地，实行公开透明的无公害蔬菜种植。在蔬菜种植各个环节，他们都会邀请一些消费者代表现场监督，并主动征求他们的建议和意见。

（3）营销服务的差异化。每当商城购进新品食品时，他们都会自行举办新品品尝会。针对处于城市中的企事业单位，他们通常采用发函的方式邀请相关人员参加，这样做既不会打扰客户的工作，而且显示了对客户的尊重，让其感到"倍有面子"；而针对城郊和农村的工业厂矿，他们则采取送上门品尝的方式，一来是体谅这些客户路途遥远，交通不便，二来是表达自己的真诚，用真诚去感化客户、赢得合作。

3. 亲情化服务——促进营销价值不断升级

亲情化服务是情感营销的范畴，它是通过以情感来打动顾客进而实现产品销售的一种服务模式。亲情化服务不受时间、地点和服务对象限制，其特点如图6-19所示。

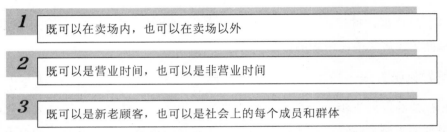

1 既可以在卖场内，也可以在卖场以外

2 既可以是营业时间，也可以是非营业时间

3 既可以是新老顾客，也可以是社会上的每个成员和群体

图6-19　亲情化服务的特点

亲情化服务的价值在于，能够与顾客建立融洽和谐的合作关系，促进商场超市营销服务的升级，增强店铺的核心竞争力，具体措施如图6-20所示。

1 服务人员要尽可能地多了解顾客，熟知他们的消费需求。比如，对于进店的老顾客，要能准确地拿出他所喜爱的品牌

2 要求服务人员在见到顾客时，都要笑脸相迎并给予亲切的问候。当顾客提出需求时，不能以任何借口拒绝，要增加顾客的满足感和归属感

3 针对特殊客户群体设立"绿色通道"，要求服务人员给予全程服务指导，并提供免费送货上门服务

4 定期开展互动活动。与社区居委会联合开展各种活动，以此来拉近与顾客之间的情感距离，提升超市的亲和力和凝聚力

图6-20　亲情化服务的措施

4.增值化服务——构建顾客满意消费环境

增值化服务也被称为"特色服务"，是商家在保证基本服务的同时，采取的超出常规的服务措施，是个性化、差异化、亲情化服务的拓展和外延。

比如，免费帮助居民代订牛奶、代收报刊快递、代缴水电煤气费用等。为了更好地服务小区居民，还可在店铺门口摆放打气筒、充电宝、雨伞等，供那些路过的居民无偿使用。

增值化服务可以结合营销活动，也可以跳出营销来开展。增值化服务，可以带来图6-21所示的好处。

能够为商家带来商品经营以外的经济效益，增强店铺的竞争实力和发展潜力

好处

可以提升商家服务品质和质量

图6-21　增值化服务带来的好处

 相关链接

大型连锁超市提升顾客满意度的策略

大型超市应从以下几方面着手提升顾客的满意度。

1.树立"顾客满意"的经营理念，强调"细节服务"

顾客满意取决于全体员工的服务态度和水准。超市要在自己的经营方针和目标中体现出"不断提高顾客满意度"的思想，对员工进行公司经营理念培训，使员工在价值观、职业道德观、行为规范和员工素质等方面，都遵循"一切让顾客满意"的理念，从而在企业内部自上而下形成一种共同认同的"顾客无流失"文化。在企业内部应导入"下道工序是上道工序的客户"的顾客满意理念，并最终共同为外部顾客提供最佳服务。对于超市这样一个应该特别注重细节的行业来说，每个细节过程都会被顾客所关注。顾客偶尔一次"不满意"的购物经历，就可能影响着顾客的满意度。企业做得较好的一些服务上的小细节，能给顾客留下深刻美好的印象。因此，只有关注目标顾客、关注每个细节，真正地为顾客着想，超市才能有长久的发展。

2.加强生鲜管理，提高商品质量

随着人们对超市的产品要求的提高，超市应该在保证生鲜质量的同时，通过随时了解销售情况的办法来控制加工，让生鲜从生产到上柜的流程更科学。同时，丰富品种和提供更完善的加工服务也是让生鲜更受欢迎的策略。其中，一些额外的服务能提高顾客的满意度。

比如，顾客在购买新鲜水产品时，能现场洗杀干净会觉得更加方便；超市配套提供包装好的生鲜炒菜原料，也是促进生鲜销售的方式。只要服务品质得到了保证，再辅以一些价格手段，生鲜食品的销售还是有很大潜力可挖的。

3. 超市应慎用"价格策略"

"商品价格"对顾客购物的影响程度很大，特别在超市中购物这种影响更为明显。但是仅仅靠低价来吸引顾客并不能带来顾客的忠诚。时常听到有顾客对低价商品质量的抱怨以及超市用低价制造人气而实际情况与宣传很不相符的一些事情。这些事情给顾客带来的是喋喋不休的抱怨与后悔。因此对于超市行业来说，在让顾客多享受一点"购物前惊喜"的同时尽量减少顾客"消费后的抱怨"显得更为关键。超市在应用价格策略时，要在其他方面做好充足的准备，让价格战具有一定的"实力底蕴"。

4. 努力提高服务人员的基本素质

顾客对超市在"服务人员"方面的评价均不高，主要表现在"熟悉商场超市布局及商品分类"和"员工的专业知识和水平"两方面。如果营业员在顾客需要时不能提供一些专业性的建议和意见，不能设身处地为顾客着想，更不会随机应变，顾客在购买时便多了几分忐忑。

作为服务性行业，员工是直接与顾客打交道的群体，他们素质的高低直接影响超市的声誉。因此，必须投入足够的资源，通过技能培训、制度化管理以及企业文化的熏陶等多手段来提高员工素质。

5. 保持良好的购物环境

如今许多顾客都想要让购物过程成为一种享受，因此超市更要懂得"卖文化"。大型超市必须讲究店内的环境，这些环境因素主要包括光线、色彩、音响、通风、气味等，超市应在这些方面多加注意，为消费者营造一个舒心的购买环境，让顾客留下良好的购物体验。

问题97：服务中要做好哪些细节？

越来越多人会选择去大型的商场超市购物，因为大型商场超市商品比较齐全，人们都想图个方便。可是有些大型商场超市的"细节服务"不够周到，反而给消费购物带来不少不便。图6-22所示的几点就是商场超市不可忽视的服务细节。

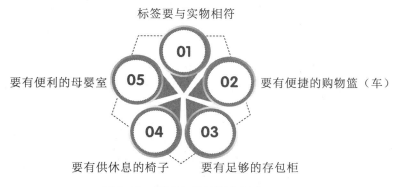

图6-22　不可忽视的服务细节

1.标签要与实物相符

有消费者这样反映：超市就是买东西方便，可是这样的服务却让我们不怎么放心。

比如，在各家大小不同的超市里，都有标签与商品不符的情况，最明显的就是面包类食品，形状不同、口味不同的面包包装袋上一律贴着"吐司面包"，而且在配料表上也都印着相同的配方。

2.要有便捷的购物篮（车）

如果细心留意的话，在商场超市很容易发现一些等待结账的顾客，手里推着大推车，可是所装的物品却很少。

问一位推车的顾客说："您买这么少的东西，拿个筐不就装下了吗，推车多不方便啊？"顾客回答说："我买的东西大部分是水果和饮料，数量是不多，可是重量却不轻，拿着筐挺沉的，可大车太不方便，要是有个小车就好了。"

3.要有足够的存包柜

超市是自选购物性质，很多超市是不允许顾客将体积较大的包及提袋带进卖场的，自动存包柜这时就发挥了很大作用，然而一些超市的存包柜损坏多日不见维修。

比如，某超市自动柜的显示屏上，大部分显示着"满箱"，个别的柜子上面贴着"此柜已坏，暂不能使用"字样的纸条。一位女士见有人来取包了，她马上跑过去，等柜门一关，赶紧把硬币投了进去。问她："超市允许带包进去的，为什么还把包存起来呢？买完东西还要来取，不是很麻烦吗？"她回答说："我刚从邮局取了一个包裹，挺沉的，拿着它走来走去买东西不方便。只是超市存包柜太少了，抢不上。"

4.要有供休息的椅子

一些大型的超市会有上下两层购物区，而且每层的面积都不小，把超市转个遍还真需要花上一段时间，况且还有不少老年人来这里购物。注意到，在购物区内基本找不到可以休息的地方，只有在结账后来到出口处才可以找到长椅。

5.要有便利的母婴室

对经历过哺乳期的妈妈们来说，以前出门最大的不便就是喂奶或挤奶，找不到私密环境、没有干净的台面、没地方放孩子换尿布、不方便洗手……种种困难都让妈妈和宝宝们的出行路显得"道阻且长"。

婴童和宝妈是对环境要求非常严格的一类群体，深入细节可以发现，地面水渍是否及时清理、是否铺有防滑垫、是否关注到哺乳时的隐私、是否安置独立喂奶室或私密门帘等，都极其影响宝妈的使用体验，这也是商场（超市）服务水平以及人文关怀的体现。

特别提示

商场超市是展示一座城市文明形象的重要窗口，而文明，藏在一个个细节里。这些细节，可能是只有残疾或老年朋友才需要的无障碍设施，也可能是只有妈妈们才关心的母婴室，可能是只有消费者在售后服务时才要找的咨询投诉台，还可能是商场职工整理完货品剩下一大堆纸箱才想起的垃圾分类设施。

问题98：如何妥善处理顾客的投诉？

对于商场超市来说，遇到顾客投诉是一种很常见的情况，投诉处理人员要掌握顾客投诉的处理程序，将顾客投诉圆满处理，以此来赢得更多的顾客。顾客投诉处理基本流程如图6-23所示。

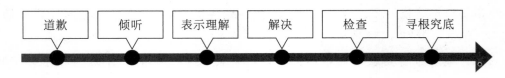

图6-23　顾客投诉处理基本流程

1.道歉

顾客无论是出于什么原因来投诉，接待人员都应当先进行道歉，使顾客平静下来。

2.倾听

（1）让顾客发泄。先通过开放式的问题让顾客发泄情绪，然后才能了解问题的实情。要理解顾客的心情，稳定顾客的情绪，请顾客坐下来慢慢谈，把顾客从情绪引导到事件上面去，让他把问题讲述出来。

（2）充分倾听。说服别人的最佳途径之一就是利用自己的耳朵，倾听他们所说的话。客服人员处理顾客投诉实际上就是一个说服顾客的过程，要想处理好顾客投诉，必须先认真倾听。

3.表示理解

表达理解和同情要充分利用各种方式，与投诉者直接面谈时，以眼神来表示同情，以诚心诚意、认真的表情来表示理解，以适当的身体语言，如点头表示同意等。

4.解决

在倾听顾客的过程中，要迅速弄明白问题的关键所在，并找到解决的办法，以迅速让顾客满意。

5.检查

做出补救性措施之后，要检查顾客的满意度，并且要再次道歉，然后与顾客建立联系并保持这种联系，留住顾客。

6.寻根究底

这一步对卖场来说是极重要的，采纳顾客投诉传来的信息，改进自身的商品质量、服务与工作，才是经营的长久之道。

 相关链接

超市常见的顾客投诉类型及处理方法

一、价格方面

超市经常会遇到商品实物价格与价签不符情况的顾客投诉。

1.可能出现的问题

（1）顾客看错价格。

（2）价格确实错误。

（3）价格标注正确，但系统没有调价。

2.处理的原则

（1）必须专人负责接待处理顾客投诉，明确接待、处理的人员分工。

（2）在处理顾客投诉的过程中，员工不能出现任何怠慢、拖延、应付等接待服务问题。

3. 解决的办法

（1）无论何种原因造成顾客投诉价格，在没有查清问题原因的时候，店长必须首先安抚顾客情绪。

（2）查清原因之后要针对不同的问题立即对顾客进行回复解决：

① 如顾客自己看错了价格，首先要站在顾客的立场说话给顾客台阶下，不能恶语相向。

② 如核实确实是门店自身原因造成的价格错误或未调价，应诚恳向顾客道歉，取得顾客谅解。询问顾客是否需要购买，征求顾客意见后，可为顾客办理退货。如顾客执意按照低价格购买则门店要主动承担差价，满足顾客要求。

二、服务方面

超市经常会接到由于对员工服务不满而引发的投诉。

1. 可能出现的问题

（1）顾客对员工接待服务不满引发的顾客投诉。

（2）退货服务不满引发的顾客投诉。

2. 处理的原则

（1）顾客永远是对的。

（2）如顾客有要求，员工必须向顾客道歉。

（3）不能在顾客情绪激动时立即处理。

3. 解决的办法

（1）如员工对顾客购物行为不满，出现顶撞、怠慢、恶语相加、争吵时，店长必须首先向顾客道歉，安抚顾客情绪，将顾客引入办公室解决。

（2）了解事情经过，根据问题影响的程度和顾客要求，决定是否要员工当面道歉。如顾客情绪激动，应避免让被投诉的员工与顾客接触。

（3）在处理的过程中，店长要站在顾客的角度考虑，做出顾客最能接受的合理处理方式。

（4）避免此类投诉事件，门店要加强员工日常礼貌待客的培训管理，要明确门店各环节管理人员的责任职责，正确处理好日常工作中顾客的接待服务工作。

三、商品质量

超市经常会接到由商品质量而引发的投诉。

1. 可能出现的问题

（1）顾客购买食品类商品后，误认为商品质量存在问题。

（2）顾客购买商品后，由于操作或使用不当而误认为商品存在质量问题。

（3）顾客购买商品后，确属商品质量存在问题。

2.处理的原则

（1）掌握《消费者权益法》相关规定，在处理的过程中要按照法律规定进行处理、协商和调解。

（2）在处理的过程中，首先要判断顾客所购买的商品从外观、气味、质量等方面是否存在质量问题，提出正确解决办法。

（3）了解顾客购买商品后在使用和操作环节是否存在问题，从此环节判断是否存在不当操作导致商品出现质量问题。

3.解决的办法

（1）如在处理的过程中，属于顾客对商品质量鉴别不清或使用不当的问题，店长要对顾客进行相关法律、常识等的介绍，从专业的角度赢得顾客的信任。

（2）如接待的投诉确实属于商品质量存在问题，店长在处理的过程中首先要安抚顾客情绪，要本着不推卸、不拖延、帮助顾客解决问题的出发点，积极主动地进行联系处理，要让顾客在整个处理的过程中体会到真心，从而把问题尽快处理。

四、顾客刁难

门店在经营的过程中，每天面对形形色色的顾客，难免会遇到顾客刁难滋事的情况。

1.可能出现的问题

（1）顾客侵害门店利益，员工劝阻时却蛮不讲理。

（2）有意挑衅、寻事的不良购物行为。

（3）因对门店某一方面产生不满，借题发挥、小题大做的顾客。

2.处理的原则

（1）此类顾客接受事物的程度往往停留在表面现象。因此，在处理的过程中，如不能震撼住顾客，就得以一些小恩小惠来解决眼前麻烦。

（2）对恶意挑衅、寻事的顾客，劝说、警告无用后应立即报警处理。

五、员工工作失误

由于员工在日常工作中疏忽大意，进而引发顾客投诉事件的发生。

1.可能出现的问题

（1）员工在收款的过程中收错款。

（2）所售的商品配件不齐。

（3）员工工作失误，不能诚实面对。

2.处理的原则

（1）店长必须真实了解问题出现的原因，不能片面听从顾客或员工的讲述。在没有弄清之前，不能断然做出处理。

（2）涉及钱款方面的投诉，店长必须考虑在结账的过程中员工操作是否存在问题，如没有问题，不能随意为顾客查账或点款。

（3）如员工工作失误给顾客造成损失，应向顾客诚恳道歉，取得顾客原谅。

六、商品防损

为了降低门店损耗，员工在防损看护时，容易出现看错或以貌取人冤枉了顾客的情况，导致投诉。

1. 可能出现的问题

（1）员工在跟踪顾客选购的商品是否结账时，没有看准，询问顾客或要求顾客拿出商品，进而引发顾客投诉。

（2）员工在看护商品的过程中，对个别顾客的购物行为、举动进行不怀好意地盯看，从而引发顾客投诉。

2. 处理的原则

（1）门店要做好员工的防损培训工作，在没有看清的情况下，不能用肯定的言语来追问和要求。

（2）门店禁止使用忌讳的言语对顾客进行询问，如偷、拿等词语，避免顾客抓住话柄，不利于快速处理。

（3）根据顾客情绪的缓和程度，决定员工的道歉处理做法。

七、顾客利益受损或意外伤害

顾客在卖场购物的过程中，由于门店设备设施存在一定的安全隐患，出现顾客衣物受损情况遭遇投诉或顾客在购物的过程中会出现意外伤害或个人财产损失的现象。

1. 可能出现的问题

（1）顾客在购物的过程中，由于门店的商用设施存在安全隐患或员工在工作中的操作不当，导致顾客碰伤、衣物损坏。

（2）顾客在购物的过程中，个人财物丢失或员工看护不当丢失的情况。

（3）顾客在购物的过程中，出现意外伤害引发的投诉。

2. 处理的原则

（1）掌握相关法律法规，在处理的过程中要根据事件类型，运用法律法规进行规范处理。

（2）首先要判断投诉事件的主体责任人，是门店原因还是顾客原因。根据事件的严重程度及时上报营运中心经理。

（3）如顾客自身原因出现财物丢失，门店要积极协助报警和帮助寻找。

（4）如门店工作失误导致顾客财物丢失，则应按价相应赔偿。

（5）如顾客在卖场购物过程中出现意外伤害应第一时间做出救护措施，协助顾客联系家属。

（6）如顾客在购物过程中出现意外伤害等情况，门店应第一时间进行紧急救护、报险。

八、其他方面

1. 可能出现的问题

顾客在选购商品时，将商品打碎，员工发现后坚持让顾客赔偿。

2. 处理的原则

（1）了解顾客将商品打碎的原因，如为门店购物设施的原因造成商品脱落，应根据打碎的商品类型尽可能不用顾客赔偿。

（2）如脱落的商品为贵重商品，则需要与顾客协商共同承担。

第三周　向数字化转型

近年来，我国零售行业发生深刻变革，有的传统商场超市到店客流急剧下降，在这样的背景下，传统卖场唯有抓住机会加速推进数字化，大幅提升到家服务能力，才能实现自身的蜕变。

问题99：向数字化转型有哪些措施？

近年来越来越多的商家开通了线上门店，积极开展数字化转型，积极探索零售商超的数字化转型之路。

数字经济一定要通过数字技术和实体经济的融合，做进一步加深。这个才是未来线下零售突破自己、突破瓶颈、突破发展的必经之路。

为了更好地在市场中活下去，线上线下零售渠道都应进行全新的探索，这或许可以给大型商超的转型带来启发。

比如，京东到家链接京东小时购，美团打通跟各种超市的连接，超市开展社区团购业务，有些区域性的小型商超、社区店，尝试电商一体的模式，甚至有些超市尝试前置仓模式。

面对竞争的多业态和数字化转型的过程，以及线上线下融合的这种趋势，商场超市的应对措施主要集中在图6-24所示的几个方面。

措施一	组织和体制上的变革
措施二	加大技术投入，提升数字化能力，调整品类结构，以满足消费者的多样化的需求
措施三	更好地跟线上平台，如京东到家、美团闪购结合
措施四	自建线上平台和尝试创新业态

图6-24   实体零售商数字化转型的措施

 **相关链接** ⟨···

商超向数字化转型的案例

1. 永辉超市——极致用户体验是企业数字化转型的抓手

据了解，永辉生活到家，贴近居民的生活，目前永辉生活到家卫星仓从接到小程序的订单开始，到触发拣货、流转、打包，平均仅需3分钟，包括配送在内的流程也只需要30分钟。其卫星仓从选址、地推时就引用了腾讯智慧零售的圈层咨询功能。

此外，永辉还采用了三大数据精准服务：优品，精准预测销售情况及消费者商品偏好；优客，为线下门店洞察用户购物意向，识别目标客户群，优化每个转化环节；优Mall，以人工智能助力门店，提升消费者购物体验，实现对人货场的全面数据分析。

针对节假日用户暴增的情况，永辉对用户画像、流向、渗透率等进行分析，提前分析预测可能爆发的商品需求与区域，提前做好商品在不同仓之间的分配、运力调配、仓储方案等方面的统筹安排，有效提升到家服务订单履约能力与消费者满意度。

此外，永辉超市的全国化采购和区域化采购体系早已建立，而且具有明显的供应链分层：上游做特色农业，中游做大件物流，下游做业态创新，最后整合成一个全产业链采购体系。从一开始，永辉的供应链走的是全球商品对接、仓储物流、支付金融等大通路。

2020年8月永辉超市控股永辉云创，聚焦线上业务和科技中台发展，推进到家与到店业务的融合发展以及线上线下一体化进程，不断提升管理效率、降低后台成本，进一步加速永辉超市的数字化转型步伐。

2. 家乐福——零售经营数字化＋供应链释能，转型凸显成效

家乐福依托电商平台的仓储网络、物流和数字技术成功进行了数字化转型，把用户需求和实体店铺直接打通，打造了1小时场景生活圈。

（1）零售经营数字化，苏宁赋能显成效

老牌零售企业家乐福是大卖场业态的首创者，也是第一批进入中国市场的外资零售企业。2019年9月，苏宁收购家乐福中国，全球大卖场自此开始了在中国市场上的转型之路。数字化转型，是第一步。以往家乐福门店使用传统的pos机，如今在家乐福门店内新增了扫码购、自助收费机，实现了与苏宁易购的优化打通，消费者在支付环节可以直接使用云钻抵扣。苏宁易购将数字化运营纳入到家乐福体系内，进一步提升用户转化。

苏宁也帮助家乐福接入了更多互联网销售渠道，苏宁易购平台、苏宁推客以及第三方平台等多渠道帮助家乐福拓深消费市场，PP体育、苏宁榴莲社区通过直播等手段帮助家乐福构建私域流量池。

与此同时，依托苏宁全场景布局与物流布局等全产业资源，家乐福不断升级到家服务，并在苏宁研发的数字化信息管理工具指导订货、选货、拣货的助力下，工作效率得到大幅提升。为了到家业务的优化，家乐福设置了专门的快拣仓，并针对性地研发了"店＋"系统、微仓系统、慧眼系统加强对库存和到家业务流程的管控。在数字化工具的指导下，快拣仓内收录了近两周消费最高频的单品，并根据销量定期调整快拣仓的SKU种类、商品订单数量，大大节省了拣货的时间。

一线拣货员表示，自从建了快拣仓、上线了微仓系统，订单里的每个商品都标注了具体的货架信息，并自动规划好了拣货线路，不到5分钟，十几件商品全部拣货完毕，并完成与送货员的交接，日均订单量能上升到500单，休息日都在1000单以上。

（2）供应链平台加速释能，构建内循环有力抓手

门店数字化转型，是家乐福融入苏宁后全方位升级转型的缩影。收购之初，苏宁承诺将帮助家乐福实现五大升级举措，包括拓展互联网新门店、推进现有家乐福店面形态优化、进行数字化升级、帮助家乐福以零售云的方式进入低线市场以及依托家乐福和苏宁小店全面升级到家服务。

此外，在商品体系打通的同时，家乐福旗舰店也在苏宁易购上线，把家乐福中国的仓、店与苏宁易购线上App里面的用户需求直接打通，实现了其从近场、远中场到远场的三个不同场景的格局打开。日后，家乐福还将进一步向供应链平台发展，向低线城市的夫妻店开放供应链。

3. 华润万家——加速线上线下一体化，探索全场景数字营销

作为传统商超巨头，华润万家在中国超市百强名单中连续两年蝉联第一。在零售O2O蓬勃发展的今天，华润万家也积极寻求数字化转型，加速线上线下一体化。一方面，华润万家建设自有线上渠道"华润万家App"，另一方面与京东到家、美团外卖、饿了么等第三方线上渠道展开合作，推进到家业务，拓宽服务范围。

在业态组成上，一向以规模取胜的华润万家逐渐收缩传统大卖场业务，向小业态、精品业态发力，推出高端超市、标准超市、便利店等新业态，涉及苏果、万家MART、Olé、万家LIFE等多个品牌。其中，社区便利店万家LIFE仅推出2年就达到近300家门店，精品业态万家MART则计划在未来2年增至100家。

华润万家还通过一块块可实时变更，可与顾客深度交互的数字商显屏幕进行全场景数字营销。该方案结合电子价签、电子营销屏、智能传感器和AI摄像头等多项技术和应用，打造了全场景营销平台系统，进而通过全场景多触点终端，形成一个收集积累数据→分析数据→应用数据→收集积累数据的营销闭环系统，帮助华润万家完成数据资产沉淀及应用管理，赋能卖场以精细化、个性化为核心的精准营销能力。

其中，生鲜模版自动匹配绑定商品数量，抓住生鲜管理核心，依据生鲜高损耗特点，早晚市时段自动显示促销和特价商品，吸引顾客购买，消耗库存。此外，生鲜看板还可展示相应菜谱，用生动内容吸引客流。农残看板也是一大亮点，可直观展示果蔬类的农残检测报告，让消费者安心购买。

4. 沃尔玛中国——数字化"加速度"，打造智慧购物体验

沃尔玛小程序于2019年全面上线，将"到店"与"到家"消费场景融合。

沃尔玛在人力、物力方面都投入了很多来加速数字化进程，跟消费者建立长久的联系，这种关系能够帮助沃尔玛做两件事情：第一件事情是在消费者不购物的时候也跟其保持一定的联系，且能够主动地与消费者联系，而不是在门店这个实体空间内被动等待消费者来；其次，在消费者来到沃尔玛门店这个"场"的时候，可以把小程序作为一个工具给消费者使用。

在零售数字化领域，沃尔玛中国早已与腾讯、京东、达达等展开过多项合作，包括在京东上线多家旗舰店，与达达、京东到家合作解决最后一公里问题及沃尔玛云仓项目，与腾讯通过小程序解决顾客痛点等。

5. 大润发——阿里控股高鑫零售，加速数字化变革

近年来，高鑫零售一直在深化与阿里的合作，加速数字化变革。截至2020年10月，大润发所有门店已经全面实现在线化，并接入饿了么、淘鲜达和天猫超市共享库存业务。所有门店都提供门店5公里范围内1小时配送，其中180家门店支持20公里范围内半日达服务，助力用户体验升级。

大润发通过和阿里合作，把仓储与货架的所有数据全部贯穿在一起，形成实时的准确的数据。打通数字化后，卖场每一个环节都可以通过数据驱动。在数字化没打通前，线上订单采取的是单拣、单包、单配的模式，200单以上就是瓶颈。订单多时，现场一片混乱。但数字化打通后，员工所有的动作依据系统指令去做。通过集单系统，进行多单的拣、包、配。把畅销商品放入快拣仓，集中拣货。在前场通过悬挂链，代替人走路，这些举措都大幅度提升了效率，保证了履约时效。

中台数字化改造后，大润发的门店店仓合一，一套供应链体系对接多个销售渠道，通过一小时达、半日达、次日达，满足To B、To C的需求，以及顾客到店、到家的需求。

6. 家家悦——供应链和数字化打造企业护城河

家家悦是以超市连锁为主业、以区域一体化物流为支撑，以经营生鲜为特色的全供应链、多业态的综合性零售企业。

2020年，家家悦在提升供应链、加速区域扩张的同时，一方面优化业态，对老店进行升级，优化商品结构，加强门店精细化管理，增强精准服务和顾客体验；另一方面，全力打造新一代数字平台，落地数字化战略，不停探索全场景。

面对"宅经济"，2020年初家家悦火速推出优鲜App和优鲜小程序，加强新零售业务推广，推动O2O及社区团购业务全覆盖。为满足消费者足不出户下的"菜篮子"需求，"家家悦生活港"推出后，家家悦到家服务更是井喷。作为家家悦全力打造的新业态，"家家悦生活港"汇聚全球100多个国家的上千种优质食材，通过"精品超市＋特色餐饮＋营销新概念"的全新组合，打造即买即食的新消费体验。

目前家家悦形成了生活港业态、O2O到家业务、社区团购、直播四大板块的全渠道服务，并将以此为基础继续推进渠道端的线上线下联动，满足顾客全场景服务需求和体验，努力构建中国一流领先的零售企业。

7. 物美——数字化和互联网方式对传统门店进行改造

数字化实现过程中，物美成立数字化会员中心、商品中心、履约中心。会员是用户群体的核心，商品中心通过数字化的方式把生产者和消费者之间更好连接起来，让消费者实现到店到家各种服务，提高效率，让消费者更满意。数字化履约中心为物美落地"30分钟送达用户"创造条件。

数字化改造以后，传统门店在商品的陈列领域已经实现了完全数字化管控，最

大的好处是带来整体业务流程的效率提升。数字化转型后，通过运力、管控、智慧路线、智能排班等数字化管控的方式，客户满意度大幅度提升。

数字化离不开系统的支撑，多点开发了OS系统，这套系统支撑了整个物美体系，并且是服务物美以外商家的最核心的操作系统，系统特点是全程数字化、统一数据和业务中台、到店到家一体化、模块化和开放性。因为这个系统是经过时间验证的，现在已经将所有的业务搬到线上，所谓线上就是"六在线"——会员在线、员工在线、营销在线、商品在线、服务在线、管理在线。

8.超市发——微店全面开发上线，利用大数据精确营销

为满足顾客日常生活所需，超市发积极发展线上业务，开发超市发小程序网上订货、顾客朋友圈微信订货，以科技手段助力零售。

上线"超市发鲜到家"微店，主打"超之鲜"自有品牌的果蔬商品；开启直播带货，拉动线上销售；开发智慧互动屏，通过提高运营手段，优化互动内容，提升会员关注力完成会员数字化；通过对人脸识别、领券、最终支付消费数据的分析形成用户画像，2020年线上注册会员同比提升30%；多店上线电子价签、营销屏、端架互动屏，实现了端架商品的精准营销能力；开发顾客反馈程序，通过公众号＋小程序开发实现顾客投诉建议、好物分享、调研等功能。

如今超市发用数字化推进顾客连接、会员服务，其不仅实现了微信公众号粉丝达70余万，月活跃电子会员超过7万人，复购率达26%。超市发随需而变，以生活超市、生鲜超市为核心业态进行新店开发，依据商圈需求开办海淀社区商业e中心，为周边社区服务创造新的价值。在数字科技的助力下，2020全年新开直营店9家，加盟店8家，调改店7家，进一步巩固区域龙头的市场地位。

9.朴朴超市——"前置仓＋纯线上＋自有配送团队"的运营之道

朴朴超市主要采用"前置仓＋纯线上＋自有配送团队"的模式，以生鲜为主打，同时兼顾全品类。在居民小区附近设置货仓，用户通过App下单，一定公里范围内可配送到家。

早期的朴朴超市，前置仓面积约300～500平方米，现在的主流面积在800平方米左右，店面在扩大的同时，SKU也在增加，从3000个提升到了3500个。另外朴朴的经营逻辑也在变化，从追求速度（30分钟送达）到以用户体验为中心，价值观在升级。升级后，朴朴的订单量、客单价等均有所提高。

10.冠超市——数字化智慧管理、科学决策，助力成为"区域零售之王"

近两年，冠超市曾多次尝试与淘鲜达、多点等成熟的互联网平台合作开展到家业务，最终决定采用全球蛙全渠道联盟平台做第三方技术支持，自己独立运营冠到家App。

基于到家 App 平台的数据赋能，冠到家将线上和线下数据相融合，并且根据实时大数据，可以对消费者信息以及消费行为进行深度挖掘，从而可以描绘用户清晰画像，并将重要特征标签化，精准分析用户喜好和购买趋向，为消费者打造精准化、智能化、个性化为一体的消费体验，线上成交率提高了 30%。同时，通过数据赋能，冠到家还可以采集多维度信息并不断优化配送线路，在科学规划下形成的高效配送带给了顾客最便捷的到家购物体验。这样一来，在冠到家系统后台逐步实现的商品数据化、顾客数据化、销售数据化、管理数据化等，都可以帮助冠超市实现数字化智慧管理、科学决策，助力其成为"区域零售之王"。

问题100：如何全渠道扩展转型？

在目前实体零售店转型浪潮中，有两大主流方向，其一是实体门店升级改造，提高商品力和供应链效率，所谓"修炼内功"；另一大方向便是扩展全渠道，增加商品与消费者接触的触点，以应对行业"寒冬"。

按照官方的定义，所谓全渠道零售（Omni-Channel Retailing）就是企业为了满足消费者任何时候、任何地点、任何方式的购买需求，采取实体渠道、电子商务渠道和移动电子商务渠道整合的方式销售商品或服务，提供给顾客无差别的购买体验。

那么，实体零售商所说的全渠道到底是什么？如何以正确的姿态拥抱全渠道？具体措施如图6-25所示。

图6-25　拥抱全渠道的措施

1.渠道的本质是触点，全渠道就是多触点

在PC时代，以B2C为主要模式的电商成为实体零售商开展全渠道的主要途径。很多零售企业家认为，开展全渠道就是创办一个电商网站。在当时，确有不少实体零售企业投入不菲，建立了自己企业的B2C网站平台。

但随着微信小程序以及基于移动端的各种O2O工具的推出，如喵街以及企业开发的基于线下商品电子化的App成为新的流行渠道。零售商这才发现，全渠道并不单指自己开发B2C电商网站，借助第三方平台亦可实现企业的全渠道战略。

事实上渠道的核心就是与消费者接触的触点，全渠道就是多触点。随着互联网应用的不断发展，未来有越来越多新的渠道诞生，零售商便可根据需要随时调整战略，选择自己企业的渠道。

> **特别提示**
>
> 按照渠道即触点的概念，零售商过去一些目录销售、电视销售甚至一些异业联盟的销售都可以视为全渠道，只不过当时没有这么一种说法而已。

2.全渠道是手段而不是目的

在实体零售店开展全渠道过程中，随着IT技术的发展和互联网应用的不断深入，一些企业开始迷失方向，忘记了自己要做全渠道的目的，具体表现如图6-26所示。

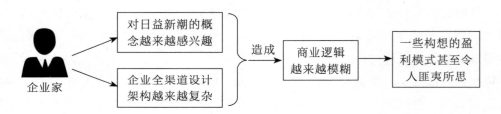

图6-26　企业在开展全渠道过程中迷失方向的表现

全渠道是实体零售企业为了加速转型应对寒冬的重要手段，但很多时候，我们往往不知不觉将其误认为是目的，最终导致"为了全渠道而全渠道"。

一旦将全渠道视为目的，企业便会迷失方向，什么技术最新潮便采用什么技术，什么理念最新鲜便照搬什么理念，最终的结果是"试遍所有渠道，依然做不好零售"。

3.全渠道要分清主次

实体零售商要开展全渠道，一个不能回避的问题是：线下和线上，谁是主、谁是次？谁为谁服务？

实体店开展全渠道的历程，一般会经历这样几个阶段，具体如图6-27所示。

4.全渠道要量体裁衣

如前所述，渠道即触点，任何能够接触到目标顾客群并达成交易的"触点"都可被视为渠道。而在移动互联网时代，越来越多的第三方平台将成为实体零售商可供选择的"触点"，具体如图6-28所示。

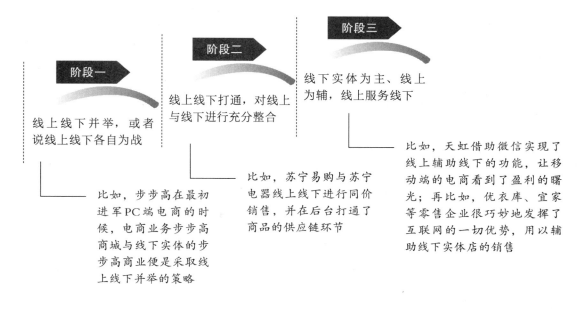

阶段一

线上线下并举，或者
说线上线下各自为战

比如，步步高在最初
进军PC端电商的时
候，电商业务步步高
商城与线下实体的步
步高商业便是采取线
上线下并举的策略

阶段二

线上线下打通，对线上
与线下进行充分整合

比如，苏宁易购与苏宁
电器线上线下进行同价
销售，并在后台打通了
商品的供应链环节

阶段三

线下实体为主、线上
为辅，线上服务线下

比如，天虹借助微信实现了
线上辅助线下的功能，让移
动端的电商看到了盈利的曙
光；再比如，优衣库、宜家
等零售企业很巧妙地发挥了
互联网的一切优势，用以辅
助线下实体店的销售

图6-27　实体店开展全渠道的历程

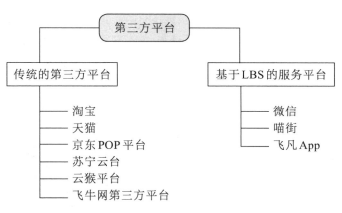

图6-28　第三方平台

与此同时，实体零售商亦可自建平台或者自己开发App。

因此，面对可供选择的各个渠道，实体零售商要根据自己企业的特点来量体裁衣打造自己的全渠道战略。

比如，步步高在尝试了PC端电商、基于LBS的云猴App之后最终找到了以跨境电商和生鲜电商为突破口的适合自己的全渠道战略。

再比如，天虹全渠道战略也是经历了PC端到移动端的转变，最终形成"网上天虹+天虹微品+天虹微信+虹领巾"的"实体店+PC端+移动端"的立体电商模式。

由此可见，实体店全渠道战略该如何布局，该如何选择适合自身条件的全渠道，这需要企业家深思熟虑，为自己的全渠道战略量体裁衣。

5.全渠道的核心是商品与服务

实体零售商开展全渠道的核心应该聚焦在零售业的本质——商品和服务上面，而不是令人耳晕目眩的新概念、新技术上面，如图6-29所示。

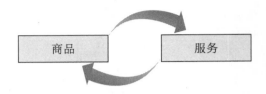

图6-29　零售业开展全渠道的核心

诚然，互联网技术的进化提供给实体零售商更多与消费者接触的触点，但是要做好零售，本质就是要做好商品与服务，否则，触点再多，也无人问津。

问题101：如何构建O2O生态闭环？

传统零售企业在引进线上渠道时所面临的困境，主要是由于没有真正实现O2O闭环所造成的。线上和线下的简单叠加，只是机械地完成了线上和线下的业务覆盖，并没有形成真正意义上的闭环。零售商所要完成的闭环，不仅要形成线上和线下市场的全渠道经营，更重要的是将线上平台和线下实体店有机地结合在一起，完成线上平台、消费者、线下实体店从"online to offline to online"的循环流动，具体措施如图6-30所示。

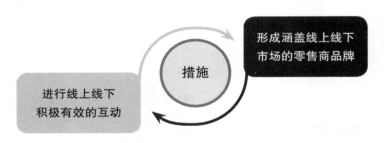

图6-30　构建O2O生态闭环的措施

1.进行线上线下积极有效的互动

一方面，在传统零售业具有诸多优势的条件下，将线上业务发展成自身提高销售业绩的另一种渠道。经过转型后，新兴的O2O零售商将线上和线下渠道充分融合，通过不断发展，形成一种品类新、质量佳的全面商品供应。除此之外，线下零售店可以为线上零售提供优质的售后服务，在一定程度上防止了部分消费者将线上销售商品定义为低质量商品。

另一方面，线上业务也有天然的优势。线上渠道可以扩大传统零售商的影响范围和辐射面积，使零售商的品牌影响力渗透到过去无法涉及的市场。在互联网时代，许多传统优势零售商涉足电商行业，借助于强大的品牌效应、产品供应和物流保障体系，使得线上渠道和线下渠道融合，激发出更大的潜力。例如，线上渠道的加入使得传统零售打破了原有的时间和空间限制，实现了与各级、各地市场的全方位对接。

2.形成涵盖线上线下市场的零售商品牌

根据消费者的习惯，大多数消费者在线购买商品时，首先关注商品的品牌，因此，线上品牌的发展规律也会与线下发展一致。同时，线上渠道与线下渠道的区别只是将交易平台移到了网上，并没有改变消费者购物的不确定性，并且和传统购物相比，单位时间能够搜寻的店铺和商品更多，面对琳琅满目的商品又不能实体感知，强化主观偏好，迷失在海量商品中也就成为常态，品牌自然成为网络购物的救命稻草。

"鼠标+配送"的线上购买模式不会完全取代线下购买，两种渠道应该利用好自身优势，形成互补。各零售商应该充分发挥自己接近一线市场、了解消费需求的优势，将线下渠道与线上渠道有机结合，重新打造产品供应模式，形成涵盖线上线下市场的零售商品牌。

 **相关链接**

如何把O2O模式应用到零售实体商店

这几年，随着网络营销的不断兴起，许多零售实体商店都已建立了自己的网站，有的还纷纷加入了第三方电商平台开设网上商城（不只在天猫上开设商城，在京东、唯品会、当当等平台也纷纷入驻），为了实现销售业绩的最大化，不惜花大成本投入到电商领域。我们也意识到，其实线上的电商成本不比线下的店铺成本低，很多零售实体店的老板心里都没有底，到底线上做电商花多少钱才算合适。

因此，对于零售实体商店，不管是什么行业，建议不要为了扩大销售渠道，直接以传统线上开设网店商城的形式进行引流，而是先把线上当成是一种营销渠道即可。对于规模比较小的零售实体商店，我们不用在一开始就直接投入那么高的成本，而可以采用O2O模式来做，将O2O模式应用到实体商店，既能兼顾线下，又能照顾线上，两者兼得，等到一定的阶段再进行营销策略的调整。O2O在零售实体商店中其实有很多的实用技巧可以采用，以下列出几个方面。

1.采用新品试用策略

零售实体商店经常会推出一些新品，如果能够利用这一机会进行"新品试用推广"，就可以改变以前在门店到处找人的模式，而是开设类似"新品试用"专区，让特定的客户直接到商店进行体验。通过现有互联网上的社会化营销，如微信、微博等途径吸引顾客到新品试用专区，进而带动店铺其他非新品的销售，同时由于试用的件数有限，就不一定要花去多大成本来"烧钱"了。

2. 实体商店应该专注品牌营销

不管零售实体商店是自营的还是销售其他零售品牌的商品，在利用O2O方式进行营销的时候应该注重"品牌营销"。如通过微博、微信发布活动"×××知名品牌展销会"，这样可以让用户通过线上的宣传了解他们关注的品牌，来店里购买的用户就不会是那种没有目的的客户群体，而是对这类品牌感兴趣的用户，如某某零售实体商店推出的"×月×××品牌大放送"之类的活动。

3. 利用会员卡等电子化形式吸引资金

零售实体商店难免会遇到资金周转问题，而O2O最大的好处就是线下的可以提供相应的电子凭证。会员卡或预付卡也是一种凭证，只不过是把电子凭证写入到实体卡芯片当中。预付卡或会员卡作为一种O2O模式的工具，可以让用户心里有一定的安全感，因为把钱充值到了预付卡当中，和银行卡一样，不仅线下的可以使用，线上的也可以消费，加上会员卡的积分活动，让用户觉得有利可图。

4. 使用情感策略进行营销

O2O模式在零售实体商店中，同样可以扮演情感的传递使者。为帮助零售实体商店发展市场上的客户，可以采用O2O模式提供"送礼品传情"的服务，用户在零售实体店铺采购电子形式的礼品之后，可以通过App、短信验证码、电子彩信优惠券等方式送给亲朋好友，企业购买类似的电子产品服务赠送给员工，让用户凭电子券去实体店提货，这样被赠送的朋友或企业员工就可以通过小小的电子券感受到赠送方的情感和心意。

O2O模式在零售实体店铺中的应用可以有多种多样的创新，如果能够利用好这些创新，那么即使规模再小的零售食杂店都可以做到让人满意的业绩。在零售实体行业中，O2O模式的玩法其实很多，所以拥有互联网思维的零售实体商店老板并不用因竞争的残酷而失去信心，O2O模式应用的前景是非常广阔的，最主要的是不用受到传统电子商务的思维的限制，以为O2O就是要做电商，就要"烧钱"。

问题102：如何推进O2O全渠道融合？

当前我国已经进入互联网时代，互联网正在努力地拥抱每一个人，并推动每一个人去拥抱世界。O2O现在被称作全渠道，实际上是信息化与流通领域的深度融合。今后将很难出现没有信息化的实体经济，也不会有不与实体经济相结合的电子商务。

对于商场超市这类零售企业来说，应通过图6-31所示的措施，推进O2O全渠道的融合。

图6-31　推进O2O全渠道融合的措施

1.以全渠道为方向走转型之路

截至目前，包括苏宁云商、国美电器、宏图三胞、步步高、王府井百货、银泰百货、沃尔玛等在内的众多传统零售企业已经纷纷拥抱互联网，踏上了O2O全渠道的转型发展道路。

比如，提起王府井百货，很多人心中会给其打上古老和传统的标签，但在零售业裂变的过程中，王府井百货却走在时代前沿。

王府井百货从2014年初就决定要全面进行第三次创业。围绕的核心是如何打造互联网时代百货业的新型发展模式。

以此为背景，王府井百货集团确定了全渠道发展的转型升级之路。这一年，王府井百货在门店布局了Wi-Fi，给导购配备了iPad，还引入了微信、支付宝等新型支付方式，并且大力拓展微信、App、网上商城等新型购物渠道。

O2O全渠道融合，未来是一个思维观念的改变，会有几个发展趋势，具体如图6-32所示。

图6-32　O2O全渠道整合的趋势

利用大数据和移动互联网则能够帮助零售企业在O2O的道路上走得更快。O2O代表了线上线下两端，在真正实施O2O的过程中，其实线下还是主流，占有90%，线上只有10%。所以零售企业拓展O2O更重要的是把线下的工作基础做扎实。

2.以门店为基础发挥线下优势

毋庸置疑，线下是零售企业拓展O2O的重要一环。实体门店是零售企业在零售业深耕多年的基础，在布局全渠道的过程中，发挥这一环的作用不容忽视。

（1）对于传统零售商而言，利用O2O还可以无限放大门店的有限空间。

比如，线下由于受到物理条件、场地面积的限制，商家很难将所有的商品都呈现出来，但消费者的选择又是多样性的。为此，苏宁就将门店的后台系统与线上进行了打通，这充分利用了线上无限展示、陈列商品的功能。消费者去苏宁门店，如果看到自己想买的某款产品没有展示销售，放在过去消费者会流失去其他家，但现在苏宁可以引导消费者直接在线上进行购买，然后由苏宁将商品送货上门，这相当于拓宽了苏宁门店产品的丰富度。

（2）除了卖商品外，企业更重视的是门店的服务功能，这是电商所欠缺的。

比如，有网购经验的人都知道，如果对商品不满意需要退货，就必须把商品寄回给商家，这很麻烦。而苏宁通过打通线上线下两个渠道后，一旦消费者对商品不满意，可以到附近的任何一家苏宁门店退货，这一举措提高了消费者对苏宁的好感，甚至能够将消费者不好的网购体验通过面对面服务转变为好的体验。

（3）除此之外，企业还可以发挥门店的配送优势。

比如，苏宁位于北京的每家门店都有类似库房的设置，消费者下单后，苏宁会选取离消费者最近的门店发货。通过这种极速达服务，消费者从下单到收到商品，只要一个小时的时间。

3.以信息技术为手段挖掘用户需求

传统零售企业在会员管理、单品管理上的力度比较薄弱。而在全渠道背景下，以信息技术为手段，则能够改变零售企业在会员和单品管理上薄弱的现状，并以此为基础进而实现挖掘用户需求的目标。

比如，家乐福在全渠道背景下，线上和线下都有各自的发展空间，而创新和专业化则是所有业态生存和最终成功的关键。通过创新，目前家乐福已经将二维码技术应用到了食品安全上，特别是在农超对接的生鲜食品上，顾客到门店后，用手机扫一扫就能得知购买产品的源头信息。

此外，家乐福还在利用社交网络创新与消费者的沟通方式，每天会利用微博、微信发布各种各样的话题，与超过700万的粉丝做互动。

问题103：如何布局新零售？

大数据时代到来、消费群体的改变、消费观念的更新和购买力的不断提高，对零售行业提出的要求更高，零售业转型升级势在必行。

1.布局小业态

传统零售的转型仍在摸索阶段，而在这个过程中，"大卖场小型化"成为行业共识。在业内人士看来，这势必会成为传统零售企业提升单位产出、优化品类结构的重要方向。

由于近年来消费者消费习惯改变，小型门店的便利性贴合了消费者意愿，加上小业态的运营相对大店来说比较灵活，特别是未来的商业模式会朝着个性化、定制化方向延伸，小业态就发挥了重要的作用，有望成为未来最有活力的业态。

目前已有多家零售企业在布局小业态，物美主打多点便利店，沃尔玛也推出了惠选超市，华润万家更是凭借小业态品牌，如乐购express、V>nGO便利店等率先抢占了赛道。

国内大多数零售企业都是以单一的大卖场业态起步的，并逐步经营到一定规模，而当未来市场发展空间受到一定局限时，大家都在尝试寻找新的突破。对于这些企业来说，小业态是一个机会点。

2.推广到家服务

当前许多零售商都在尝试到家模式，到家模式可以帮助商家抓取用户，同时也可建立商家与用户之间的联系，以达到有效激活用户的目的。

对零售企业来讲，目前一定要重视用户抓取。不能有效抓取用户，就会面临越来越严重的顾客流失问题。在目前的移动互联网快速发展的环境下，零售企业必须要尽快采取新的移动手段有效抓取用户。而在抓取用户方面，到家模式可以发挥图6-33所示的作用。

图6-33　到家模式的作用

3.引入线上支付平台

信用卡、现金等结算方式在传统零售中使用较多，这使得传统零售商无法有效掌握消费者信息，客户数据的统计难度较高，而仅依靠会员卡等维护方式，数据的宽度很难得到保证。如果对消费者的偏好和购物习惯无法有效掌握，那么对消费者开展针对性的精准营销更无从谈起。即使能够收集到消费者的数据，成本也是高昂的。而"新零售"背景下的商场（超市）则可以通过引入线上支付平台，并辅助以大数据、云计算等新技术来有效地解决这个问题。商场（超市）充分运用大数据、云计算等新技术主要能带来图6-34所示的三个方面的优势。

图6-34　运用大数据、云计算对商场（超市）的好处

第四周　开启线上直播

直播带货作为一种新型的线上营销方式，众多企业将直播视为临时性自救措施，却无意中获得了新的增长点，其中不乏商场（超市）这样长期钟情于线下渠道的实体经营者。

问题104：如何选择直播平台？

既然是直播，商场（超市）就要确定直播的平台，研究一下哪个平台更适合自己，抖音、快手、淘宝、微信、映客等直播平台，各有各的优势，也各有要求。商场（超市）可根据门店所在的区域，选择适合的直播平台，一般来说平台都有自己的商城体系，可以同时设立。

当然，选择大平台，借助的平台大流量优势，机会会更多一些。

新手如何选择直播带货平台

当消费端的行为习惯和偏好发生变化时，行业各方也会灵敏捕捉到潜在的商业机会和业务定位，快速适应消费端变化，组建新的增长线。在此环境下，2020年初也迎来了直播行业的野蛮生长。相对于专业垂直直播平台，短视频、社交、电商、综合视频平台等也纷纷布局了直播业务。这对于想展开线上直播营销的品牌来说，在决定直播时，反而面临了一道平台选择的难题，比如平台调性匹配、用户匹配、流量推荐、内容制作和主播选择等。

如今，直播平台的发展已呈现出三大梯队，如下表所示。

直播平台的三大梯队

梯队	直播平台	平台调性
第一梯队	淘宝	商家、主播带货直播
	抖音	主播娱乐、带货直播
	快手	主播娱乐、带货直播
第二梯队	微博	微博KOL、达人主播娱乐
	拼多多	商家店铺直播带货
	西瓜视频	达人直播带货
	京东	商家店铺、联合明星或KOL带货
	小红书	分领域KOL、明星直播带货
	哔哩哔哩	UP主带货
第三梯队	虎牙直播	游戏直播互动为主
	花椒直播	重生活内容直播分享
	斗鱼直播	全民游戏直播平台
	YY直播	游戏直播互动为主
	苏宁易购	商家店铺直播带货
	蘑菇街	女性电商、买手直播带货

对于新手来说，在选择直播平台时应考虑以下几点。

1. 考虑平台的背景

想在一个平台长期入驻，必须要充分了解该平台，除了表面上看得见的平台流量、带货模式，还要知道分成方式、流量来源、流量年龄段等，尽量达到与自己的特性、产品的特性高度吻合。

2. 找准平台定位

现在的带货平台基本都已经有了定性，比如淘宝具有电商特性，斗鱼、虎牙等直播平台的电竞属性非常强，看自己更适合哪一类。就像直播平台里的游戏主播，他们会选择虎牙、斗鱼等平台进行直播，大家肯定没有在淘宝直播里看过他们打游戏。

3. 考虑平台发展

每个平台的政策不同，扶持计划也不同，拿抖音来说，每隔一段时间扶持的项目就会做一些更改，这样做也是为了更好地迎合市场、迎合人群。作为新手主播，要尽量看到这些平台未来的发展趋势、政策扶持，才能更好地生存下去。

问题105：如何设定主播人设？

直播受到年轻人喜爱，很重要的一个原因是互动性强。其中主播的个人魅力和影响力至关重要。那么，对于卖货为主业的商场（超市），如何挑选自己的主播？

1. 业务能力强

从已有的尝试看，目前商场（超市）更加看重的，还是主播自身的业务能力，也就是商品知识和行业知识。

比如，永辉直播的主持人来自厂商和导购，这相当于是把线下的推销搬到了手机里。以商品为核心的本质没有变。而在物美与宝洁的直播首秀中，出镜的两位主播为宝洁高级销售经理和北京城市经理、"90后"美妆达人。他们的行业知识丰富，能够充分展示商品的卖点，同时具有一定的流量基础，这也是直播引流的一种手段。

其实直播本身并不是很难，难的是员工愿意去做这个事情，商场（超市）可以在团队内部寻求一些具有一定的专业能力，口才较好，面容端庄的员工做主播（直白地说，直播一开始就是靠颜值，后来才逐步有自己的人格定位）。

比如，从2020年2月7日起，银泰百货的导购们就在淘宝上直播带货。银泰和淘宝发起的导购在家直播的项目得到了大批品牌商的支持。化妆品、运动、服饰等品类商家纷纷表示支持，甚至给出了粉丝专享福利。雅诗兰黛、科颜氏、悦木之源、艾诺碧、耐克、斐乐、泰兰尼斯等品牌，已率先加入"导购在家直播"项目。

早在2019年5月，银泰百货就曾携手天猫淘宝发起"云柜姐计划"，"6.18"期间，100位导购试水了直播卖货，银泰通过短视频、直播等方式，赋能5万一线导购，使她们从普通"柜姐"成长为"新零售导购"。其中，银泰百货杭州武林店SK-II专柜店导购，首次在淘宝进行短视频直播，仅一上午的时间，她个人的喵街销售额就冲上6万，是平时她在喵街日销售额的6倍。

通过直播，银泰百货可以把人链到商品，再完成购买。这种模式下，导购在家也可远程服务顾客，成交后可取得分佣，与之前的只服务于柜台相比，导购的收入也获得了提高。

当然，如果商场（超市）能够一开始就有自己的人格定位，并且形成一个虚拟的小团队，这样效果会更好。

2.表演能力强

需要指出的是，直播的魅力之一也在于表演性。也可以说，一个人对着镜头看一个小时，最后什么也没有买，但是观看者并没有觉得自己在浪费时间，这就是好的直播。表演性这个词对于线下零售业，其实一点都不陌生。过去超市组织的各种现吃现做、花式叫卖，其实都是在"表演"零售业，是把充满烟火气息的菜市场和商业街的元素植入了卖场空间。

直播同样是一个表演的舞台，只是由于空间有限，不可能允许主播在直播镜头前过分卖弄或者动作幅度过大。更多的是依靠个人形象、口才和风格。其实，对于商场（超市）来讲，未必需要个人风格很强的主播，但是可以根据自身的定位和品类特点，形成自己一以贯之的风格和定位。

比如，永辉方面表示，未来还将依托于永辉强大的生鲜供应链体系，在直播形式上突破传统直播间的方式，尝试走进永辉遍布各地的直采产地，在田间地头、生产车间为消费者带来更直观、更具性价比的爆款商品。在超市里面，永辉的生鲜标签是比较突出的，那么永辉利用直播这个渠道，突出生鲜的现场感，作为自己的定位，未尝不可。

何况，这种资源和场景的稀缺性，对于具备好奇心的消费者来说，也是一种难得的体验。而各家超市，其实都有一些自己独特的资源。

3.专业能力强

直播本质上是一种视频传播，媒介属性是绕不过的坎儿，商场（超市）要想做好直播，还得有懂视频传播的专业人士。随着直播带货的发展，用户对主播的专业性要求也逐步提高，这就要求超市企业必须对自己的员工做好视频传播方面的专业培训，让专业的人去做专业的事情。

问题106：如何选择直播品类？

直播带货，对选品要求很高。作为品类结构更为复杂的商场（超市），选品难度更大。什么品类适合直播销售？这需要商场（超市）仔细斟酌。

2020年3月3日至3月7日，永辉超市联合国内知名厂商在"3·8妇女节"前试水直播，一线采购、厂商人员出镜作为主播带货，超20万网友在线观看。从内容设置上看，永辉直播这次选择的主题更多是偏向品类主题，永辉超市直播活动主要涵盖食品、家用、洗护等品类，从妇女节切入，明确以女性特别是居家的女性为自己的直播受众。

物美超市在2020年3月10日和12日分别进行了宝洁和联合利华两场专场直播。这也是物美超市首次以直播方式进行销售。物美超市的直播，从品类上也是洗护用品，内容则有一定的品牌定制化特点，分别与宝洁和联合利华合作。

1. 洗护品

为什么洗护品类会被超市选择为尝试直播的切入口？除了用户群符合居家女性定位，或许还因为这一品类既是刚需生活用品，同时动销又比较慢，需要释放一定库存或者上新。如果形成购买，履约方面对于时效又不是那么紧迫。几个条件叠加在一起，对于这些直播的新手来说，这个品类的安全系数也较高。

真正从卖货的角度考虑，直播其实对于货品的选择还是有"门道"的。比如最好有一定的体验感或者展示需要，从这一点来说，快消品的难度更大一点。服装、小家电、个护化妆品，都是比较适合的品类。

另外，看直播的人群还是以年轻人为主，因此要符合年轻人的审美和趣味，这一点和大卖场的传统客群也有一定的区别。而直播的作用，也是这些超市品牌放低身段，赢得年轻人好感的一种方式。

2. 生鲜食品

食品类为人们日常生活的刚需，商场（超市）也可从这个品类着手开展直播卖货。

物美在经过两次的洗护用品直播后，第三次直播开始卖起了生鲜商品。

直播上线前一天，物美就已在官微进行预热，并提前放出直播商品预告，本次直播的30个商品涵盖了蔬菜、水果、肉、蛋、海鲜、调味、饮品、厨房用纸等，可以看出选品围绕的是居民的一日三餐。

价格设定上，所有商品均为直播专享底价，购满99元送1袋香蕉。为了激发观看者的购物欲，物美还选取了几款产品试图打造超特价爆品，比如，3个1.1千克的菠萝只需10元，1箱共4个的西州蜜瓜仅售39.6元。

消费者对于这一策略十分喜爱。直播结束后，这三种商品荣登热卖榜首，说明优惠是直播带货成交的一个重要手段，尤其对于大众熟悉的品类，相比于线下门店，消费者选择在直播间下单的意愿更取决于价格的优惠程度。这从直播间的评论中也能看出，"便宜"二字出现的频率很高。

后来，物美又"牵手"川菜品牌眉州东坡，以做菜的形式带动商品销售，颇有些电视美食节目的感觉。眉州东坡方派了一位厨艺精湛的厨师掌勺，将直播间售卖的生鲜产品搭配烹饪出香椿炒鸡蛋、宫保鸡丁、香葱虾等多种美食，现场制作更能将食材的优势展示给顾客，也会激发起顾客的购买欲。

餐饮与超市的跨界联合，在直播中确实是一个比较吸睛的组合。乘着下厨的"东风"，物美以"美食教做"的形式将生鲜带到线上售卖，这场直播结束后，物美获得了1.8万观看量、近5000条评论和10.4万点赞量。

作为高频刚需品，生鲜品类早已被消费者熟知，大家在生鲜购买上的目的比较明确，且随着社区店发展得如火如荼、遍地开花，比起看一两个小时直播买菜，下楼就能买菜的社区店更便捷。

退一步来讲，即使消费者"懒得"下楼，下单后1小时内必达的各类生鲜电商也足以满足这部分顾客需求，在社区店和生鲜电商的腹背夹击下，生鲜直播是否真的没有生存空间？

如何看待这个问题，取决于入局玩家的诉求点。单从销售角度来看，生鲜直播的销售额肯定比不上社区店和生鲜电商，但除销售额之外，生鲜直播是否能带来其他收益？这对于商场（超市）未来的发展是否有利？值得好好探讨一番。

生鲜直播更注重场景，在源头产地直播，消费者更能感知生鲜品的鲜度与健康，若单纯把镜头对准卖场内的生鲜货架，无法展现生鲜的卖点，很难刺激消费者下单。

直播的生鲜商品要具备两种优势，一是价格，二是品牌。对于大众熟知的生鲜品类，要走低价路线刺激消费者下单；若不走低价路线，就要主打生鲜的品牌优势，强化生鲜在消费者心中的品牌形象，将健康、安全、优质的品质表现出来，在这方面直播自带的场景式体验感比线下实体店更具优势。

此外，新鲜度与履约时效也是消费者在下单时考虑的重要因素。

生鲜只要一"上线"，销售难度自然上升，对于要求鲜度的生鲜，无法触摸的购买模式会使消费者更谨慎下单，鲜度对于线上生鲜至关重要，若鲜度不够，就难以留住消费者，更无法建立忠实顾客群。尤其是生鲜直播，要保证送到消费者手中的生鲜品质与屏幕上宣传的品质一样，否则会留下虚假宣传的印象，口碑很重要。商品品质是核心竞争力，后面的一切都是增量，否则只是看着很热闹，消费者不买账。

履约时效方面，目前尝试直播的商场（超市）几乎都采取预售制模式，即当天下单，第二天送达，这是社区拼团常用的一种模式，能保证商品的周转率，但对于高频刚需的生鲜商品来说，消费者对时效性的要求很高，如何平衡低价与时效，绕过时效性更强的生鲜电商直达消费者，是商场（超市）做生鲜直播面对的一道难题。

3.选品数量

初期直播，品牌以大牌、共性、应景、应季商品为主，比如洗手液、面膜、生鲜食品、电烤箱、净化器、换季服装等。单品不宜过多，以3～6个为佳。

> **特别提示**
>
> 　　直播商品一定要方便顾客的点击购买和付款。后台的电商或购物小程序是支撑社群营销和直播带货的关键一环，如果顾客只是看到商品图片和价格，不能一键下单，每增加一个环节，就会多一份流单的可能。所以，一定要设计便捷醒目的线上购物付款通道。

问题107：如何搭建直播场地？

商场（超市）的优势在于场景的代入感，直播选择在门店实景拍摄更有观赏性。长期来看，有条件的门店可以固定搭建卖场直播间，统一直播间环境背景和主题形象，通过直播向消费者进行稳定的视觉传达输出，有助于强化品牌印象。

如果不能搭建固定直播间，在直播品牌所在区域临时搭建，现场演示也容易引起围观，促进线上线下双重销售。

问题108：如何变现直播流量？

直播带货不是一场孤立的活动，它是一个整合的营销活动，有预热、有传播、有圈粉、有预售、有互动，就是通过动员导购员集合消费者，然后汇流到直播平台成交。直播带货并非易事，这需要考虑技术、传播、现场互动、主播风格、前期引流、产品卖点、利益诱惑等多方面因素。

1.流量变现的制约

商场（超市）的直播销售转化率普遍不高，运营商也未能打通与品牌商的双向增长机制，引流、选品、技术、主播等方面的不完善都制约着商场直播卖货。想要把流量变现，对商场（超市）来说并不是件容易的事，具体体现在以下几个方面。

（1）引流方面的制约。在引流方面，商场直播并不像达人直播那么便捷。有消费者表示，达人直播时间较为固定，在商场举办的直播中，不同品牌的直播时间和场次都不同，需要频繁添加导购微信或加入购物群，通过群消息获取直播时间，比较麻烦。

同时，一些商场的直播平台以私域流量为主，大部分的粉丝都是商场的熟客，难以吸引公域流量，影响力有限。

（2）技术方面的制约。在技术方面，由于目前的直播仍处于起步阶段，硬件设备方面不够专业，直播设备差、直播环境嘈杂和下单付款手续烦琐都是普遍存在的问题。

（3）主播方面的制约。在主播方面，目前商场直播间的主播一般由品牌导购担任，以产品试用、讲解和与顾客互动等方式促成线上交易。但是主播话术不专业、对直播场控把握不到位等问题难以避免。而这些都直接影响到用户体验，最终导致带货效果不佳。

2.品牌折扣成引流重点

对于超市直播而言，没有电商平台培养的头部主播，它们靠什么来吸引观众？答案是品牌和折扣。

比如，多点Dmall的直播数据显示：中百联合利华专场，观看人数为14140人，联合利华的品牌吸引力可见一斑；农夫山泉矿泉水（一箱共28瓶的500毫升矿泉水）的折扣力度接近五折，当天的观看人数为3720人，该单品的销量为2082单。

除了品牌商品外，热门应季商品也颇受欢迎。

比如，多点Dmall的直播数据显示，在2020年4月18日的多点小龙虾专场直播活动中，当天17:30至18:30，北京物美半成品小龙虾销量为1019盒，较4月17日同一时段的销量提升190.72%，该场直播的关联单品龙虾尾、酱牛肉、榴莲等销量也大幅提升。

据悉，目前多点直播中的品牌折扣基本上由多点平台和品牌方共同承担。与多点直播相类似，永旺超市的直播合作对象也都是知名品牌。

比如，在"永旺＆宝洁大促专场直播"中，除了宝洁的品牌吸引力外，直播间还给出了低至五折的秒杀价；"永旺日系热门化妆品直播专场"中，莎娜（SANA）豆乳系列给出了"满99元减30元"的口令优惠券。

与受到人气主播带动而进入直播间的观众不同，进入商场（超市）直播间的消费者大多是冲着品牌折扣来的，有着较强的购买欲望，因此销量会大幅提高。

3.商品和服务为核心

从短期来看，商场（超市）将更低的商品价格作为拓展流量的手段的确会为超市带来一定的流量。但从长远来看，如果商场（超市）想要将流量转化为私域流量，还是要将商品和服务作为核心。

如今，直播无疑已经成为当下最热门的风口。而作为一种与直播密切相连的营销方式，从本质上看，直播带货抓住的还是消费者心理，进而引导消费者购买。不过，现在多数商场（超市）还是直播界的新手，也还没有成熟流量的直播平台与专门的达人主播直播间，因此直播带货中的常用手段多为低价销售。

从效果来看，这种直播也为超市带来了一定的流量。因此，就短期而言，初尝甜头的商场（超市）也将会把直播常态化经营下去。不过，在瞬息万变的时代，面临着同质化的商品竞争，商场（超市）如果仅仅依靠低价这样的常规手段，还是难以获得爆发式增长的。而且，作为渠道零售商，直播带货也仅仅是为品牌商搭台做嫁衣。况且，直播带货也不能单纯地为商场（超市）增加新的利润来源渠道。

目前，它仅仅是超市摆脱顾客进店路径依赖和信息传播媒介依赖的一种尝试。对于商场（超市）来说，传统商超服务往往覆盖在其周围3～5公里以内的人群，因此它同电商平台也有着本质区别。而对于像盒马鲜生、苏宁家乐福这类有互联网背景的企业来说，直播带货也帮助其拓宽了目标人群，并使其触达了更多消费者。因此，相比较而言，许多商场（超市）的线上环节仍旧比较薄弱。而对于这些商场（超市）来说，如果想要真正下好直播带货这步棋，就必须要在线上平台搭建以及物流配送方面做进一步的完善。

特别提示

直播卖货的底层逻辑还是流量变现，能够以更低的成本打造一个不限空间的流量池，在此基础上实现商业化变现，这是直播的魅力所在。对于超市来说，相比于销量，做直播的目的更应该放在流量平台的搭建上。

 相关链接‹·············

商场（超市）如何实力避"坑"，真"带货"

在这场"直播时速赛"中，各大商场（超市）所持态度并不一致，行动派早早就启动了全渠道销售，做起了直播；观望派还在等待市场反馈，谨慎出手；保守派顾虑较多，认为直播无法产生明显效果，敬而远之。

可无论做还是不做，直播已然是真实的存在，且十分具有话题热度。因此，我们需要做的是找到好的直播渠道和方法，避免"自嗨"。

1.选择好平台，掌控玩法

直播的关键是选择平台、掌握平台的玩法。抖音、淘宝、快手等都是大流量平台，优势明显，机会也会更大。这些大流量平台，直接扶持优质内容，定向推送给受众，比较容易帮助商场（超市）实现从0到1的冷启动。

商场（超市）直播卖货，获客最为关键。如果开播之前就有接触的话，积累粉丝的难度会减少，但对于那些刚开启直播的商场，想要短时间获取流量难度较大。比如抖音直播，在开播前可以先发一些创新、有爆点的内容，挤上热搜，有效截取平台流量，这或许是更有效的方法。

比如，某商场在抖音平台上的账号从2019年就已经建立运营，目前已经积累了近13万的粉丝，在2020年与华为的合作中，提前两天就通过公众号、抖音号、华为社群及华为门店公众号等进行活动前的预热。

2. CEO变主播，身价最高"带货大V"

林清轩创始人孙来春2小时带货40万元，已经成为业内津津乐道的话题，也成为竞相模仿的对象。

银泰商业CEO陈晓东的直播，观看人数达到22万，银泰直播间也一路冲上了排行榜第一。

CEO变身主播，虽然他们对直播的规则和技巧掌握得可能并不精准，但老板直播本身的吸引力和噱头就很足，是比较容易引起市场共鸣的。更重要的是，老板亲自上阵，体现的是与员工共渡难关的决心，一定程度上能有效提升品牌美誉度。因此，短期来看，CEO上阵做主播，能增强品牌的曝光度，获得不错的效果。

3. 强化培训，协同作战

CEO直播毕竟不是长久之计，商场直播工作中，导购还是主力军，这些"柜哥柜姐"虽然对产品了如指掌，但在直播技巧、与消费者的互动等方面不够成熟。因此，商场要想做好直播，长期开展直播这项事业，加强导购的直播专业培训至关重要。

银泰在直播过程中，就给导购准备好了标准的开场白、话术和互动话题等，2019年双十一，淘宝主播就空降银泰门店带领导购成功出圈。友阿股份在2019年就启动了"全员直播"，已经有了长时间的直播训练，因而能做到从容面对，正如其董事长胡子敬提出的"每一个专柜都成为一个直播间，每一个员工都是主播"。

与此同时，商场直播背后依托的是一整个团队，直播间设计、预告、产品和价格、互动话题等都是环环相扣的。因此，团队的整体协作也很重要。银泰这方面也很有话语权，直播经纪人、数字化人员、客服组成的经纪团队，迅速实现银泰"云柜姐"模式的快速推广。

除了内部培养，外部人才吸纳也应并举。银泰百货就面向社会广发"直播英雄帖"，寻找下一个"武林播主"，引导各路"英雄"一起投身直播事业。面向社会，寻找外部资源，也不失为明智之举。

归根结底，商场（超市）要做好直播，还是要在系统完备的基础上培养出专业的运营团队，而且是数字化运营团队。

4. 打通会员渠道障碍，推进数字化战略

商场（超市）始终以线下为主，会员基数相对庞大，随着线上直播的开展，既有各大平台渠道，又有微信小程序渠道，如何将所有渠道的会员数据打通，实现统一管理，是很大的课题。

直播要想长期做下去，一定要打通数据系统，实现各平台用户资源的互通。银泰这次能迅速启动直播项目，除了已经搭建好的基础设施外，更主要的是具备了数字化的门店仓，大数据处理能力比肩天猫超市城市中心，打印发货单、拣货、验货、发货一系列流程下来仅需10秒。

数字化不只是把商品信息、顾客信息变成一串串数字信息，而是要在数字化的基础上开展数字化运营，商场的导购员、管理人员利用数字化的工具，与顾客开展有温度的互动，让顾客能够在线体验到线下购物的服务，才能够真正把顾客留在自己的身边。因此，数字化不是根本，数字化运营才是未来商场的努力方向。

另外，利用抖音等直播平台，可以有效地实现品牌、商场、顾客三方的紧密结合互动，这也是未来购物中心数字化升级的重要一环。